Bernhard Pabst

WANDERN MIT BUS UND BAHN

Fränkische und Hersbrucker Schweiz

Einzigartige Touren zu bedeutenden Naturschönheiten

VORWORT

Liebe Leserinnen und Leser!

Wandern mit Bus und Bahn – es geht in diesem Buch keineswegs um die Frage der für die Fahrt zur Wanderregion benutzten Verkehrsmittel. Es geht vielmehr um eine ganz andere Form des Wanderns, die ein intensiveres Wandergefühl vermittelt und zugleich deutlich mehr Naturerlebnisse auf gleicher Wanderstrecke bietet als die verbreiteten Rundtouren (siehe Einleitung). Diese Form wird durch den ÖPNV erst möglich gemacht. Das eigene Auto mag für Stippvisiten in die Natur eine gute Wahl sein, bei Wanderungen, die einen ganzen oder halben Tag füllen, ist es meist eher ein Klotz am Bein, an den wir über eine unsichtbare Kette gefesselt sind. Am Anfang spüren wir diese Kette nicht, aber nach 6-8 Wanderkilometern beginnt sie, an unserem Bein zu zerren, und zwingt uns, die Richtung zu ändern und uns wieder unserem Fahrzeug anzunähern – und das auch, wenn 3 oder 5 km weiter grandiose Naturwunder auf die Entdeckung warten: Sie bleiben für den, der zum Auto zurückkehren muss, auf dieser Tour unerreichbar. Dagegen bietet der ÖPNV unzählige Möglichkeiten, stets in immer neue Gebiete vorzudringen und die Rückfahrt dann von einem ganz anderen Ort anzutreten. Dass eben dieser Erlebnisgewinn auch der Natur nützt, dass er für sie keinerlei Belastung durch zusätzlichen Ausstoß von CO_2, Feinstaub oder Mikroplastik mit sich bringt, ist ein erfreulicher Nebeneffekt.

Damit räumt dieses Buch mit dem weit verbreiteten Vorurteil auf, dass Wanderungen mit dem ÖPNV ein Opfer zugunsten der Natur bedeuten. Genau das Gegenteil ist der Fall: Streckenwanderungen bringen eine Win-

Schaustück von Tour 9: Burg Rabenstein

Türme und Schluchten prägen die Hungenberger Wand (Tour 9).

Der Schmiedsbogen, eines der größten Felsentore der Alb (Tour 2)

Win-Situation mit sich, in welcher der/die Naturfreund/in mindestens ebenso viel gewinnt wie die Umwelt. Probieren Sie es aus. Ich bin sicher: Alle, die dies ohne Vorbehalte tun, werden begeistert sein, umso mehr, als hier wieder 130 vorher nirgends behandelte verborgene Naturschönheiten vorgestellt werden, darunter nicht wenige, die in einem Ranking der größten Wunder der Alb weit vorne zu platzieren wären wie der Hohlstein bei Kainach, der Gäherstein oder die Westliche Brentenfelshöhle.

Mein herzlicher Dank gilt allen, die zum Gelingen dieses Projekts beigetragen haben, so auch allen Busfahrern und Lokführern, die mich stets sicher und zuverlässig an den Start und vom Ziel wieder zurückgebracht haben. Ganz besonders bedanken möchte ich mich bei Brigitte Hilpert vom Höhlenkataster Fränkische Alb, die mir erneut mit großer Hilfsbereitschaft Auskunft über Namen und Katasternummern (im Register dieses Buches aufgeführt) zahlreicher sonst nirgends verzeichneter Höhlen erteilte.

Allen Lesern wünsche ich viel Freude bei der Entdeckung grandioser Natur und einer natürlichen Art des Wanderns!

Bernhard Pabst

INHALTSVERZEICHNIS

Ihre Touren

Vorwort	**Seite 2**
Tourenfinder	**Seite 7**
Die ideale Landschaft zum (Strecken-)Wandern	**Seite 8**

Im Kaiserbachtal (Tour 2)

Fränkische Schweiz

1

Von den Würgauer Felsen nach Gügel und Giech
Durch die Monument Mountains
Seite 20

2

Von den Locher Höhlen über Krögelstein nach Hollfeld
Felswildnis und Talidylle
Seite 26

3

Von Sanspareil über den Kleinhüler Buch zum Hohlstein
Felsengärten und Wacholdertäler
Seite 32

4

Versteckte Naturwunder zwischen Aufseß- und Leinleitertal
Felsenlabyrinth und Wüstenburg
Seite 40

5

Plankenstein, Wachstein und Neubürg
Die Three-Summits-Tour
Seite 48

6

Über Polsterloch, Gaiskirche und Hummerstein nach Streitberg
Höhlen, Felsen, wildes Hochland
Seite 54

7

Aufseßtal, Bettelküche, Schwingbogen und Brunhildenstein
Von Wüstenstein nach Muggendorf
Seite 60

8

Kammer, Brille, Riesenburg, Gaiskirche und Schweigelberg-Höhlen
Der Naturwunder-Trail
Seite 66

9

Schneiderloch, Schlupflochfels, Radfahrer und Alter Freund
Vom Ailsbachtal nach Tüchersfeld
Seite 74

10
Über Esperhöhle, Hahlleite und Druidenhain zum Frauenstein
Im vergessenen Traumland der Romantik
Seite 80

11
Breitenberg, Zigeunerloch, Wasserstein und Preßknock
Karstwunder bei Gößweinstein
Seite 88

12
Felsensteig, Quellkammer, Schlossberg-Aussicht und Altengrund
Alpine Wege und Schaufreuden
Seite 94

13
Von Schüttersmühle über Püttlachtal und Hollenberg nach Pegnitz
Höhlenzauber und weite Fernsicht
Seite 100

14
Von Leutenbach über Hundshaupten nach Egloffstein
Idyllische Täler und wilde Felswelten
Seite 108

15
Dohlenstein, Bleisteine, Schafloch und Höllenstein
Magie der Felstunnel
Seite 114

In der Östl. Lupberghöhle (Tour 29)

Besonders erlebnisreiche Touren

TOUR 8 / SEITE 66
Zu fünf der größten Naturwunder der Alb kommen 14 weitere Highlights hinzu.

TOUR 19 / SEITE 142
Die Tour präsentiert 23 grandiose Karst-Erscheinungen von umwerfender Vielfalt.

16
Wolfsloch, Altenberghöhle, Vogelherd und Diebsloch
Zauber der Kuppenalb
Seite 120

Hersbrucker Schweiz

17
Vom Königskopf über den Diebskeller zu den Lochfelsen
Naturwunder zwischen Bronn und Pegnitz
Seite 128

18
Wirrenloch, Wolfslöcher, Lochsteine und Ortsfelsen-Höhlenruine
Wunderwelt Veldensteiner Forst
Seite 134

19
Von Hohe Tanne über Allmannsberghöhle und Geheimbund nach Neuhaus
Felsgiganten und Höhlenmystik
Seite 142

20
Vom Großen Berg bei Plech durch das Ankatal zur Pegnitz
Das Tal der Naturwunder
Seite 150

21
Höhlen, Felsentore und Pilzfelsen zwischen Königstein und Neuhaus
Kunstwerke der Erosion
Seite 156

22
Ossinger, Unterwaldponor, Zyprianstein und Lichtengrabenhöhle
Panoramen, Kallmünzer und Ponore
Seite 162

25
Wachtfels, Schonfels, Kühkopf, Langenstein und Hohlleite
Vom Sittenbachtal zur Pegnitz
Seite 180

26
Cäciliengrotte, Am Himmel, Abgebrannter Berg und Herrenberg
Höhlenzauber und Aussichtslogen
Seite 186

27
Von den Zwei Schwestern zum Zankelstein
Zwillingstürme, Höhlen und Panoramen
Seite 192

28
Teufelskanzel, Wachfelsen und Hohler Fels
Schaukanzeln über dem Förrenbachtal
Seite 196

29
Felsen- und Höhlensteig, Lupberg- und Sternsteinhöhlen
18 Höhlen und noch viel mehr
Seite 202

30
Rinntal, Riedfelsen, Roßstall, Sieben Quellen und Vogelfels
Magerrasen, Wasserspiele und Höhlen
Seite 210

Pilzfelsen am Hollederberg (Tour 21)

23
Von Hohenstein über Bolzenstein und Gäherstein zur Pegnitz
Felsenwunder und Wasserspiele
Seite 168

24
Kahlenberg, Hirtenberg, Hexenküche und Schrödlberg
Versteckte Naturwunder um Hartenstein
Seite 174

Nach-Denkliches — **Seite 218**

Register — **Seite 220**

Impressum — **Seite 224**

Tourenfinder

Nr	Tournummer und -name	📊	📍	⛰️	⏱️	🍴	👶	🏛️	☀️	🌳	❄️	⛰️
1	Von den Würgauer Felsen nach Gügel und Giech	mittel	15,5 km	420/625 Hm	5:00 Std.	✓	✓	✓	✓			
2	Von Locher Höhlen über Krögelstein nach Hollfeld	leicht	13 km	240/245 Hm	4:15 Std.		✓				✓	✓
3	Von Sanspareil über Kleinhüler Buch zum Hohlstein	leicht	15 km	320/425 Hm	4:45 Std.	✓	✓	✓		✓		✓
4	Naturwunder zwischen Aufseß- und Leinleitertal	leicht	20,5 km	280/360 Hm	6:00 Std.	✓		✓	✓			✓
5	Plankenstein, Wachstein und Neubürg	leicht	16 km	510/490 Hm	5:00 Std.	✓	✓	✓	✓		✓	
6	Über Polsterloch und Hummerstein nach Streitberg	mittel	15 km	440/470 Hm	4:45 Std.	✓	✓		✓	✓		✓
7	Aufseßtal, Bettelküche, Schwingbogen	leicht	14 km	445/510 Hm	4:30 Std.	✓	✓			✓	✓	✓
8	Kammer, Brille, Riesenburg, Gaiskirche, Schweigelberg	schwer	14,5 km	605/600 Hm	5:15 Std.			✓		✓		✓
9	Schneiderloch, Schlupflochfels, Alter Freund	mittel	9,5 km	375/415 Hm	3:30 Std.	✓	✓			✓		✓
10	Esperhöhle, Hahlleite, Druidenhain, Frauenstein	mittel	15 km	755/770 Hm	5:30 Std.	✓				✓	✓	✓
11	Breitenberg, Zigeunerloch, Wasserstein, Preßknock	mittel	12,5 km	440/360 Hm	4:15 Std.		✓			✓	✓	✓
12	Felsensteig, Quellkammer, Schlossberg, Altengrund	mittel	8,5 km	375/405 Hm	3:15 Std.		✓			✓	✓	✓
13	Von Schüttersmühle über Hollenberg nach Pegnitz	mittel	18 km	645/600 Hm	5:45 Std.	✓				✓	✓	✓
14	Von Leutenbach über Hundshaupten nach Egloffstein	leicht	14 km	460/435 Hm	4:30 Std.	✓	✓			✓	✓	✓
15	Dohlenstein, Bleisteine, Schafloch und Höllenstein	mittel	8 km	415/390 Hm	3:00 Std.		✓	✓		✓		
16	Wolfsloch, Altenberghöhle, Vogelherd, Diebsloch	leicht	15 km	480/585 Hm	5:00 Std.	✓				✓	✓	✓
17	Vom Königskopf über Diebskeller zu den Lochfelsen	mittel	16,5 km	320/315 Hm	5:15 Std.	✓	✓			✓	✓	✓
18	Wirrenloch, Wolfslöcher, Lochsteine, Ortsfelsen	mittel	20 km	355/410 Hm	6:00 Std.		✓			✓	✓	✓
19	Über Allmannsberghöhle und Geheimbund	mittel	18 km	480/510 Hm	5:45 Std.	✓				✓	✓	✓
20	Vom Großen Berg durch das Ankatal zur Pegnitz	mittel	13,5 km	315/395 Hm	4:30 Std.	✓	✓		✓	✓		
21	Zwischen Königstein und Neuhaus	mittel	16 km	415/510 Hm	5:00 Std.	✓	✓			✓	✓	✓
22	Ossinger, Zyprianstein, Lichtengrabenhöhle	mittel	13,5 km	385/450 Hm	4:15 Std.		✓			✓	✓	✓
23	Von Hohenstein über Bolzenstein und Gähersteín	leicht	11,5 km	280/475 Hm	3:45 Std.		✓	✓	✓	✓		
24	Kahlenberg, Hirtenberg, Hexenküche, Schrödlberg	mittel	9 km	430/490 Hm	3:15 Std.		✓			✓	✓	✓
25	Wachtfels, Schonfels, Langenstein, Hohlleite	mittel	13 km	450/470 Hm	4:30 Std.		✓	✓	✓			
26	Cäciliengrotte, Abgebrannter Berg, Herrenberg	mittel	11 km	540/560 Hm	4:00 Std.	✓	✓			✓		✓
27	Von den Zwei Schwestern zum Zankelstein	leicht	7,5 km	310/325 Hm	2:30 Std.		✓			✓	✓	✓
28	Teufelskanzel, Wachfelsen und Hohler Fels	mittel	10 km	420/465 Hm	3:30 Std.		✓			✓		
29	Höhlensteig, Lupberg- und Sternsteinhöhlen	mittel	14,5 km	435/480 Hm	4:45 Std.	✓	✓			✓	✓	✓
30	Rinntal, Riedfelsen, Roßstall, Sieben Quellen, Vogelfels	mittel	15 km	470/580 Hm	5:00 Std.	✓	✓		✓			✓

EINLEITUNG

Die ideale Landschaft zum (Strecken-)Wandern

Die nördliche Frankenalb gilt als die felsen- und höhlenreichste Region Deutschlands außerhalb der Alpen. So sehr dieser Superlativ zutrifft, so wenig ist er geeignet, die einmalige Vielfalt dieser Karstregion wiederzugeben. Denn zum einen sind es nicht so sehr die Höhlen selbst, die dem Gebiet eine Sonderstellung verleihen, sondern die durch lange geologische Prozesse aus alten Höhlen entstandenen Gebilde wie Höhlenruinen, Felstunnel, Felsentore und Felsdächer (Abris). Sie übertreffen durch ihre Zahl und ihren fantastischen Formenreichtum alle anderen Karstregionen Europas. Zum anderen findet man eine Fülle weiterer faszinierender Karst-Phänomene wie Dolinen (s. Touren 6, 10, 11, 18, 21, 22), Karstquellen (23, 30), Ponore, auch Schlucklöcher genannt (22), Sinterstufen und Kalktuffbäche (1, 23, 25, 30), Trockentäler (2, 19, 21), Magerrasen und Wacholderheiden (3, 4, 9, 13, 17, 20, 26, 30). Einen ausführlicheren Überblick über all diese Erscheinungen bietet mein Buch »Entdeckertouren Fränkische Schweiz (mit Hersbrucker Schweiz)« auf S. 13f.

Ihre Erklärung findet diese Vielfalt in der langen geologischen Geschichte. Die Basis wurde im Zeitalter des Weißen Jura gelegt: Vor 160 bis 150 Millionen Jahren bildeten im Jurameer Kieselschwämme zusammen mit Mikroorganismen mächtige, kuppelförmige Kalkriffe aus. Durch Zufuhr von Magnesium wurden diese in Dolomit umgewandelt – daher können wir heute das weltweit seltene Phänomen eines Dolomit-Karstes bestaunen. Die Verkarstung setzte früh ein: In der Unterkreidezeit, vor 135 Millionen Jahren, wurde der Meeresboden gehoben, und im subtropischen Klima entstanden gewaltige Höhlensysteme. In der Kreidezeit brachte ein neuer

Faszinierende Karstwelt am Hohlen Fels (Tour 28)

Der Schönblick bildet den grandiosen Abschluss von Tour 6.

Meeresvorstoß eine Überdeckung mit tonigen und sandigen Ablagerungen. Diese wurden großteils wieder abgetragen, nur in der Mulde des Veldensteiner Forstes blieben sie überwiegend liegen, sodass dort nur die Spitzen der Karstberge herausragen. In anderen Gebieten zeugen nur noch die durch Kieselsäure verhärteten Quarzit-Blöcke (Kallmünzer, s. Tour 22) von dieser Epoche. Danach folgte im Tertiär und Quartär eine zweite Verkarstungsphase.

Diese lange Geschichte erklärt die Fülle an Karstgebilden auf allen Höhenstufen: Während sich in anderen Kalkgebirgen die spektakulärsten Felsformationen an den Talhängen finden, kann man in der Frankenalb selbst auf den heute praktisch wasserlosen Bergkuppen Höhlen und Felsentore bestaunen. Eine weitere Besonderheit liegt in der einzigartigen Dichte der Naturwunder. Oft reihen sie sich in kurzem Abstand wie Perlen an einer Kette aneinander. Daher bildet die Region das ideale Revier für Streckenwanderungen, in dem man z.B. auf 14 km zwischen A und B 18 Höhlen (Tour 29) oder gut 20 ganz unterschiedliche spektakuläre Highlights (etwa Tour 8) besichtigen kann. 60-70 % dieser Naturschönheiten verbergen sich dabei abseits der markierten Wege.

Die vielen Vorteile des Streckenwanderns

Stellt man die häufigste Frage beim Zusammentreffen naturbegeisterter Menschen »Wohin seid ihr denn am Wochenende gewandert?«, so müsste die Antwort gegenwärtig in wohl weit über 90 % der Fälle sachlich korrekt lauten: »Zu unserem Auto.« Dies klingt zunächst absurd, lenkt aber sehr sinnig die Aufmerksamkeit darauf, wie sehr die Bindung an unseren »fahrbaren Untersatz« den Charakter des Wanderns in den letzten 70 Jahren verändert hat: Sie führt dazu, dass wir uns beim Wandern fast nur noch im Kreis bewegen. Dabei sah das Konzept des Wanderns ursprünglich ganz anders aus, wie die klassischen Texte am Beginn der Wanderbewegung zeigen, etwa die Beschreibung der Pfingstreise der Dichter Heinrich Wackenroder und Ludwig Tieck (1793), mit der die romantische Begeisterung für die Fränkische Schweiz ihren Anfang nahm, oder Johann Gottfried Seumes »Spaziergang nach Syrakus« (1802). Wandern bedeutete damals und in den folgenden 150 Jahren, sich eine Landschaft zu Fuß zu erschließen, indem man immer tiefer in sie eindrang, stets in neue Bereiche vorstieß. Konstitutives Element einer Wanderung war also, dass man sich am Abend in einer ganz ande-

Anforderungen

Alle Touren können von geübten Wanderern mit durchschnittlicher Kondition problemlos begangen werden. Die genannten Gehzeiten entsprechen dem Zeitbedarf von Wanderern, die mit mittlerem Tempo unterwegs sind und die Landschaft genießen. Pausen und die Besichtigung der Naturwunder (v.a. der Höhlen) sind nicht mit eingerechnet. Angaben über Höhendifferenzen beziehen alle (durch Täler und Senken bedingten) Gegenanstiege mit ein und spiegeln so die konditionellen Anforderungen wider. Die drei Schwierigkeitsgrade beziehen sich vorrangig auf die Beschaffenheit des Geländes und der Wege/Pfade. **Leicht:** Wanderungen auf guten, nur mäßig steilen Wegen und problemlos zu begehenden Pfadspuren. **Mittel:** Wanderungen mit steileren und felsigen Wegstrecken, die eine gewisse Trittsicherheit erfordern. **Schwer:** Wanderungen über felsiges Terrain und auf schmalen, über längere Strecken unmarkierten Pfaden, für die eine hohe Trittsicherheit und oft auch gutes Orientierungsvermögen nötig ist.

ren landschaftlichen Umgebung befand als am Morgen. Die Faszination eines solchen stetigen Aufbruchs »zu neuen Ufern« ist auch heute noch ungebrochen, wie man an der Beliebtheit von Gebietsdurchquerungen per Backpacking oder an der neu erwachten Begeisterung für das Pilgern sieht. Nur scheuen viele die Nachteile dieser Formen des Wanderns: den Organisationsaufwand bei der Quartiersuche für die Nacht und das hohe Gewicht des Rucksacks.

Die Streckenwanderungen in diesem Buch erlauben es, das Beste aus beiden Welten zu verbinden: Man kann das Gefühl der Freiheit wie beim Pilgern und wie bei einer Gebietsdurchquerung die stete gespannte Erwartung genießen, welche neue Landschaftsszenerie sich nach der nächsten Biegung auftut, trotzdem aber wie bei einer Rundtour mit leichtem Gepäck unterwegs sein und am Abend im eigenen Bett oder im gewohnten Ferienquartier schlafen. Möglich macht dies der moderne ÖPNV. Und mit dem Deutschlandticket geht es so leicht wie nie zuvor. Doch auch an die, die schweres Gepäck und wechselnde Quartiere nicht scheuen, wurde gedacht: Wie unten zu lesen sein wird, lassen sich einige unserer Streckenwanderungen gut zu einer Gebietsdurchquerung zu Fuß und per ÖPNV kombinieren, bei der man auch einen großen Teil der versteckten Naturwunder der Frankenalb erlebt.

Der subjektive Vorzug der Streckenwanderungen, das intensivere Wandergefühl, ist somit evident: Sehr oft erwarten den Wanderer im Schlussteil der Tour ganz andersartige Natureindrücke, während ihm selbst bei einer perfekt geplanten Rundtour gegen Ende das Landschaftsbild zwangsläufig immer mehr bekannt vorkommt. Doch damit nicht genug: Es gibt auch objektiv messbare Vorteile. Sie liegen darin, dass man auf den Streckenwanderungen dieses Buches auf gleicher Wanderstrecke deutlich mehr Natur-Highlights erlebt als bei Rundtouren in derselben Region. Die Gründe für diesen Erlebnisgewinn liegen auf der Hand. Sie hängen mit dem viel geringeren Aktionsradius zusammen, der durch die Notwendigkeit der Rückkehr zum Startpunkt bedingt ist. Bei Rundtouren mittlerer Länge entfernt man sich meist nur 3-5 km Luftlinie vom Auto (maximal sind es 6 km), bei Streckenwanderungen liegen zwischen Start- und Zielpunkt in direkter Linie meist 6-9 km, manchmal noch etwas mehr, also nahezu das Doppelte wie bei Rundtouren. Eine Rundtour kann somit (bei gleicher Laufstrecke) nur dann annähernd den Erlebniswert einer Streckenwanderung erreichen, wenn sich innerhalb des geringen

Aktionsradius zwei verschiedene Wege finden, die an etwa gleich vielen Highlights vorbeiführen. Dass dies eher die Ausnahme ist, zeigen zahlreiche markierte Rundwanderwege, bei denen die zweite Hälfte nur die Funktion eines »Rückbringers« ohne nennenswerte Attraktionen besitzt.

Als eines der vielen Beispiele sei der im ersten Teil grandiose Felsen- und Höhlensteig genannt, bei dem der Rückweg nach Neukirchen auf einem Waldweg erfolgt, der keine besonderen Highlights mehr bietet. Dagegen erlaubt es der größere Aktionsradius unserer Streckenwanderung Tour 29, auf nahezu derselben Strecke noch ganz neue Landschaften und dazu das einzigartige Höhlen- und Karstgebiet des Sternsteins einzubeziehen (überdies auch die Lupberghöhlen als Abstecher). Kurzum: Auf fast gleicher Wanderstrecke erlebt man auf Tour Nr. 29 nahezu doppelt so viel wie bei Begehung des markierten Rundwegs. Ähnliches ließe sich für jede der Touren in diesem Buch aufzeigen: Erst der erhöhte Aktionsradius der Streckenwanderungen macht es möglich, die größten Naturwunder zweier nahe benachbarter Regionen an einem Tag zu erleben.

Trotz ihrer großen Vorzüge spielen Streckenwanderungen in der Wanderliteratur kaum eine Rolle. Wer auf den Geschmack gekommen ist, findet jedoch in meinen früheren Büchern weitere lohnende Beispiele, im Einzelnen: »Vergessene Pfade Fränkische Schweiz (mit Hersbrucker Schweiz)«, Touren 12, 30, 32 und 33, »Entdeckertouren Fränkische Schweiz (m. H. Schw.)«, Touren 10, 11, 21, 23, 25 und 27, »Geheimnisvolle Pfade Fränkische Schweiz (m. H. Schw.)«, Touren 10, 23, 24, 27 und 29.

Konzeption der Touren

Ein wirklich begeisterndes Programm für Streckenwanderungen lässt sich nur zusammenstellen, wenn man das ganze Angebot des ÖPNV nutzt. Da Bahnstrecken meist durch die Haupttäler verlaufen, würde eine Beschränkung auf sie oft zu langen Wanderstrecken und großen Höhendifferenzen führen. Erst mithilfe der Buslinien kann man die Seitentäler und das Bergland einbeziehen und erhält so wirklich eindrucksvolle Routen mit kürzeren Strecken und oft abwärts führenden Wegen.

Um bei Streckenwanderungen eine ähnlich hohe zeitliche Flexibilität zu gewährleisten wie bei Touren mit dem eigenen Auto, folgen die Touren einem (genial) einfachen, trotzdem bisher in Wanderführern kaum je verwirklichten Prinzip: Für die Hinfahrt wird das Verkehrsmittel mit der niedrigeren Taktfrequenz genutzt, für die Rückfahrt eines mit einer hohen Taktfrequenz. Denn wie jeder beim Wandern mit Freunden einen fixen Starttermin vereinbaren kann, ist es auch kein Problem, sich auf

Wacholderheiden zählen zu den artenreichsten Biotopen (Tour 3).

eine feste ÖPNV-Verbindung für die Anreise zum Startpunkt festzulegen. Beim Wandern genießt man dann fast völlige Freiheit der Zeiteinteilung, da man am Zielort in der Regel jede Stunde (manchmal sogar öfter) die Rückfahrt antreten kann (nur bei den Touren 2, 9 und 22 liegen die Abstände bei durchschnittlich 2 Stunden, bei wenigen anderen Touren sinkt die Taktfrequenz außerhalb der Saison oder an bestimmten Tagen). Die Streckenführung ist dabei nicht auf den kürzesten Weg, sondern auf das maximale Naturerlebnis ausgerichtet. Sie verläuft vereinzelt auch einmal in Schlangenlinien, um alle (wie gesagt: oft verborgenen) Naturwunder einer Region »mitzunehmen«.

Tipps zur Zeitplanung

Mit den genannten Ausnahmen garantiert der Stundentakt am Ziel hohe Flexibilität der persönlichen Zeiteinteilung. Theoretisch könnte es aber sein, dass man dabei den vorangehenden Zug/Bus um wenige Minuten verpasst und dann 55 Minuten auf den nächsten warten muss. Um dies zu vermeiden, enthält der Tourenkasten feinteilige und genau überprüfte Angaben zu den Gehzeiten der einzelnen Etappen, mit denen man die eigene Zeiteinteilung sehr gut auf die dort ebenfalls genannten Abfahrtszeiten abstimmen kann. Insbesondere wird eine letzte landschaftlich reizvolle Station angegeben, die nicht allzu weit vom Ziel-Bhf. (oder von der Ziel-Hst.) entfernt ist. Sollte doch einmal der eigene Takt nicht zum Fahrplan passen, kann man dort noch eine schöne Pause in herrlicher Natur einlegen (anstatt am tristen Bhf. herumzuwarten) und so weitergehen, dass man bei gemütlichem Tempo nicht zu früh am Ziel ist. Ein Tipp: Wenn Sie zu den angegebenen Zeiten für die letzte Etappe noch 10 Minuten hinzurechnen, erreichen Sie bei jedem mittleren Gehtempo sicher Ihre Bahn oder Ihren Bus.

Zur Benutzung des Buches

Die Wegbeschreibungen in diesem Buch sind trotz der gebotenen Kürze so detailliert gehalten, dass sich geübte Wanderer auch ohne GPS (s. unten) sicher zurechtfinden sollten. Dazu ist eine kurze Einführung in die Methodik der Beschreibungen hilfreich:

Eine Grundorientierung wird durch die **Markierungsangaben** geboten: Die für den jeweiligen Abschnitt maßgebliche Markierung wird **bei ihrem ersten Auftreten** durch Fettdruck hervorgehoben. Diese Angabe gilt für die gesamte folgende Teilstrecke bis zur nächsten fett gedruckten Angabe. Dies ermöglicht einen schnellen Überblick über die Grundstruktur der Tour: Im Zusammenspiel mit den farblich hervorgehobenen Highlights

Informationen

Touristische Informationen (zu Übernachtungsmöglichkeiten etc.) erhält man bei Tourismuszentrale Fränkische Schweiz (fraenkische-schweiz.com, Tel. 09191/86 10 54), Nürnberger Land Tourismus (urlaub.nuernberger-land.de, Tel. 09123/950 60 62) und Tourist-Info Amberg-Sulzbacher Land (amberg-sulzbacher-land.de, Tel. 09621/10 12 39)

Faszination Höhle

Höhlenruinen und Durchgangshöhlen wie Gaiskirche (Tour 8) und Schafloch (Bild: Tour 15) begeistern mit immenser Formenvielfalt, Hallen wie die Hindenburgfelshöhle (Tour 8) mit gewaltigen Dimensionen, tiefe Höhlen wie das Bärenloch (Tour 29) mit vielfarbiger Sinterpracht.

erkennt man schnell, wie lange man einer Markierung folgt, und wo eine Strecke ohne Markierung beginnt. Markierungen werden in einem Wort wie »Gelbstrich« benannt, wobei »-strich« den waagrechten Strich bezeichnet; für den senkrechten werden Formen wie »Rot-Senkrecht« verwendet. Da sich an manchen Wegen viele Markierungen tummeln, wird nur die für die Tour relevanteste genannt, auf weitere mit »u.a.« hingewiesen. Bei markierten Passagen werden alle wesentlichen Angaben zum Wegverlauf geboten. Detaillierter sind die Beschreibungen auf den für das Naturerlebnis in der Frankenalb unverzichtbaren unmarkierten Passagen: Hier werden Angaben zu sämtlichen Weggabelungen etc. gemacht, um ein Verlaufen auszuschließen.

Abstecher (in aller Regel unmarkiert) vermitteln den Zugang zu einigen der größten Wunder der Frankenalb (z.B. Schottersmühl- und Hindenburgfelshöhle bei Tour 8) und sind daher ein zentrales Element der Touren. Fakultative Abstecher zu kleineren Höhlen und Felsgruppen, die eher ein spezifisches Interesse an bizarren Karstformen ansprechen und etwa bei Zeitdruck auch ausgelassen werden können, sind entsprechend gekennzeichnet (»für Felsenfreunde« o.Ä.).

Aus Platzgründen waren einige **Abkürzungen** geboten: Neben den Kurzformen der Himmelsrichtungen steht »Mk./Mkn.« für »Markierung/-en« »mk.« für »markiert(-er, -e)«, »Ww.« für »Wegweiser« , ferner »Hst.« für »(Bus-)Haltestelle«, »Bhf.« für »Bahnhof«.

Orientierung: GPS-Tracks und Karten

Da sich, wie erwähnt, 60-70 % ihrer Highlights abseits der markierten Routen verstecken, erfordert die Orientierung in der Frankenalb grundsätzlich etwas erhöhte Aufmerksamkeit, doch wird diese durch die Entdeckung verborgener Naturwunder reich belohnt. Auch wenn konzentrierte Wanderer sicher mit den

Die Gräfenberg-Durchgangshöhle: ein verborgenes Juwel (Tour 9)

Naturpark

Mit 2346 km² gehört der Naturpark »Fränkische Schweiz – Frankenjura« zu den größten in Deutschland. Das riesige Gebiet beherbergt gut 2800 Höhlen und verwandte Karstgebilde wie Felsentore und Abris. Zudem bietet es Lebensraum für viele bedrohte Tierarten und geschützte Pflanzen, darunter 43 Arten von Orchideen (im Bild der seltene Frauenschuh).

präzise wie menschenmöglich. Wer mit GPS wandert, sollte zur Sicherheit (etwa im Falle technischer Probleme) auch eine genaue Karte mitführen. Die genaueste gedruckte Karte ist die Amtliche Topographische Karte Bayern 1:25 000, doch kommt auch sie aufgrund der Kleinräumigkeit der Landschaft an ihre Grenzen. Daher ist meine Empfehlung, sich selbst eine noch exaktere Karte zu erstellen, und zwar mithilfe des BayernAtlas (geoportal.bayern.de/bayernatlas). Über die Schaltflächen **Erweiterte Werkzeuge** und **KML/GPX Import** lädt man dort die GPX-Daten der betreffenden Tour. Man wählt als Hintergrund die **Topographische Karte**, geht dann auf **Drucken** und wählt als **Maßstab** 1:10 000 oder größer. Nach dem Befehl **Drucken** erhält man dann ein PDF mit der rot eingetragenen Route auf der genauesten Karte, die man als Ausdruck (für jede Tour braucht man in der Regel zwei DIN-A3-Blätter oder mehrere in DIN-A4) oder auf einem Gerät mitführen sollte. So ist man für alle Eventualitäten gerüstet.

Zudem sollte auch die Tourenbeschreibung (praktischerweise als Foto auf dem Handy o.Ä.) greifbar sein, da GPS-Tracks und Karte zwar den Wegverlauf anzeigen, aber nicht auf versteckte Wunder neben dem Weg (auch in der Karte meist nicht verzeichnet) oder Gefahren hinweisen.

Jahreszeiten und Naturschutz

Beschreibungen allein (+ Karte) gut zurechtkommen werden, sind die zum Download bereitgestellten GPS-Tracks in dieser Hinsicht eine große Hilfe. Sie wurden daher mit viel Arbeitsaufwand korrigiert und geben den Wegverlauf mit einer Maximalabweichung von wenigen Metern exakt wieder. Sie lassen sich auf allen Geräten und mit (fast) allen gebräuchlichen Programmen nutzen. Einzig die App Komoot ist nach Aussage mehrerer Nutzer offenbar nicht geeignet, da sie von der irrigen Annahme ausgeht, dass bereits alle Wege in ihrem Kartenfonds enthalten seien, und daher die Tracks eigenmächtig an die dort verzeichneten Wege anpasst. In der Frankenalb mit unzähligen versteckten Wundern und vielen Wegen, die bislang in keiner Karte eingetragen sind, ist dies fatal: So kann es den Aussagen zufolge sein, dass man von Komoot z.B. auf Tour 23 nicht zum vielleicht spektakulärsten Felsmassiv der Alb, dem Gährstein, sondern auf der benachbarten Teerstraße daran vorbeigeführt wird. Wie gesagt: Es handelt sich um einen »Fehler« von Komoot (der bei anderen Apps wie Outdooractive nicht auftritt), die Daten unseres Downloads sind so

Grundsätzlich bildet die Frankenalb das ideale Ganzjahreswandergebiet: Jede Jahreszeit hat ihre ganz spezifischen Attraktionen. Der Winter begeistert in langen Frostperioden mit riesigen Eis-Stalaktiten und -Stalagmiten, die sich an offenen Höhlen und Überhängen bilden, der Sommer durch die Blütenfülle der ungedüngten Wiesen und Magerrasen. Jedoch gibt es auch Gebiete, für die der Sommer nicht ideal ist (s. Angaben im Tourensteckbrief): Für Touren in dicht bewaldete Felsregionen eignen sich eher der Spätherbst (ab Mitte Oktober) und das zeitige Frühjahr (März/April), in denen die fehlende, noch spärliche oder schon schüttere Belaubung die grandiosen Karstformationen im besten Licht erstrahlen lässt. Zudem feiert die Natur in beiden ein Farbenfest: Im Frühjahr begeistern die Frühblüher, im Spätherbst der Farbenrausch der Laubwälder.

Im Winterhalbjahr zu berücksichtigen sind die Regeln zum Fledermausschutz: Nach dem Naturschutzgesetz gilt für Höhlen, die Fledermäusen als Winterquartier dienen, ein Betretungsverbot vom 1.10.-31.3. Da nicht genau feststeht, welche Höhlen von Fledermäusen genutzt werden, sollte man in dieser Zeit alle tieferen Höhlenteile (d.h. jene, in die wenig oder kein Licht vordringt) meiden. Offene Höhlen und Durchgangshöhlen können dagegen ganzjährig ohne Bedenken aufgesucht werden. Im Sommerhalbjahr gilt es wiederum, größte Rücksicht auf die oft seltenen Pflanzen der Frankenalb zu nehmen. Überall, wo es Bodenvegetation gibt, wird sich daher jeder Naturfreund streng an bestehende Wege halten (das können neben Wanderwegen natürlich ebenso Forstwege ohne Mk. und Klettererpfade sein).

Angaben zum ÖPNV

Alle Angaben für die An- und Rückreise per Bus und Bahn gelten für das Jahr **2024** und wurden sorgfältig überprüft. Da sich kurzfristige Änderungen (wegen Baustellen, Straßensperrungen etc.) nicht ausschließen lassen, sollten sie jedoch vor jeder Fahrt auf vgn.de verifiziert werden. Gleiches gilt für Touren ab 2025 (große Änderungen im Fahrplan sind eher selten, aber denkbar). **Ganz wichtig**: Da einerseits Buslinien am Wochenende meist nach einem anderen Fahrplan fahren als an Werktagen, andererseits durch die Freizeitlinien des VGN an Wochenenden in der Haupt-Wandersaison zusätzliche (oft günstige) Verbindungen bestehen, beachten Sie bitte bei der Planung unbedingt die Kategorie **Mögliche Tage** im Tourensteckbrief.

Anfahrt mit dem Auto

Natürlich könnte man bei den Touren, deren Anfangs- und Endpunkt an derselben ÖPNV-Linie liegen, an einem von beiden Orten parken und nur eine Fahrt (je nach Gegebenheiten Rück- oder Hinfahrt) per ÖPNV absolvieren. Es entspricht aber nicht den Intentionen dieses Buches, bei der Anreise den Auto-Anteil möglichst groß und den ÖPNV-Anteil klein zu halten (Interessenten werden

Burg Rabenstein ist eine von rund 100 Burgen der Alb (Tour 9).

Faszinierender Zugang zur Schüttersmühle-Klufthöhle (Tour 13)

die relevanten Parkplätze leicht im Internet, oft auch in meinen anderen Büchern finden). Jedoch soll auch denjenigen, die an ihrem Wohnort keine brauchbare ÖPNV-Anbindung besitzen, der einzigartige Reiz des »Kurzzeit-Pilgerns« nicht versagt bleiben. Daher seien im Folgenden zu den einzelnen Touren die Park & Ride-Plätze (mit GPS-Daten) genannt, an denen man am besten vom Auto auf den ÖPNV umsteigt (G = moderate Gebühr):
- Bamberg (Touren 1, 2, 4) P+R Bhf./Brennerstr. (G): 49.901650, 10.899787
- Ebermannstadt (Touren 6-8, 10-12) P+R Bhf.: 49.777129, 11.186824
- Forchheim (Touren 11, 14, 15), Parkplätze am Bhf., z.B. P3: 49.717179, 11.070819
- Hartmannshof (Tour 27) P+R Bhf.: 49.499188, 11.555588
- Hersbruck (Touren 21-26, 28, 30), Bhf. rechts der Pegnitz P+R (G): 49.509570, 11.423008
- Neuhaus (Pegnitz) (Touren 9, 19) P+R Bahnhofstr.: 49.627462, 11.552128
- Neukirchen (b. Su.-Ro.) (Tour 29) P+R Bhf.: 49.524721, 11.618371
- Pegnitz (Touren 11-13, 17, 18, 20) P+R Bahnhofstr.: 49.759024, 11.548450
- Simmelsdorf-Hüttenbach (Tour 16), Parkplätze am Bhf.: 49.598584, 11.341660

Einkehrmöglichkeiten

Angesichts des leider fortschreitenden Gasthofsterbens im ländlichen Raum können unsere Angaben nur eine (sorgfältig recherchierte) Momentaufnahme bilden. Da zudem kaum ein Gasthaus mehr an allen Wochentagen (oder auch nur an der Mehrzahl der Wochentage) geöffnet hat, gilt die Regel: Jede Einkehr muss zwingend unter der angegebenen Telefonnummer rechtzeitig vorher abgeklärt werden! Da die Frankenalb traumhafte Rastplätze an Höhlen, unter Felsdächern etc. bietet, ist ansonsten die Selbstverpflegung immer eine gute Option.

Ausrüstung

Neben der üblichen Wanderausrüstung (griffige Schuhe, Wetterschutz, Proviant etc.) sollten Taschenlampen zum Equipment gehören. Ohne künstliches Licht bleibt der Reiz zahlreicher Höhlen verborgen. Empfehlenswert sind leistungsstarke LED-Akkulampen, die eine gute Ausleuchtung ermöglichen (wichtig: vor der Tour den Ladezustand prüfen und zur Sicherheit eine Zweitlampe mitführen – nur so ist eine sichere Rückkehr gewährleistet).

Eine Idee

In 14 Tagen zu Fuß und mit ÖPNV von Scheßlitz nach Sulzbach-Rosenberg: Das Programm der folgenden Gebietsdurchquerung, die 14 unserer Touren enthält, lässt sich natürlich beliebig nach Interessen und Gegebenheiten abwandeln. Der Vorschlag ist so konzipiert, dass er sich ganzjährig durchführen lässt, wenn man an einem Montag (am besten Schultag) beginnt (Ende mit einem Sonntag). Ablauf in Kürze: Bus 969 bis Würgauer Höhe – Tour 1 – Übernachtung Scheßlitz – Bus 969 bis Königsfeld – Tour 4 – Ü Heiligenstadt – Bus 221 bis Veilbronn – Tour 6 – Bus 389 nach Muggendorf – Ü Muggendorf – Bus 389 bis Sachsenmühle – Tour 10 – Ü Muggendorf – Tour 8 – Ü Behringersmühle – Bus 389 bis Pottenstein – Tour 12 – Bus 389 nach Pottenstein – Ü Pottenstein – Bus 389 bis Schüttersmühle – Tour 13 – Ü Pegnitz – Bus 380 bis Bernheck – Tour 18 – Bus 450 nach Pegnitz – Ü Pegnitz – Bus 380 bis Plech – Tour 20 – RB30 nach Hersbruck – Ü Hersbruck – Bus 338 nach Kirchensittenbach – Tour 25 – RB 30 nach Hersbruck – Ü Hersbruck – Bus 446/498 nach Königstein – Tour 22 – Bus 498 bis Hirschbach – Ü Hirschbach – Tour 26 – Ü Pommelsbrunn – Tour 27 (am besten Gegenrichtung) – RE nach Neukirchen – Ü Neukirchen (b. S.-R.) – Tour 29.

Bilanz der 14 Tage (= 47 % des Buches): 62 Höhlen, 27 Höhlenruinen und Durchgangshöhlen, 13 Felsentore, 9 Felsengärten und 28 Aussichtspunkte, dazu zahlreiche malerische Täler, Felstürme und weitere Karstphänomene.

Felsentore zählen zu den großen Wundern der Alb (Tour 11).

Checkliste
Das sollten Sie dabeihaben:

- Brotzeit ✓
- Genug zu Trinken ✓
- Erste-Hilfe-Set ✓
- Regenschutz ✓
- Wechselshirt ✓
- Karte/Smartphone mit Offline-Karte ✓

Holzschnitz-Kunst im Veldensteiner Forst (Tour 17)

Kunstvolle alte Weganlagen führen zum Schlossberg (Tour 10).

DURCH DIE MONUMENT MOUNTAINS

Von den Würgauer Felsen nach Gügel und Giech

Große Monumente der Natur und Kultur bilden den Rahmen unserer Tour: Am Anfang stehen die riesigen Felsbastionen bei Würgau, am Ende die Wallfahrtskapelle Gügel und die Burgruine Giech.

Von den fantastischen Aussichtskanzeln oberhalb führt unsere Route durch das grandiose Felsenreich um den einmaligen Nürnberger Turm hinab zum malerischen Heldenhain und an Sinterstufen vorbei nach Würgau, dann durch eine wilde Schlucht bergan und durch schöne Bärlauchwälder und am kleinen Heidenstein vorbei über die Hochfläche. Über Gügel und Giech geht es mit umwerfender Panoramasicht hinunter nach Scheßlitz.

Bärlauchwald beim Heidenstein

Zu großen Aussichtspunkten

Von der Hst. gehen wir **ohne Mk.** kurz an der B 22 zurück, biegen dann rechts in die Straße nach Kasendorf/Roßdorf a. B. ein, zweigen aber schon nach wenigen Metern links ab und wandern auf einem Schotterweg (alte Mk. Nr. 1) am großen Umspannwerk vorbei. Beim Mast Nr. 193 teilen sich die Wege: Ein unbefestigter Fahrweg führt uns nach links über Wiesen in den Wald. Wir folgen ihm immer geradeaus, ignorieren vorläufig (!) alle abzweigenden Pfade und erreichen das riesige Gipfelkreuz mit Prachtblick talaus bis Bamberg. Doch noch ist eine Steigerung möglich: Wenige Meter nach dem Kreuz zweigt vom Fahrweg ein Stichpfad links ab und bringt uns zu einer Felskanzel (Bank), die einen umwerfenden Blick über die Felsriffe in den Talkessel von Würgau bietet. Beim Rückweg sollte man den nächsten Schaugenuss nicht verpassen: Wir gehen wieder am Kreuz vorbei und treffen kurz danach bei einem Baum mit der alten Blaupunkt-Mk. auf einen unscheinbaren Pfad, der uns rechts durch die Flanke leicht bergab und mit Linksschwenk zu einem Felskopf bringt: Der Blick über den Riesenzahn des Nürnberger Turms in die Ferne gehört zu den schönsten im Frankenjura. Nach Rückkehr zum Fahrweg gehen wir noch gut 30 weitere Meter zurück: Dort zweigt rechts ein felsiger Pfad ab,

Über den Nürnberger Turm schweift der Blick bis Bamberg.

mittel · **15,5 km** · **420/625 Hm** · **5:00 Std.**

Auf einen Blick

Tourencharakter
Überwiegend abwärtsführende Tour mit nur zwei größeren Anstiegen zu großartigen Felsen und Aussichtspunkten (mit Felsenkapelle und Burgruine) durchgehend auf guten, nur bei den Würgauer Felsen kurzzeitig steilen Wegen

Mögliche Tage
Mo-Fr: ganzjährig (bevorzugt an Schultagen), So: ganzjährig

Ausgangspunkt/Anfahrt
Hst. Würgauer Höhe B 22, hierher mit Bus 969, Abfahrt von Bamberg Bhf. (Vorplatz, Ausgang zur Innenstadt) **Mo-Fr** an Schultagen um 8:04 Uhr, an Ferientagen bereits um 6:39 Uhr, **So** um 11:30 Uhr (Fahrzeit 33-41 Min.)

Endpunkt/Rückfahrt
Hst. Scheßlitz Kilianskirche, von hier zurück nach Bamberg mit Bus 969 oder 963, Abfahrt **Mo-Fr** um 15:22 (969), 16:05 (963), 17:10 (963) oder 19:08 (969), **So** 18:13 Uhr (969)

Gehzeiten
Würgauer Gipfelkreuz 0:25 Std. - Klamm (Würgauer Wand) 0:20 Std. - Fiechtlwand 0:15 Std. - Heidenhain 0:10 Std. - Würgau 0:15 Std. - Schlucht 0:25 Std. - Heidenstein 0:55 Std. - Gügel 0:55 Std. - Giech 0:30 Std. - Scheßlitz 0:50 Std.

Beste Jahreszeit
ganzjährig reizvoll, außer bei Schneelage

Einkehr
Gaststätte Giechburg, Tel. 09542/424

Die Anlagen des Heldenhains werden liebevoll gepflegt.

Steil ragt der Nürnberger Turm im Würgauer Felsenreich auf.

Vor der Würgauer Wand durchquert man eine enge Klamm.

Die Fernsicht von der Giechburg reicht bis nach Thüringen.

der in Kehren steil bergab und unter den imposanten Abstürzen von Kreuzstein und Bayreuther Wand zu einem Sattel an der Bergseite des gewaltigen Nürnberger Turms hinüberführt.

Durch das Würgauer Felsenreich

Uns umgibt eines der eindrucksvollsten Felsreviere der Alb, das aber seit der Aufgabe der markierten Wege kaum noch Besuch von Wanderern erhält. Zunächst steht ein Abstecher nach links an: Auf gutem Pfad überqueren wir eine Senke, wandern durch die glatte Felsklamm zwischen Würgauer Wand und Bamberger Turm und erreichen als Wendepunkt die schlanke Würgauer Nadel. Nach Rückkehr zum Sattel zwischen Nürnberger Turm und Bayreuther Wand folgen weitere Karstwunder: Auf deutlichen Pfaden geht es zunächst eben weiter, dann links bergab zum Fuß der riesigen Edelweißwand. Über einen weiteren Sattel (rechts oben die leider verschlossene Nebelsteinhöhle) erreichen wir das gewaltige Pfeilermassiv der Fiechtlwand und steigen an ihr entlang durch malerisches Bergsturzgelände auf. Danach geht es in Kehren unterhalb der Frankenwand zügig bergab und links zu einem etwa 4 m hohen Vorturm hinüber. Von hier führt uns ein guter Weg nach rechts steil in ein Bachtal hinab.

Sinterstufen und Schluchtweg

Direkt vor dem glasklaren Bach halten wir uns links, kommen auf breitem Weg zu einer Mariengrotte und steigen dann über Treppen zum Heldenhain ab: Jenseits des Baches, der hier malerische Sinterstufen gebildet hat, erstreckt sich eine liebevoll gepflegte Anlage mit Springbrunnen und Gefallenendenkmal – ein idyllischer Ort der Stille. Wir verlassen ihn auf einem Fahrweg (**Mk. B**) nach links und gelangen zu einer Wegteilung hinab. Statt den links abzweigenden Mkn. zu folgen, geht man hier besser **ohne Mk.** geradeaus auf dem Fahrweg am Bach entlang weiter und kann auf der kurzen Strecke bis Würgau noch schöne Sinterstufen bewundern. Wir folgen von nun an der Mk. **Rotstrich**, wandern mit ihr nach rechts durch den schmucken Ort und biegen nach dem Brauerei-Gh. Hartmann links ab. Bei Gabelungen halten wir uns erst links, dann rechts und steigen auf begrüntem Fahrweg über Wiesen zum Waldrand auf – prachtvoll der Rückblick auf Ort und Felsen. Im Wald geht es zügig bergan, dann mit Linksschwenk durch die Flanke und in ein Tälchen hinein, das sich bald in eine malerische Felsenschlucht verwandelt. An ihrer rechten Seite gewinnen wir auf schmalem Pfad schnell an Höhe (oberhalb ein tischförmiger Fels) und erreichen dann durch ein Waldtal, zuletzt auf einem Fahrweg, eine Wegteilung am Rand der Hochfläche.

Über den Heidenstein nach Gügel

Hier empfiehlt sich eine kleine Abkürzung: Wir gehen **ohne Mk.** auf begrüntem Fahrweg nach rechts, dann auf einem Querweg links zu einem Schotterweg hinüber, auf dem wir wieder mit **Rotstrich** nach rechts weiterwandern. Die Mk. führt uns sanft bergauf über die weite Hochfläche, bei einem Kruzifix nach links, dann stets geradeaus weiter. Wo der Fahrweg eine scharfe Rechtskurve macht, wandern wir auf Fahrspuren nach links zum gegenüberliegenden Waldrand hinüber und an ihm bergab bis zum unteren Ende der Wiese. Hier biegen wir scharf links auf einen Wanderweg ab:

Die Wallfahrtskapelle Gügel wurde auf schroffem Fels erbaut.

Beim Aufstieg nach Giech fasziniert der Rückblick auf Gügel.

Er führt unter der Hochspannungsleitung hindurch, durch einen märchenhaften Wald, der im Mai durch die reiche Blüte des Bärlauchs verzaubert wird, dann kurz am Waldrand und einem Feld entlang. Bei einer Gabelung 50 m nach Wiedereintritt in den Wald heißt es aufgepasst (unklare Mk.): Wir wählen den rechten Weg, der uns immer geradeaus zur Wiesenkuppe des Heidensteins mit kleiner Felsgruppe hinaufbringt. Auf begrüntem Fahrweg geht es nun sanft bergab auf weite Wiesen hinaus, auf einem Schotterweg nach links, dann bei einer Kreuzung **ohne Mk.** (Rotstrich zweigt ab) geradeaus weiter auf Ludwag zu. Im Dorf folgen wir der Hauptstraße kurz nach rechts, gehen dann rechts die Straße Zum Kulm hinab und wieder rechts auf der Straße nach Zeckendorf abwärts, bis links ein Schotterweg abzweigt. Auf seinem rechten Ast wandern wir mit **Mk. A1** sanft bergauf, dann an der Flanke entlang und durch Wald bis zu einer Wegteilung: Mit **Frankenweg** u.a. geht es auf schmalerem Weg rechts kurz aufwärts, dann, an imposanten Felsklippen vorbei, zu einem Sattel unterhalb von Gügel hinab. Für den Aufstieg folgt man kurz halb rechts dem Fahrsträßchen und erreicht dann auf einem links abzweigenden Fußweg die imposante Ostseite der im 17. Jh. auf einer Felskuppe erbauten Wallfahrtskapelle. Eine Umrundung im Uhrzeigersinn (mit Besichtigung des Inneren) schenkt großartige Eindrücke: Im Westen begeistern vorgelagerte Felstürme und der Blick von der Freitreppe zur Giechburg und ins Regnitztal.

Über die Giechburg ins Tal

Zurück an der Ostseite, führen uns alle Mkn. (in Gehrichtung) rechts bergab, südlich von Gügel durch die bewaldete Flanke und dann

Tief unter der Festung Giech erstreckt sich das Regnitztal.

Giechburg

Die Giechburg existierte als Höhenburg bereits seit dem 12. Jh., erhielt ihr heutiges Aussehen aber durch den Bamberger Fürstbischof Johann Philipp v. Gebsattel, der sie 1603–07 zu einem wehrhaften Renaissanceschloss umbauen ließ.

zu einem weiten Wiesensattel hinab. Am tiefsten Punkt halten wir uns links, gewinnen über Wiesen wieder zügig an Höhe (Prachtblick zurück auf Gügel) und steigen nach scharfem Rechtsknick in aussichtsreicher Hangquerung zum Fuß der Ruine **Giech** auf. Wir betreten die Burg über ein Tor an der Westseite und genießen von den dortigen Bastionen eine begeisternde Fernsicht, die bis zur Wasserkuppe in der Rhön reicht. Anschließend lohnen der Besuch des Innenhofs (mit versteinerter Mooreiche, 4200 Jahre alt) und des Hauptturms sowie eine Runde gegen den Uhrzeigersinn über alle Eckbastionen zurück zum Westtor. Vom Vorplatz der Burg geht es mit allen Mkn. (Frankenweg u.a.) nach links abwärts. Zunächst folgen wir ein Stück der Straße, dann einem parallel verlaufenden Fußweg, danach gehen wir links über einen Parkplatz zu seinem Ende hinüber, steigen über Stufen und in einer Rechtskurve in ein Waldtal ab und wandern immer geradeaus auf schmalem Weg bergab. Schließlich geht es am Waldrand weiter, mit Rechtsknick zu einem gepflasterten Weg hinüber, auf ihm kurz nach links, dann rechts auf begrüntem Fahrweg zum munteren Seierbach hinüber, im Bogen an ihm entlang und auf einer Brücke hinüber. Jenseits wandern wir zur Kapelle am Schneckenbühl hinauf und geradeaus nach **Scheßlitz** hinein. Im Ort halten wir uns links, gehen rechts den Gügelweg hinab, auf der Straße Altenbach kurz nach links und dann rechts an der imposanten Kilianskirche vorbei zur Hauptstraße. An ihr liegt gut 100 m weiter rechts die Hst. Kilianskirche.

FELSWILDNIS UND TALIDYLLE

2

Von den Locher Höhlen über Krögelstein nach Hollfeld

In der ersten Hälfte unserer Tour dominiert wilde Felsarchitektur mit Höhlen, Felsentoren, Türmen und dem wohl längsten Felsbogen der Alb, in der zweiten die Schönheit zweier unberührter Täler.

Von der imposanten Höhlenszenerie bei Loch wandern wir durch das malerische Badersbachtal zum einzigartigen Felsentor im Stangen, weiter durch wildschöne Trockentäler zu den formenreichen Teufelslöchern und dem faszinierenden Gänsanger-Felsentor. Nach der großen Felskulisse von Krögelstein besuchen wir den gewaltigen Schmiedsbogen und das urweltliche Ensemble des Geiersteins und gelangen durch das felsenreiche Kaiserbachtal und das idyllische Kainachtal nach Hollfeld.

Locher Höhlen und Badersbachtal

Die Tour beginnt mit einem Paukenschlag: Von der Hst. müssen wir nur wenige Meter (**ohne Mk.**) auf der linken Seite der B 22 talab gehen, vorbei an einem eingezäunten Gelände mit der munter sprudelnden Quellgrotte, dann stehen wir vor der gewaltigen Szenerie der Locher Höhlen. In der hochragenden Felswand öffnet sich links eine hohe Spalte, rechts das imposante Portal der Haupthöhle. Über Felsstufen gelangt man in eine bizarr geformte, ca. 20 m tiefe Halle, von der ein niedriger Gang noch tiefer in den Berg führt. Die nächsten 600 m müssen wir am Rand der meist wenig befahrenen B 22 zurücklegen (andere Wege im Tal gibt es nicht). Immerhin sorgen wilde Felsmassive mit kleinen Höhlen auch hier für Augenschmaus. Am Ende einer Brücke zweigen wir spitzwinklig links auf einen Forstweg ohne Mk. ab und tauchen ein in die Stille des felsgesäumten Badersbachtals. Nach einem idyllischen Weiher (Quelltopf) führt uns der Forstweg im Bogen kurz am rechten Talhang empor zu einer Wegteilung, bei der wir links auf einen unbefestigten Fahrweg abzweigen. Sobald er wieder den Talgrund erreicht, gehen wir an geeigneter Stelle zum linken Talrand hinüber (im Sommer kann ein neu angelegtes Feld dazu zwingen, erst ein Stück weiter talauf, dann auf dem Feldrain nach links und nochmals mit

Schauseite des Felsentors im Stangen

Das Felsentor im Stangen, verborgenes Juwel in Badersbachtal

leicht | 13 km | 240/245 Hm | 4:15 Std.

Auf einen Blick

Tourencharakter
Leichte Tour ohne größere Anstiege durch wildschöne Bach- und Trockentäler mit begeisternden Felsen, Felsentoren (darunter der wohl längste Felsbogen der Alb) und Höhlen; fast durchgehend gute Wege, nur der Pfad zum Schmiedsbogen erfordert erhöhte Vorsicht.

Mögliche Tage
Mo-Fr: ganzjährig (bevorzugt an Schultagen), So: ganzjährig

Ausgangspunkt/Anfahrt
Hst. Loch (b. Hollfeld), hierher mit Bus 969, Abfahrt von Bamberg Bhf. (Vorplatz, Ausgang zur Innenstadt) Mo-Fr an Schultagen um 8:04, an Ferientagen bereits um 6:39 Uhr, So um 11:30 Uhr (Fahrzeit 50-58 Min.)

Endpunkt/Rückfahrt
Hst. Hollfeld Langgasse, von hier mit Bus 969 zurück nach Bamberg, Abfahrt Mo-Fr 14:03, 14:40 oder 18:33, So 17:35 Uhr; alternativ: Hst. Spitalplatz (vgl. Tour 3), von hier mit Bus 376 oder Rufbus 394 (1 Std. vorher: Tel. 0921/202 08) nach Bayreuth Hbf., Abfahrt Mo-Fr 14:50, 16:00 (Rufbus) oder 17:34, So 18:05 Uhr (zusätzliche Fahrtmöglichkeiten So vom 1.5.-1.11. s. Tour 3)

Gehzeiten
Locher Höhlen 0:05 Std. – Felsentor im Stangen 0:30 Std. – Teufelslöcher/Gänsanger-Felsentor 1:00 Std. – Krögelstein (Alter Fritz) 0:25 Std. – Schmiedsbogen 0:15 Std. – Geierstein-Felsentor 0:10 Std. – Kaiserbachtaler Pfeiler 0:40 Std. – Kainach 0:10 Std. – Käthelesteinhöhle 0:40 Std. – Hollfeld Hst. 0:20 Std.

Beste Jahreszeit
ganzjährig reizvoll (tiefe Höhlenteile nur 1.4.-30.9.)

Einkehr
erst am Ziel in Hollfeld mehrere Gasthöfe

Linksschwenk am gegenüberliegenden Feldrand talab zu gehen). Wir treffen hier auf ein überhängendes Massiv. Direkt nach ihm führen schwache Pfadspuren nach links in den Wald und steil am Hang empor zu einem wahren Naturwunder: Vor uns erhebt sich das imposante Felsentor im Stangen. Wenn man rechts des Tors etwas ab- und dann zu seiner Rückseite aufsteigt, genießt man den schönsten Blick auf das gewaltige Massiv. Von hier wandern wir an den Felsen entlang zum Talgrund hinunter und folgen dem unbefestigten Fahrweg weiter talauf.

Höhlenwelten um das Teufelsloch

Bei Einmündung in einen Schotterweg schwenken wir mit **Blaupunkt** nach rechts und durchstreifen ein weites Waldtal. Nach markantem Rechtsknick beginnt ein steiler Anstieg. 30 m weiter lohnt ein Abstecher nach links: Man wandert auf Fahrspuren **ohne Mk.** am rechten Rand in ein idyllisches Seitental hinein und steigt dann am Hang zu einem imposanten Felskegel mit der flachen Grabesleithen-Felsengrotte und einem originellen viereckigen Felsentor auf. Wieder mit **Blaupunkt** geht es weiter zügig bergauf, dann am Waldrand entlang zu einer Wegteilung: Wir halten uns links, überqueren die Staatsstraße und biegen jenseits links in einen Teerweg ein, der uns zu einer Gabelung am Waldrand bringt. Unsere Mk. führt uns nach links auf begrüntem Fahrweg durch einen Graben unterhalb der Straße, dann mit Rechtsknick in ein malerisches, von mittelhohen Felsketten gesäumtes Waldtal hinein, das nach den zwei auffälligen Höhlen auf der linken Seite den Namen Teufelsloch erhalten hat. Sie bilden unser nächstes Ziel: Wir erreichen eine Wegteilung, gehen **ohne Mk.** links zu einem Jägerstand hinüber und nochmals links an den Feldern entlang zum imposanten Portal des Gr. Teufelslochs. Man kann ca. 30 m tief in die Höhle vordringen und dabei ihre faszinierenden Laugungsformen studieren, die an Bienenwaben erinnern. Etwas weiter im selben Massiv folgt das Kl. Teufelsloch, eine bizarr geformte Halle. Danach kehren wir zur Wegteilung zurück und folgen nun dem linken Ast des **Blaupunkt**-Wegs. Schon nach wenigen Metern lohnt ein Abstecher nach rechts auf Pfadspuren zu einer imposanten Felsflucht am Beginn der Teufelslöcherwände, der Höhepunkt folgt aber erst: Kurz danach bringt uns ein deutlicher Pfad **ohne Mk.** rechts steil zum imposanten Bogen des Gänsanger-Felsentors hinauf (die Aufschrift »Teufelsloch« auf dem Schild ist Unsinn!). **Blaupunkt** führt uns danach auf begrüntem Fahrweg an markanten Felsen entlang, durch Wald zur Hochfläche empor, zuletzt auf einem Teerweg in den Orts-

Die Locher Höhlen bilden ein faszinierendes Ensemble.

Der Schmiedsbogen ist der Landscape Arch der Frankenalb.

Die Große Locher Höhle führt über 20 m tief in den Berg.

Variante

Wer das Kainachtal schon kennt, kann in Kainach auch auf die bei Tour 3 beschriebene Route über die wundervollen Wacholderheiden und den einzigartigen Hohlstein einschwenken (bei der ersten Abzweigung im Ort links, dann dem Ww. zum Wanderparkplatz folgen; Dauer: 0:25 Std. mehr)

Felsen und Bachidylle prägen das Kainachtal.

Das Gänsanger-Felsentor begeistert mit originellen Formen.

teil Schnackenwöhr hinein. Über Wohnstraßen erreichen wir die Hauptstraße, folgen ihr bis zur Bus-Hst., schwenken dort nach rechts, wandern im Linksbogen bergab und nach rechts ins Zentrum von Krögelstein hinunter: Vor uns erhebt sich die einmalige Felskulisse um den riesigen Turm des Alten Fritz.

Felsenwunder im Kaiserbachtal

Wir gehen nun zur Brücke zurück und biegen vor ihr links auf das Teersträßchen ins Kaiserbachtal ein. Schon nach 70 m können Felsenfreunde nach rechts auf gemähtem Weg zu dem imposanten Massiv jenseits des Kaiserbachs (Brücke) hinübergehen, der wichtigste Abstecher folgt aber erst etwas später: Kurz vor einer Sitzgruppe treffen wir auf ein altes Schild »Kaiserbachtal nach Kainach 2 km«, das scheinbar auf einen deutlichen rechts abzweigenden Wiesenpfad **ohne Mk.** verweist. Wir gehen auf ihm zum Kaiserbach hinüber, überqueren ihn auf einem aus Steinen aufgeschütteten Übergang und steigen geradeaus steil zu einem Sattel auf. Von hier geht es nach links etwas bergab, dann in ebener Querung auf etwas erodiertem Pfad (Vorsicht!) durch die Flanke und mit Rechtsschwenk zum linken Ende des gewaltigen Schmiedsbogens hinauf: Mit gut 20 m Spannweite zählt er zu den Rekordhaltern unter den Felsbögen der Alb. Ein ähnlich großes Wunder folgt jedoch kurz danach: Zum Teerweg zurückgekehrt, folgen wir ihm noch kurz bis zu einem Ww. und biegen dort rechts mit dem **Fränk. Gebirgsweg** auf den Schotterweg durchs Kaiserbachtal ab. Schon bald, 10 m nach einer Sitzgruppe, zweigt links ein deutlicher Pfad **ohne Mk.** ab, führt steil den Hang empor und dann mit Rechtsknick zur einzigartig zerklüfteten Felsbastion des Geiersteins hinüber: Höhepunkte sind die Höhle mitten in der Wand und das malerische Felsentor, das man bei Aufstieg nach links erreicht. Zurück auf dem **Fränk. Gebirgsweg** passieren wir bald die gewaltigen Überhänge des Dohlensteins und des Kaiserbachtaler Riesenüberhangs (lohnende Abstecher auf Stichpfaden), wandern durch das idyllische Tal weiter und wechseln dann zur

Die Käthelesteinhöhle: klein, aber voller versteckter Reize

Der Alte Fritz bildet das Wahrzeichen von Krögelstein.

rechten Talseite über. Die Mk. führt uns hier links auf begrüntem Fahrweg etwas bergan, dann mit Prachtblick zum freistehenden **Kaiserbachtaler Pfeiler** wieder zum Talgrund hinunter (der Stichweg nach links führt zum Fuß des Pfeilers) und am linken Talhang nach **Kainach** hinein.

Durch das Kainachtal nach Hollfeld

An der Hauptstraße halten wir uns rechts und gehen bei der folgenden Wegteilung mit **Blaupunkt** geradeaus weiter, bis vor dem Feuerwehrhaus links der Schotterweg ins **Kainachtal** abzweigt. Er führt uns zunächst mit schönem Blick auf das Schloss aus dem 17. Jh. und die Felsen der anderen Talseite am Waldrand entlang, dann an markanten Felsen vorbei durch den Wald, zuletzt wieder links zum Talgrund hinunter. Es folgt eine gemütliche Promenade auf breitem Wanderweg am rechten Rand durch das weite idyllische Tal, teils nahe am munteren Bach, der nach der Vereinigung mit dem Schwalbach hier viel mehr Wasser führt und den Namen Kainach trägt. Erst zieht eine imposante Felsgruppe auf der anderen Talseite unsere Blicke an, später die direkt neben unserem Weg aufragenden Abstürze des Käthelesteins. Nach ihnen steigt der Weg am rechten Hang an. Nun heißt es aufgepasst: Ein Stichweg führt scharf rechts zu einer Infotafel und weiter zur **Käthelesteinhöhle**, einer kleinen, malerisch zerklüfteten Kammer. Nach weiterem Anstieg führt uns der Hauptweg am Schulgelände von **Hollfeld** entlang, dann mit Linksschwenk durch das Obere Stadttor auf den historischen Marienplatz, überragt vom Gangolfsturm. Von hier führen mehrere Wege zu den Bus-Haltestellen: Am besten geht man rechts über den Steinweg an der Kirche vorbei zum Unteren Markt (unterhalb die Hst. Spitalplatz der Linien 376 und 394) hinunter und biegt dann links in die Langgasse ein, wo man bald die Hst. für die Rückfahrt nach Bamberg erreicht.

FELSENGÄRTEN UND WACHOLDERTÄLER

3

Von Sanspareil über den Kleinhüler Buch zum Hohlstein

Südlich des berühmten Felsengartens von Sanspareil befinden sich ebenso große, aber kaum bekannte Naturwunder wie das grandiose Höhlengebiet des Kleinhüler Buchs und der gewaltige Hohlstein bei Kainach.

Nach Besuch des Felsengartens und der versteckten Durchgangshöhle im Gollerfelsen begeistert uns die vergessene Welt des Kleinhüler Buchs mit gleich fünf ganz unterschiedlichen Höhlen. Über drei malerische Täler mit den vielleicht schönsten Wacholderheiden der Alb und das idyllische Schwalbachtal gelangen wir zum Hohlstein und zum bizarren Drachenstein und über den aussichtsreichen Hirtenberg nach Hollfeld.

Durch Wilhelmines Zauberreich

In den Jahren 1744-48 ließ Markgräfin Wilhelmine von Bayreuth, die Lieblingsschwester Friedrichs d. Gr., den natürlichen **Felsengarten** bei der mittelalterlichen Burg Zwernitz zu einer Art Gesamtkunstwerk, das Natur und Kunst verbindet, umgestalten, geleitet von einem literarischen Programm: Die einzelnen Stationen sind nach den wichtigsten Schauplätzen des damals berühmten Erziehungsromans »Die Abenteuer des Telemach« von François de Salignac de la Mothe-Fénelon benannt, der 1699 erstmals veröffentlicht wurde. Die frühe Naturbegeisterung der Markgräfin blieb bei den Zeitgenossen nicht ohne Widerhall: »Ah, c'est sans pareil« (»Oh, das ist ohnegleichen«) soll eine entzückte Hofdame ausgerufen haben – was Garten und Dorf zu einem neuen Namen verhalf. Heute sind die meisten Bauten wie Pavillons verschwunden (bis auf das Ruinentheater), sodass wir wieder primär ein Naturkunstwerk erleben, allerdings geleitet von den Wegen und dem Programm des 18. Jh.

Zunächst sollte man den heute meist vergessenen Teil nördlich der Straße besichtigen Vom Busparkplatz gehen wir (**ohne Mk.**) an der Straße ca. 60 m nach W (von der Schulbus-Hst. rechts ins Dorf, dann 400 m geradeaus auf der linken=oberen Straße) und steigen rechts über Stufen zur kleinen Durchgangshöhle des **Hühnerlochs** ab. Ein guter Weg führt im Bogen zu ihrer noch eindrucksvolleren Talseite hinab und weiter zur bizarr zerborstenen Spalte des **Eiskellers**. Zurück auf der Straße halten wir uns rechts, umrunden im Linksbogen den einstigen Küchentrakt (heute Café) und gelangen an den Gartenanlagen vorbei zum sehenswerten Morgenländischen

Enge Spalten sind typisch für den Felsengarten von Sanspareil.

| leicht | 15 km | 320/425 Hm | 4:45 Std. |

Auf einen Blick

Tourencharakter
Äußerst vielfältige Tal- und Hochflächenwanderung mit leichten Anstiegen zu Felsengärten mit Höhlen, Wacholderheiden und einem einzigartigen Höhlenmassiv meist auf guten Wegen, nur im Kleinhüler Buch Passage auf Steigspuren ohne Orientierungsschwierigkeiten

Mögliche Tage
Mo-Fr: nur Rufbus, Sa/So: 1.5.-1.11. (günstig)

Ausgangspunkt/Anfahrt
Hst. Sanspareil Busparkplatz (B) oder Sanspareil Schulbushaltestelle (S), hierher bevorzugt **Sa/So vom 1.5.-1.11.** mit Bus 399.1/399.2, Abfahrt von Kulmbach, ZOB (vom Bhf. nach rechts, Bstg. 1) um 8:15 Uhr (B) oder 10:40 Uhr (B) (Fahrzeit 31-41 Min.), von Pegnitz Bhf. um 8:26 Uhr (S, Fahrzeit 1:26 Std.), von Ebermannstadt Bhf. um 10:03 Uhr (S, 1:03 Std.); **Mo-Fr** nur mit Rufbus 1381 (1 Std. vorher; Tel. 09221/407 77 90, Abfahrt in Kulmbach, ZOB (Bstg. 1) um 8:48 oder 10:48 Uhr (B, Fahrzeit 52 Min.)

Endpunkt/Rückfahrt
Hst. Hollfeld Spitalplatz, von hier **Sa/So vom 1.5.-1.11.** zurück nach Kulmbach, Abfahrt mit Bus 399.1/399.2 um 15:33 oder 16:53 Uhr (50-55 Min.), nach Pegnitz, Abfahrt mit 399.1 um 17:25 Uhr (1:02 Std.), oder nach Ebermannstadt,

Abfahrt mit Bus 399.2 um 15:10 Uhr oder mit Bus 230 um 18:12 Uhr (41-47 Min.); nur **So** auch mit Bus 969 (von Hst. Langgasse wie Tour 2!) um 17:35 Uhr nach Bamberg oder mit Bus 376 um 18:05 Uhr nach Bayreuth Hbf.; Abfahrten **Mo-Fr** siehe Tour 2

Gehzeiten
Sanspareil Ruinentheater 0:30 Std. – Vulkansgrotte 0:20 Std. – Gollerfelsenhöhle 0:15 Std. – Höhlen im Kleinhüler Buch (m. Rundgang) 0:35 Std. – Wacholdertal 0:40 Std. – Wonsees 0:10 Std. – Schlötzmühle 0:25 Std. – Kainach 0:25 Std. – Hohlstein 0:20 Std. – Hirtenberg (Aussicht auf Hollfeld) 0:35 Std. – Hollfeld Hst. 0:30 Std.

Beste Jahreszeit
ganzjährig reizvoll (tiefe Höhlen nur 1.4.-30.9.)

Einkehr
mehrere Gasthöfe in Wonsees (wonsees.de/tourismus/essen-und-trinken)

Bau. Rechts von ihm beginnt der Rundweg durch den vom literarischen Programm erschlossenen Teil des Felsengartens, dessen wichtigste Stationen hier nur kurz skizziert werden können (s. Plan vor Ort und Infotafeln an jeder Station). Nach einem malerischen Felsdurchgang (Stichpfad nach links) passieren wir den überhängenden Regenschirm, schwenken im Zentrum der Anlage nach rechts und durchqueren die Riesenspalte des Gespaltenen Felsen. Nach Überschreiten eines Bergrückens geht es mit Rechtsknick zwischen Pansitz und Fels der Liebe hindurch und bei einer Kreuzung rechts über viele Stufen zum Belvederefelsen hinauf (nur noch wenig Aussicht). Zurück an der Kreuzung gelangen wir erst geradeaus, dann mit Rechtsknick an der Sirenengotte vorbei zum imposanten Felsbogen der Grotte der Calypso und durch ihn ins Ruinentheater (Naturtheater), das sich harmonisch in die Felsenwelt einfügt. Vor dem Felsbogen beginnt ein Weg, der uns am Rande des Felsengartens zu einer schroffen Felsgruppe, nach rechts durch einen überdachten Felsdurchgang hindurch, im Linksbogen an der Äolusgrotte entlang und dann links abzweigend zur geräumigen Sibyllengrotte bringt. Von hier nähern wir uns wieder dem Ruinentheater, biegen aber vor ihm rechts ab, halten uns nochmals rechts und erreichen wieder die Verzweigung unterhalb von Pansitz/Fels der Liebe. Hier steigen wir nun geradeaus zum unteren Rand des Felsengartens ab, schwenken nach links, durchschreiten einen malerischen Engpass und erreichen die imposante Halle der Vulkansgrotte. Danach geht es links bergauf, mit Stichpfad links empor zur kleinen Bärenhöhle, dann geradeaus weiter zur Grotte der Diana. Nach Rechtsschwenk kehren wir zum Busparkplatz und zum Morgenländischen Bau zurück.

Zschokkefelsen und Gollerfelsenhöhle

Von der Terrasse steigen wir zu einer Wegkreuzung unterhalb ab und folgen genau geradeaus einem Schotterweg, der uns über die Hochfläche (Prachtblick zur Burg Zwernitz) und am leider stark eingewachsenen Zschokkefelsen vorbei zum Pferdeparadies Sanspareil hinüberführt. Vor dem Eingangstor der »Ranch« verlassen wir den Fahrweg, gehen geradeaus in den Wald und mit Rechtsknick auf deutlichem Weg an bizarren mittelhohen Felsen entlang. Bald tritt ein imposantes Massiv ins Blickfeld: Ein Stichpfad bringt uns links zum malerischen Durchgang der Gollerfelsenhöhle hinauf; auch der Besuch der Südseite (links um die Felsen herum) lohnt sehr. Zurück an der Nordseite führt uns der breite Weg in Bögen zu einer Scheune hinab und weiter zu einem gepflasterten Fahrweg. Auf ihm wandern wir mit dem **Fränk. Gebirgsweg** nach links in einen malerischen Grund hinab.

> **Variante**
>
> Wer die Tour lieber mit einer Wanderung durch ein idyllisches Flusstal beenden oder eine knappe halbe Stunde einsparen möchte, kann ab Kainach auch den bei Tour 2 beschriebenen Weg durch das Kainachtal wählen (bei der Wegteilung in Kainach rechts zur Hauptstraße und an ihr mit Blaupunkt nach links weiter).

Im Kleinhüler Buch begeistert eine gewaltige Spalthöhle.

Der malerische Eiskeller verbirgt sich nördlich von Sanspareil.

Höhlenwunderland Kleinhüler Buch

Schon bei der ersten Verzweigung biegen wir links **ohne Mk.** auf einen Schotterweg ab und folgen ihm 280 m, bis rechts ein schmalerer Fahrweg abzweigt. Er führt uns zu einer Waldinsel hinüber, an ihrem Rand in Bögen bergauf und zuletzt im Linksbogen oberhalb einer Wiese entlang und in lichten Wald hinein. Hier heißt es aufgepasst: Bei einer Gruppe von drei riesigen Buchen biegen wir scharf rechts auf einen unbefestigten Fahrweg ab, steigen aber schon nach ca. 15 m nach links auf Pfadspuren zu dem bereits sichtbaren gewaltigen Massiv des Kleinhüler Buchs auf, das eines der schönsten Höhlenensembles beherbergt (s. auch S. 218). Die Erkundung schenkt großartige Eindrücke: Von der riesigen Hauptwand gehen wir nach links, wo sich ein großer Felskessel öffnet. Wir queren zunächst an seinem unteren Rand zu einem Nebenmassiv hinüber und erreichen an seinem Beginn nach leichtem Anstieg eine imposante Spalte, die sich als der ca. 10 m tiefe Buch-Montmilchgang mit auffällig weißer Versinterung entpuppt. Weiter am Fuß des Nebenmassivs entlang kommen wir zur nächsten Attraktion: Unter einem eindrucksvollen Überhang führt der Gang des Buch-Höhlenraums 11 m in den Berg und endet in einer schön versinterten Kammer. Nach der Besichtigung machen wir kehrt, gehen unter dem Kessel zurück und steigen auf deutlichem Pfad am rechten Rand steil in ihn auf. Unter einem fantastischen Abri hindurch und an einer kleinen Spalte mit originellem Guckloch vorbei gelangen wir zur flachen Halle der Höhle im Buch (anschließend weitere wild zerklüftete Felsen). Zurück am Fuß des Kessel wenden wir uns (links) dem Hauptmassiv zu: Die gewaltigen Überhänge und die riesige, gut 10 m tiefe Spalte in der Mitte bieten einen umwerfenden Anblick. Doch damit nicht genug: Wir gehen am Massiv weiter und finden nach kurzem An-

Wacholderheiden prägen die Tour, hier bei der Schlötzmühle.

stieg an der Westseite die malerische Buch-Halbhöhle mit schönem Durchgang. Von hier steigen wir wieder zu dem unbefestigten Fahrweg unterhalb des Massivs ab und biegen nach links auf ihn ein. Bei einer Gabelung gehen wir geradeaus weiter, steigen auf schwächer werdenden Fahrspuren zu einer Anhöhe auf und jenseits, rechts an einem leicht ausgehöhlten Felsen vorbei, zu einem unbefestigten Forstweg hinunter (Hinweis: Da dieser Weg südlich am ganzen Kleinhüler Buch entlangführt, erreicht man ihn auch bei leichten Abweichungen von der Route); gegenüber lockt ein imposanter Felsklotz zu einem Abstecher.

Durchs Wacholdertal nach Wonsees

Der Forstweg bringt uns nach rechts (W) bald aus dem Wald hinaus zu einem Schotterweg, dem wir mit **Gelbpunkt** nach links abwärts folgen. Die Mk. leitet uns bei einer Verzweigung geradeaus weiter, bei der folgenden rechts bergab, dann mit Linksschwenk ins malerische Wacholdertal hinein. An artenreichen Magerrasenhängen entlang bringt uns der begrünte Fahrweg zum Rand von Wonsees.

Auf dem Schwalbachtalweg

Gleich nach den ersten Häusern teilen sich die Wege: Wir biegen spitzwinklig links auf den Schwalbachtalweg (**Grünraute**) ein. Mit zauberhaften Blicken ins Wacholdertal führt uns ein Teersträßchen an der Flanke empor, zu einer Kuppe mit schöner Fernsicht hinauf und wieder sanft bergab zu einer Wegteilung: Wir schwenken nach rechts und steigen (weiter auf Teer) durch ein malerisches Seitental ab, das mit hohen Wacholderhängen und bizarren Felsgruppen begeistert. Kurz vor der Schlötzmühle ist auch vom Terrain her wieder Natur pur angesagt: Auf einem links abzweigenden Wanderweg wandern wir teils idyllisch am Schwalbach entlang, teils unter überhängenden Felsen vorbei. Wo sich das Tal weitet, wechseln wir zu einem unbefestigten Fahrweg über und erreichen nach einer Teichanlage eine Gabelung: Auf dem linken Weg geht es zuerst am Talrand weiter, dann durch Wald merklich bergauf und mit Prachtblick auf Kainach und die umliegenden Felshänge zu einer Wohnstraße im oberen Teil des Dorfes hinauf. Auf ihr steigen wir nach rechts in den Ort ab und erreichen eine Wegteilung.

Wunderland um den Hohlstein

Hier schwenken wir mit dem Ww. zum Wanderparkplatz scharf nach links und wandern **ohne klare Mk.** (sporadisch: Aktiv- und Gesundheitspark) an diesem vorbei auf einem Pflasterweg in ein Tal mit hohen Wacholderhängen hinein, deren Schönheit das bisher Gesehene noch übertrifft. Bei einer Gabelung gehen wir geradeaus auf Schotter im Talgrund weiter. Das Gelände beidseits wird immer felsiger, die Eindrücke immer großartiger. Wo rechts im Wald eine größere Felsgruppe sichtbar wird, lohnt ein Abstecher. Nach Überquerung der Wiese bringt uns ein deutlicher Pfad zum Drachenstein hinauf: Der allseits bizarr überhängende Fels erinnert an ein Fabelwesen. Direkt rechts neben dem Talweg zeigt sich wenig später eines der großen Wunder der Frankenalb: Unter den gigantischen Überhängen des Hohlsteins öffnet sich ein Höhlenportal voller fantastischer Formen. Nach dem Durchschreiten staunt man nicht wenig: Die Höhle führt nicht tief in die Erde, sondern steigt steil an und spaltet sich in zwei bizarr geformte Gänge.

Über den Hirtenberg nach Hollfeld

Kurz nach dem Hohlstein löst schöner Wald die Wacholderhänge ab. Wir wandern immer auf dem Hauptweg weiter talauf, passieren nach einer Gabelung (hier rechts) weitere bizarre Felsen und steigen zuletzt bei einer Verzweigung rechts mit Pflasterung steil zur Hochfläche auf. Mit schöner Fernsicht gelangen wir zu einem Querweg, wandern am Modellflugplatz vorbei 140 m nach links und biegen dann rechts mit **Rotraute** auf einen begrünten Fahrweg ab. Er führt uns über eine Senke zur Kuppe des Hirtenbergs hinauf, wo der Blick über die Türme von Hollfeld nach W frei wird. Nach einer weiteren Senke steigt der Weg mit Linksknick noch einmal an und erreicht bei einer alten Linde den Rand von Hollfeld. Die Mk. leitet uns rechts auf der Straße Hirtenberg abwärts und im Linksbogen mit Prachtblick auf das höher liegende Zentrum mit dem Gangolfsturm zur Bayreuther Straße hinab. Über sie kommen wir rechts in die Langgasse (erste Hst.), weiter zum Unteren Markt und dann links zur Hst. Spitalplatz.

Das Riesendach des Hohlsteins: ein großes Wunder der Alb

Beim Abstieg nach Hollfeld zieht der Gangolfsturm die Blicke an.

Ein verstecktes Kleinod bei Sanspareil: die Gollerfelsenhöhle

FELSENLABYRINTH UND WÜSTENBURG

4

Versteckte Naturwunder zwischen Aufseß- und Leinleitertal

Zwischen dem felsenreichen oberen Aufseßtal und der wilden Felsenwelt um die magische Femehöhle nahe Heiligenstadt liegt eine malerische Hochflächenlandschaft mit drei spektakulären Felsengärten.

Nach der Wanderung durch den autofreien obersten Abschnitt des Aufseßtals mit seinen Felsburgen und versteckten Höhlen führt uns das unberührte Droschental mit seinem urweltlichen Felsenlabyrinth hinauf zur Hochfläche, wo mit dem spaltenreichen Schoberstein und der wilden Wüstenburg noch zwei grandiose Felsreviere auf uns warten. Durch die Femehöhle und an Schloss Greifenstein vorbei erreichen wir Heiligenstadt.

Von der Aufseßquelle nach Drosendorf

Wenn man in Königsfeld eintrifft, sollte man zunächst dem Flüsschen, das diese Landschaft prägt, seine Reverenz erweisen: Von der Hst. in der Mitte von Königsfeld führen uns viele Mkn. (**Gelbkreuz** u.a.) auf gutem Fußweg am bereits munteren Bach entlang durch den Ort talauf (nach W) und mit Linksknick zur gefassten **Außeßquelle** (lesenswer-

Im Zentrum der Wüstenburg

te Infotafeln zur Aufseß und zur Bedeutung Königsfelds in der Karolingerzeit). Nach Rückkehr zur Hst. geht es mit Gelbkreuz u.a. noch ein Stück geradeaus weiter, dann rechts über die Aufseß hinüber, kurz an einer Straße entlang, zuletzt links auf einem Pflasterweg wieder zum anderen Ufer zurück und mit Rechtsknick auf bald nur noch geschottertem Weg weiter talab. Wenig später taucht das erste große Highlight vor uns auf: das breite Massiv des **Sulzensteins**, das zusammen mit seinem schlanken Vorturm eine Art Felsentor bildet. Danach führt uns die Mk. nach Kotzendorf hinein, an schönen Magerrasenhängen vorbei rechts bergab, zuletzt auf einem Teersträßchen nach links. Wir folgen ihm, an bizarren Felsriffen und der Holzmühle vorbei, für 480 m und biegen dann rechts auf einen Schotterweg ab, der uns in einen der schönsten Abschnitte des **Aufseßtals** hineinführt. Schon nach wenigen Metern öffnet sich links eine kleine, aber prähistorisch bedeutsame

Der bizarre Sulzenstein beherrscht das oberste Aufseßtal.

| leicht | 20,5 km | 280/360 Hm | 6:00 Std. |

Auf einen Blick

Tourencharakter
Lange, aber technisch leichte Wanderung ohne größere Anstiege durch malerische Täler und über weite Hochflächen zu drei begeisternden Felsenlabyrinthen, einer großartigen Durchgangshöhle und zwei tiefen Höhlen durchgehend auf guten, teils unmarkierten Wegen

Mögliche Tage
Mo-Fr: ganzjährig (bevorzugt an Schultagen)

Ausgangspunkt/Anfahrt
Hst. Königsfeld, hierher mit Bus 969, Abfahrt von Bamberg Bhf. (Vorplatz, Ausgang zur Innenstadt) **Mo-Fr** an Schultagen um 8:04, an Ferientagen bereits um 6:39 Uhr (Fahrzeit 42-50 Min.)

Endpunkt/Rückfahrt
Hst. Heiligenstadt, Raiffeisenstraße, von hier **Mo-Fr** mit Bus 221 nach Ebermannstadt Bhf. (weiter mit RB 22 und S 1 nach Bamberg, ges. 1:19 Std.), Abfahrt 16:30, 17:30 oder 18:30 Uhr (Fahrzeit 18 Min.), oder mit Bus 975 um 17:36 Uhr zurück nach Königsfeld (Fahrzeit 13 Min.) (von dort keine Weiterfahrt möglich)

Gehzeiten
Aufseßquelle 0:10 Std. – Sulzenstein 0:25 Std. – Schmiedsholzhöhle 0:40 Std. – Drosendorf 0:40 Std. – Droschental-Felsenlabyrinth 0:30 Std. – Wackelstein 0:30 Std. – Schoberstein-Höhle 0:15 Std. – Wüstenburg 1:05 Std. – Gotische Kapelle 0:55 Std. – Femehöhle 0:15 Std. – Heiligenstadt 0:35 Std.

Beste Jahreszeit
ganzjährig reizvoll, außer bei Schneelage (tiefe Höhlen nur 1.4.-30.9.)

Einkehr
Gh. Niegel in Drosendorf, Tel. 09274/13 41

Grotte. Nahe am mäandrierenden Flüsschen wandern wir weiter durch das breite Tal. Bald beherrschen bizarre Felsgruppen auf beiden Seiten die Szenerie. Der Weg führt unmittelbar an den imposant überhängenden Schmiedstein-Abris, die schon von den Menschen der Vorzeit besucht wurden, vorbei und macht dann eine markante Linkskurve. 50 m nach dieser folgt die entscheidende Abzweigung: Wir gehen auf Fahrspuren **ohne Mk.** nach links in den Wald, im Rechtsbogen zum Fuß eines markanten Felsmassivs hinüber und steigen dann in einer nach links ausholenden Kehre zu ihm auf: Dann stehen wir vor dem imposanten Portal der ca. 10 m tiefen Schmiedsholzhöhle, die mit bizarren Formen und ansehnlicher Versinterung beeindruckt. Zurück am Hauptweg führt uns **Gelbkreuz** zum Ortsrand von Voitmannsdorf und nach rechts in den Ort hinein.

Nach Haus Nr. 27 biegen wir jedoch mit **Rotring** (anfangs spärliche Mk.) spitzwinklig links ab, passieren ein Kruzifix, steigen auf begrüntem Fahrweg an einem Keller vorbei sanft bergan und kommen am Waldrand entlang (rechts oberhalb bizarre Felsen) zur Einmündung in einen Teerweg. Auf ihm geht es rechts zur Hochfläche empor, dann auf Schotter links am Waldrand weiter und im Rechtsbogen zu einer Kreuzung hinüber, wo wir uns rechts halten. Nach markantem Linksknick mündet der Schotterweg in einen querenden Fahrweg, der uns nach rechts sanft nach Drosendorf hinabbringt. Beim Abstieg fesselt rechts die idyllische Talaue der Aufseß, links der imposante Turm des Purzelsteins unsere Blicke. Auf der Hauptstraße gehen wir nach links durch das Dorf, bis wir kurz nach der Kirche eine Abzweigung erreichen.

Ins urweltliche Droschental

Wir schwenken hier mit **Gelbring** nach rechts, überqueren die Aufseß auf einer Brücke, halten uns kurz danach nochmals rechts und gelangen am Fluss entlang zu einer Gabelung: Von hier wandern wir **ohne Mk.** auf begrüntem Fahrweg geradeaus weiter, anfangs noch an der Aufseß entlang, dann in ein malerisches Waldtal hinein. Bald umfängt uns die verwunschene Felsenwelt des Droschentals: Schon kurz nach Eintritt in den Wald lohnt es, links zu einem imposanten Abri aufzusteigen, der schon in der Vorzeit Besuch erhielt, und einige Meter nach rechts an der Felskette entlangzugehen. Das große Highlight kommt aber erst noch: Wir kehren zum Fahrweg zurück, halten uns bei Verzweigungen rechts und bleiben stets im Talgrund. Nach einer mit Gesteinsschutt aufgefüllten Senke taucht links das malerische Droschental-Felsenlabyrinth auf. Die Erkundung schenkt großartige Eindrücke: Am besten steigt man zunächst zwi-

Idylle an der Aufseß vor der Kulisse von Drosendorf

Das Droschental-Felsenlabyrinth fesselt mit wildem Versturz …

… und einem aus Riesenblöcken gebildeten Felsentor.

Schloss Greifenstein

Die Anlage, in der Romantik als »Klein Neuschwanstein« betitelt, war ursprünglich eine mittelalterliche Höhenburg des 12. Jh., erhielt ihr heutiges Aussehen aber im Wesentlichen in den Jahren 1691/93 durch Marquard Sebastian Schenk von Stauffenberg, der sie zu einem Barockschloss umgestalten ließ. Seitdem befindet sich das Schloss im Besitz derselben Adelsfamilie. Neben dem Besuch der gut erhaltenen Innenräume (Infos zu Besichtigungszeiten und Führungen unter schloss-greifenstein.de) lohnt auch der Gang durch die prachtvolle Lindenallee und den Park.

Besonders beeindruckt das Tor von der Westseite des Labyrinths.

Klein, aber oho: der Wackelstein

Scharfe Kanten und enge Spalten prägen den Schoberstein.

schen einem Turm und einem doppelstöckigen Felsentor zur Südseite auf, wo weiter rechts bizarre Überhänge, wilde Spalten und eine Halbhöhle zu bewundern sind. Anschließend kehrt man zur Nordseite zurück, geht an dem abenteuerlich überhängenden Abri entlang und ein Stück weiter, bis sich links der Aufstieg zu einem großen aus Blöcken gebildeten Felsentor anbietet. Vor einem eingezäunten Gelände gehen wir wieder zum Fahrweg hinunter und folgen ihm weiter talauf. Bei einer Kreuzung halten wir uns rechts und biegen kurz danach wieder links auf einen begrünten Fahrweg ab, der uns durch Nadelwald und am Waldrand entlang zu einem Schotterweg bringt.

Wackelstein und Schoberstein

Mit **Blauring** schwenken wir hier nach links, wandern bei der folgenden Verzweigung geradeaus weiter und im Linksbogen am Waldrand sanft zu einem Sattel empor. Wo der Weg wieder leicht zu fallen beginnt, passieren wir eine kleine Waldinsel auf der rechten Seite. In der Mitte dieser Insel führt ein unscheinbarer Pfad **ohne Mk.** rechts in den Wald und direkt zum Wackelstein: Schon eine Person kann den großen Block und sein Kruzifix durch einen kräftigen Stoß in Schwingungen versetzen. Wenig später macht der mit Blauring mk. Schotterweg eine scharfe Linkskurve: Wir gehen hier geradeaus **ohne Mk.** auf begrüntem Fahrweg in ein idyllisches Tälchen hinunter und zum Wald hinüber. Direkt bei Erreichen des Waldes zweigen wir rechts (zwischen zwei Felsklötzen mit aufgemaltem Gesicht) auf einen begrünten Forstweg ab, folgen ihm ca. 110 m geradeaus und gehen dann bei einer Gabelung links zum Fuß eines breiten Felsmassivs hinüber. Zunächst steht ein Abstecher an: Wir wandern auf dem Fahrweg nach rechts noch ca. 20 m weiter, steigen nach links an einem gezackten Turm mit zwei Köpfen entlang bergauf und stehen dann vor dem engen, aber problemlos passierbaren Einstieg zur Schoberstein-Höhle: Dahinter öffnet sich ein eindrucksvoller 10 m langer, schön versinterter Raum mit bizarrer Struktur. Danach kehren wir zum breiten Massiv zurück und wandern (bei Blick auf die Felsen) nach links direkt an der malerischen Felskette des Schobersteins mit engen Spalten und scharfen Kanten entlang. Den Abschluss bildet ein freigestellter Felskessel mit einem Pilzfelsen, neben dem eine wilde Klamm tief ins Massiv hineinführt. Vom Fuß des Kessels gehen wir auf dem neu angelegten Forstweg geradeaus weiter zum Waldrand.

Über die Hochfläche zur Wüstenburg

Wir treffen hier auf einen unbefestigten Fahrweg, auf dem wir mit **Blauring** nach rechts aufsteigen, vorerst immer geradeaus. Fast am höchsten Punkt (kurz bevor der Weg auf eine Wiese hinausführt) heißt es aufgepasst: Wir zweigen rechts auf einen unbefestigten Forstweg **ohne Mk.** ab, halten uns bei einer Gabelung links und wandern aus dem Wald auf die weite Hochfläche hinaus. Mit schöner Aussicht geht es nun stets geradeaus über einen Querweg hinweg bis zur Einmündung in einen Schotterweg, dem wir nach rechts folgen. Bei einer Wegkreuzung biegen wir mit **Blauring** links auf einen Schotterweg und schon wenige Meter später erneut links auf einen begrünten Fahrweg ab. Wir durchqueren eine abwechslungsreiche Landschaft mit Wald und Wiesenflächen, halten uns bei einer Verzweigung halb links und erreichen kurz danach die entscheidende Abzweigung am Beginn einer Waldwiese: Bei einem Jägerstand biegen wir, weiter mit Blauring, rechts auf einen begrünten Fahrweg ab, der uns sanft ansteigend zu einer dreifachen Wegteilung bringt. Hier gehen wir auf dem Forstweg in der Mitte geradeaus weiter. Bei einer Wegkreuzung steht ein wundervoller Abstecher an: Wir zweigen links **ohne Mk.** auf einen Forstweg mit begrüntem Mittelstreifen ab. Auf ihm steigen wir in einer Links-Rechts-Kurvenkombination deutlich an und treffen dann auf die entscheidende Abzweigung: Nach einem Baum mit der alten Rotring-Mk. führt ein begrünter Weg nach rechts in den Wald und zum imposanten Eckpfeiler der Wüstenburg. Wir gehen nach ihm mit Linksschwenk am Massiv entlang und stehen bald staunend vor dem Schaustück: Neben einem von Blöcken überdachten engen Spaltendurchgang fasziniert ein 8 m weit waagrecht überhängender Klotz.

Der gewaltige Überhang bildet ein Schaustück der Wüstenburg.

Über die Femehöhle nach Heiligenstadt

Wir kehren nun zum Forstweg und auf ihm zur Wegkreuzung zurück und gehen dort ohne Ww. genau geradeaus auf einem Forstweg weiter, an dem sporadisch die Mk. **Rotring** auftaucht. Immer dem Hauptweg folgend durchqueren wir stets geradeaus ein großes Waldgebiet; bei einer Kreuzung kommt die Mk. des **IFS-Wegs** (rot-weiß diagonal) hinzu, weitere Mkn. folgen später. Bald geht es deutlich bergab und bei einer Gabelung mit allen Mkn. nach rechts zum Waldrand und kurz an ihm entlang. Hier teilen sich erneut die Wege: Wir folgen dem geschotterten Hauptweg, der **ohne Mk.** nach rechts auf eine Freifläche hinausführt. Bei einer Kreuzung gehen wir, nun kurz auf Teer, geradeaus weiter und erreichen bald die entscheidende Abzweigung: Mit **Rotpunkt** geht es links auf unbefestigtem Forstweg bergan, dann mit Rechtsschwenk durch die Flanke. Zweimal rechts abzweigend erreichen wir bald die Gotische Kapelle, eine künstliche Ruine, die im Geist der Romantik von den Herren von Schloss Greifenstein errichtet wurde. Von hier bringt uns ein schöner Promenadenweg an imposanten Felstürmen vorbei zur nachgebauten Pestsäule hinauf und zuletzt, nach links stärker ansteigend, in ein Felsgebiet mit wild zerklüfteten Türmen, in dem sich der imposante obere Eingang der Femehöhle öffnet. Auch wenn es eine Alternative außenherum gibt, sollte man den Weg

Der Weg durch die Femehöhle ist ein letzter Höhepunkt der Tour.

Flussidylle im Aufseßtal

durch die Höhle wählen: Eine malerische hohe Spalte führt in den Berg hinein, eine noch engere, im rechten Winkel abzweigende wieder hinaus. Nach der Höhle steigt der Weg noch etwas an und leitet dann zu einer Wegteilung hinab, wo wir uns rechts halten. Von einer weiteren Verzweigung kann man links nach 300 m das sehenswerte Schloss Greifenstein erreichen. Unsere Hauptroute folgt jedoch dem Fußweg, der nach rechts unterhalb des Schlosses entlang und stets geradeaus zügig zu einer Straße hinabführt. Auf ihr geht es kurz nach links und dann am Gegenhang, nochmals links abzweigend, deutlich bergauf. Nach schöner Hangpromenade passieren wir die Kath. Kirche von **Heiligenstadt**, gehen die Greifensteinstraße hinab und an der Hauptstraße entlang. 100 m nach der Sparkasse schwenken wir rechts in die Raiffeisenstraße ein, wo bald linker Hand die Hst. auftaucht.

DIE THREE-SUMMITS-TOUR

5 Plankenstein, Wachstein und Neubürg

Im Truppachtal kann man an einem Tag gleich drei grandiose Panoramagipfel erklimmen. An Planken- und Wachstein fesseln zudem wilde Felskulissen, auf der Neubürg das Zusammenspiel von Natur und Kunst.

Nach dem Besuch des Plankensteins und der versteckten Wunderwelt um das Felsentor an seiner Nordseite genießen wir vom Wachstein einen Traumblick ins Truppachtal, steigen dann hinab nach Truppach und über das idyllische Weihergebiet von Mengersdorf zur hohen Neubürg auf, erleben dort NaturKunstRaum und unvergleichliche Fernsicht und gelangen zuletzt über den aussichtsreichen Heiderangen wieder hinab nach Obernsees.

Aussichtsloge Plankenstein

Von der Hst. in Plankenfels gehen wir wenige Meter (Richtung Bayreuth) zurück, biegen dann mit **Gelbring** u.a. links in einen Teerweg ein, wandern nach rechts unter dem alten Bahn-Viadukt hindurch, überschreiten die Lochau, halten uns nochmals rechts und steigen nach Linksschwenk auf breitem Wanderweg durch Wald zügig bergan. An einer Wiese entlang, dann wieder durch Wald erreichen wir eine Gabelung am Fuß kleinerer Felsen: Mit Ww., aber **ohne Mk.** geht es links in eine Senke hinab und dann steil in die Gipfelregion des Plankensteins hinauf, wo von 1217 bis um 1460 eine Burg stand. Wir steigen zunächst steil nach rechts zur Sitzgruppe am höchsten Punkt auf, auf einem nach rechts ausholenden Pfad wieder hinab und erklimmen dann über Steinstufen einen der riesigen Felsklötze: faszinierend der Tiefblick ins Wiesenttal und die Hollfelder Mulde und die Fernsicht zu den Höhenzügen im Westen der Frankenalb. Nach dem Schaugenuss gehen wir zu dem imposanten Block am Nordende des Plateaus hinunter und mit Rechtsknick durch einen pittoresken Felsdurchgang abwärts.

Verborgene Felsenwunder

Wir folgen dem Wanderweg (**Gelbring** kommt wieder hinzu) aber nur noch ein kurzes Stück: Wo links unterhalb eine Wiese sichtbar wird, steigen wir auf deutlichem Pfad **ohne Mk.** zu ihr hinunter und an ihrem linken Rand weiter ab. Bei mehreren Holzstapeln zweigt links ein (im Sommer etwas verwachsener) Forstweg ab und führt uns unter imposanten Massiven zu einer einmaligen Szenerie: Der gewaltige **Sonnwendstein** und der vorgelagerte Turm

Vom Plankenstein begeistert der Blick in die Hollfelder Mulde.

| leicht | 16 km | 510/490 Hm | 5:00 Std. |

Auf einen Blick

Tourencharakter
Tour mit beträchtlichen Höhenunterschieden zu drei großen Aussichtsgipfeln, großartigen Felsformationen und interessanter Kunst im Naturraum, durchgehend gute Wege

Mögliche Tage
Mo-So: ganzjährig (besonders günstig: Sa)

Ausgangspunkt/Anfahrt
Hst. Plankenfels, Gh. Schwarzer Ritter, hierher mit Bus 376 oder Rufbus 394 (1 Std. vorher: Tel. 0921/202 08), Abfahrt von Bayreuth Hbf. (Vorplatz, Hst. 7) **Mo-Sa** um 8:01 oder 11:01 Uhr, **So** um 10:01 (Rufbus) oder 12:01 Uhr (Fahrzeit 33-39 Min.)

Endpunkt/Rückfahrt
Hst. Obernsees, Staatsstraße, von hier mit Bus 376, Bus 375 oder Rufbus 394 (s. oben) zurück nach Bayreuth, Abfahrt **Mo-Fr** 15:11 (376), 16:17 (Rufbus), 17:50 (376) oder 19:01 Uhr (376), **Sa** 15:28 (375), 16:28 (375), 17:28 (376) oder 18:28 Uhr (375), **So** 16:28 (375) oder 18:22 Uhr (376)

Gehzeiten
Plankenstein Gipfel 0:25 Std. - Felsentor 0:10 Std. - Wachstein Gipfel 0:55 Std. - Talseite 0:15 Std. - Truppach 0:25 Std. - Außerleithen 0:40 Std. - Neubürg Gipfelkreuz (n. Rundweg) 0:45 Std. - Heiderangen (Neubürgblick) 0:35 Std. - Obernsees Hst. 0:50 Std.

Beste Jahreszeit
ganzjährig reizvoll, besonders im Frühsommer oder Spätherbst

Einkehr
an einzelnen Tagen: Gutshof Mengersdorf, Tel. 09206/993 98 00

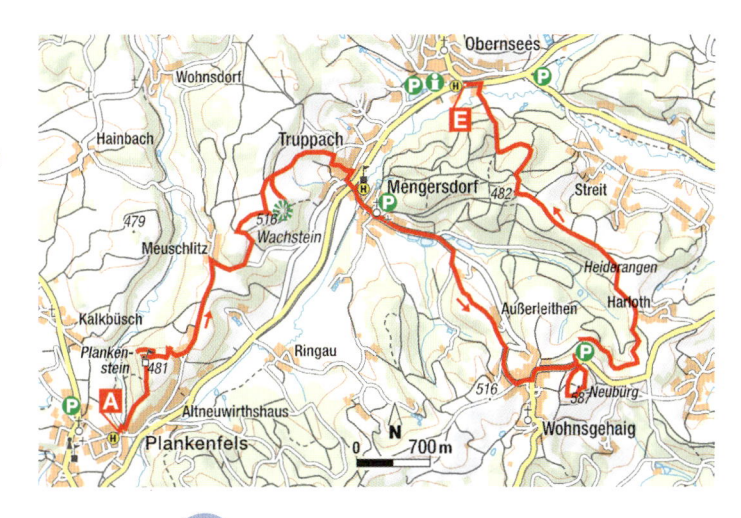

Einzigartige Formen prägen das Felsentor am Plankenstein.

Bei Mengersdorf durchwandern wir eine schöne Weiherlandschaft.

Vom Ort Plankenstein bietet sich ein Prachtblick ins Lochautal.

Am Wachstein: Traumplatz über dem Truppachtal

bilden ein fantastisch geformtes Felsentor, das man auf einem Pfad, der den Turm umrundet, auch von der anderen Seite bewundern kann.

Zum sagenumwobenen Wachstein

Zurück am mk. Weg, leitet uns **Gelbring** in Bögen zum Dorf Plankenstein hinunter; gleich am Ortseingang lohnt es, links zur Hangkante hinüberzugehen, wo sich ein Prachtblick ins Lochautal auftut. Im Ort halten wir uns rechts und kommen bald zu einem (kaum befahrenen) Teersträßchen, das uns nach links leicht bergauf über den aussichtsreichen Bergrücken zum Eingang von Meuschlitz bringt. Hier lohnt der schöneren Aussicht wegen eine Abweichung von der mk. Route: Kurz vor dem Ortsschild biegen wir rechts auf ein Sträßchen **ohne Mk.** ab und steigen mit toller Fernsicht zu einer Kuppe auf. 20 m nach einer Bank zweigen wir links auf einen begrünten Fahrweg ab, der uns mit schönem Blick ins Truppachtal, zuletzt rechts an einer Buschreihe entlang zum gegenüberliegenden Wald hinüberbringt. Hier geht es auf breiterem Fahrweg nach links bergan zu einer Kuppe, wo wir wieder auf **Gelbring** treffen. Die Mk. führt uns nach rechts auf Fahrspuren bergauf und auf schmalerem Weg geradeaus weiter zur Gipfelkuppe des Wachsteins, auf dem der Sage nach einst (etwa im 7.-9. Jh.) ein Heiligtum der heidnischen Slawen stand. Man sollte unbedingt das kurze Stück zu den schroffen Ostabstürzen absteigen: Der Blick über die wilden Felstürme hinab ins Truppachtal, hinüber zur Neubürg und hinaus zum Fichtelgebirge ist atemberaubend.

Abstieg nach Truppach

Zurück am Markierungspfahl kurz unterhalb des Gipfels, führt uns Gelbring nach rechts mit freiem Blick in die Hollfelder Mulde auf begrüntem Fahrweg sanft bergab; er mündet bald in einen Schotterweg. Wo Gelbring links abzweigt, gehen wir **ohne Mk.** auf dem Fahrweg geradeaus weiter durch Wald abwärts. Kurz nach Austritt aus dem Wald zweigt rechts ein Feldweg mit begrüntem Mittelstreifen ab: Nach 400 m ebener Hangwanderung bietet er einen schönen Blick von unten auf die Türme des Wachsteins – ein für Felsenfreunde lohnender Abstecher. Zum Schotterweg zurückgekehrt, wandern wir zunächst noch zügig bergab und queren dann nach Linksschwenk eine Bergwiese: malerisch der Blick über Truppach hinüber zum Massiv der Neubürg. Danach geht es in den Wald hinein, im Rechtsbogen an Felsklippen vorbei abwärts, zuletzt bei Einmündung in einen breiteren Fahrweg mit **Grünring** rechts zum Ortsrand von Truppach hinab. Nach markantem Linksknick kommen wir zu einer Querstraße hinunter, halten uns rechts und treffen bei einem Spielplatz auf unsere neue Mk. **Gelbpunkt**. Sie leitet uns nach links über die Durchfahrtsstraße hinüber und geradeaus weiter (links das

---

NaturKunstRaum

Seit der Erweiterung 2018 präsentiert der NaturKunstRaum Neubürg 15 Werke von Künstlern aus Deutschland, Frankreich und der Schweiz (Erläuterungen der Objekte findet man auf neubuerg-fraenkische-schweiz.de/unsere_projekte/naturkunstraum).

Kunst und Natur: Blick von der Neubürg zum Fichtelgebirge

Die Türme des Wachsteins: auch von unten beeindruckend

schöne, aber verfallende Schloss aus dem 18. Jh.) über die Truppach in den Ort **Mengersdorf**.

Aufstieg zum mystischen Zeugenberg

Die Route verläuft nun für 700 m am Rand einer wenig befahrenen Straße, die idyllische Weiherlandschaft und der schöne Blick zurück zum Wachstein werten diesen Abschnitt aber auf. Wo die Straße nach Rechtsknick stärker ansteigt, biegen wir rechts auf einen Schotterweg ab, der uns steil bergauf und dann nach links zum Rand von **Außerleithen** führt. Mit Rechtsschwenk geht es hier durch einen malerischen Hohlweg weiter aufwärts, dann überschreiten wir auf begrüntem Fahrweg einen aussichtsreichen Rücken, vor uns immer die majestätische Kuppe der Neubürg. Zuletzt mündet der Weg wieder in die Straße. Weiter mit Gelbpunkt wandern wir auf ihr nach rechts in den Ort **Wohnsgehaig** hinauf, halten uns dort bei Verzweigungen dreimal links und erreichen nach Rechtsknick, zuletzt mit Pracht-

blick auf den markanten Kreuzfelsen, den Parkplatz an der Nordseite des Zeugenberges.

Skulpturen und Panoramen

Etwas weiter informiert eine Tafel über die auf dem Gipfelplateau aufgestellten Kunstwerke. Sie fügen sich meist harmonisch in die großartige Landschaft ein und verleihen dem Naturerlebnis Neubürg zusätzlichen Reiz. Zur Besichtigung steigt man am Beginn des Parkplatzes auf breitem Weg bergan und erreicht eine Wegteilung bei der Skulptur »Klatschschnäbler«: Hier halten wir uns links und wandern auf deutlichem Pfad zur Höhe empor und dann im Uhrzeigersinn an der Kante des Plateaus entlang. Stets fesseln interessante und großformatige Skulpturen wie das »Lebensrad«, mindestens ebenso aber die fantastische Fernsicht, die dieser alles überragende Berg (587 m) nach allen Richtungen bietet: nach O zum Fichtelgebirge, nach S ins Kernland der Fränkischen Schweiz,

Vom Kreuzfelsen der Neubürg schweift der Blick in die Ferne.

Zwei-Tages-Variante

Die Hst. in Truppach (gleich links neben unserer Route) bietet die Möglichkeit, unsere Tour in zwei bequeme Kurztouren (2:10 und 2:50 Std.) aufzuspalten. Allerdings fahren von dort nur die Busse 376 (ohne die Abendfahrt um 19 Uhr!) und der Rufbus 394 zurück nach Bayreuth, nicht die Busse 375. Die Abfahrtszeiten liegen rund 4 Min. vor denen in Obernsees. An einem anderen Tag kann man mit den für die Anreise angegebenen Verbindungen nach Truppach zurückkehren und die Runde über die Neubürg absolvieren.

nach W in die Hollfelder Mulde. Ein Höhepunkt des Rundwegs ist der Rastplatz oberhalb des bizarr ausgehöhlten Kreuzfelsens. Wieder an den »Klatschschnäblern« angelangt, kehrt man auf bekanntem Weg zum Parkplatz zurück.

Abstieg nach Obernsees

Jenseits der Straße beginnt der Abstiegsweg mit den Mkn. **Fränk. Gebirgsweg** und **Gelbpunkt**. Nach kurzem Abstieg führen sie uns aussichtsreich nach rechts durch die Flanke, über eine Wiese steil bergab, dann auf einem Fahrweg nach rechts eben durch Wald in einen idyllischen Wiesenkessel. Nach Linksknick geht es durch Wald weiter, über eine Senke hinweg und wieder bergan, stets geradeaus. Wo wir in einen Hohlweg nahe dem Örtchen Harloth eintreten, heißt es aufgepasst: Wir biegen mit den Mkn. links ab, passieren eine große Scheune und wandern auf begrüntem Fahrweg über den Heiderangen, wo sich letztmals ein Prachtblick zur Neubürg bietet. Danach führt der Weg an einer Baumreihe, später lange Zeit am Waldrand entlang. Zwischen Feldern hindurch erreichen wir eine Wegteilung am Waldrand: Wir biegen rechts auf einen schmaleren Fahrweg ab. Durch Wald geht es hinab zur Einmündung in einen Schotterweg, auf ihm nach rechts in weiten Kurven tiefer und zuletzt auf die Wiesen des Truppachtals hinaus. Nach Überschreitung des Flüsschens steigen wir am Gegenhang etwas an, halten uns links, gehen kurz an einem Zaun entlang, dann zum Rand der Staatsstraße hinauf und erreichen nach links bald die Hst. Obernsees Staatsstraße.

HÖHLEN, FELSEN, WILDES HOCHLAND

6
Über Polsterloch, Gaiskirche und Hummerstein nach Streitberg

Zwischen den wilden Fels- und Höhlenwelten bei Veilbronn und um das Streitberger Felsentor genießen wir die Stille einer malerischen Hochfläche, auf der sich viele einst berühmte Naturwunder verbergen.

Nach dem Aufstieg über eine fantastische Durchgangshöhle bietet sich ein umwerfender Talblick vom Veilbronner Naturfreundehaus, dann besuchen wir drei heute vergessene Naturdenkmäler: das tiefe Polsterloch, die urweltliche Leidingshofer Durchgangshöhle und die gewaltige Oberfellendorfer Gaiskirche. Die Schaukanzeln von Hummerstein und Schönblick und der Durchgang des Felsentors begeistern beim Abstieg nach Streitberg.

Durchgangshöhle und Naturfreundehaus

Von der Hst. gehen wir auf dem Zufahrtssträßchen (**Blauring** u.a.) mit Prachtblick zurück auf die Kette der Totensteine nach Veilbronn hinein und halten uns dort links. Vor dem Hotel Sponsel-Regus biegen wir rechts mit **Grünring** u.a. in das Teersträßchen ins Leidingshofer Tal ein. Nach dem Steilstück zweigt kurz vor den letzten Häusern links der Wanderweg zum Naturfreundehaus ab, der uns über eine Kehre zum Fuß der gewaltigen Veilbronner Wand und an ihr entlang über Stufen steil bergauf führt. Wo oberhalb bereits das Haus sichtbar wird, heißt es aufgepasst: Ein Stichpfad bringt uns nach rechts zur Höhle am Naturfreundehaus (C 294) hinüber. Von einer zerklüfteten Halle gelangt man nach rechts durch eine enge Spalte in eine gewaltige Durchgangshöhle mit riesigen Versturzblöcken und magischer Raumwirkung. Zurück auf dem Hauptweg, erreichen wir über Stufen die obere Zufahrt zum Naturfreundehaus und steigen rechts zur Aussichtsterrasse ab: umwerfend der Blick ins Leinleitertal und zu den Totensteinen.

Leidingshofer Durchgangshöhle

Höhenweg zum Polsterloch

Nach der Rast gehen wir die Zufahrt wieder hinauf und wandern mit dem **Stefan-Lößlein-Weg** (N mit rotem Pfeil) u.a. auf einem Schotterweg durch den Kletterwald, bis nach einer Sitzgruppe rechts (Ww. Leidingshof) ein breiter Wanderweg abzweigt. Er führt geradeaus

Magische Lichteffekte verzaubern die Höhle beim Naturfreundehaus.

| mittel | 15 km | 440/470 Hm | 4:45 Std. |

Auf einen Blick

Tourencharakter
Tour durch steile Talhänge und über vielgestaltige Hochflächen zu fantastischen Aussichtspunkten, imposanten Felsen, faszinierenden Durchgangshöhlen und Höhlenruinen und einer tiefen Höhle, nur ein Steilanstieg am Anfang, fast durchgehend gute Wege, nur kurze Strecke auf Pfadspuren

Mögliche Tage
Mo-Sa: ganzjährig, So: 1.5.-1.11.

Ausgangspunkt/Anfahrt
Hst. Abzw. Veilbronn, hierher **Mo-Fr** mit Bus 221, Abfahrt von Ebermannstadt Bhf. um 7:30, 9:30 oder 12:05 Uhr, **Sa** mit Bus 221 um 10:05 oder 12:05 Uhr, **vom 1.5.-1.11.** auch mit Bus 230 um 9:00 oder 11:00 Uhr, **So nur vom 1.5.-1.11.** mit Bus 230 um 9:00 oder 11:00 Uhr (Fahrzeit 12-15 Min.)

Endpunkt/Rückfahrt
Hst. Streitberg B 470, von hier mit Bus 389 zurück nach Ebermannstadt, Abfahrt **Mo-Fr** ganzjährig um 14:42, 16:43, 17:43 oder 18:43/44 Uhr, vom 1.5.-1.11. zusätzlich um 15:38 Uhr, Sa/So im Winter (2.11.-30.4.) nur um 16:40 Uhr, im Sommer (1.5.-1.11.) Stundentakt (gerade Stunden um x:40, ungerade um x:43 Uhr) (Fahrzeit 10 Min.)

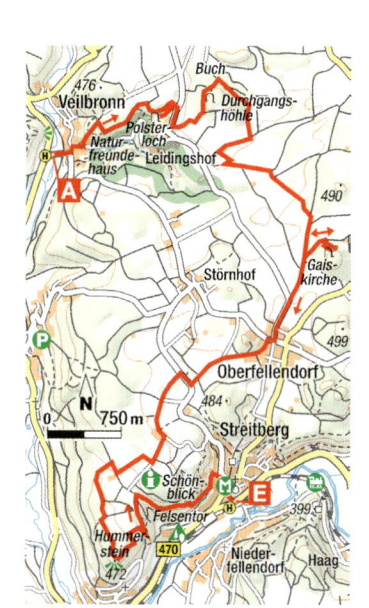

Gehzeiten
Höhle am Naturfreundehaus 0:20 Std. – Polsterloch 0:30 Std. – Leidingshofer Durchgangshöhle 0:25 Std. – Gaiskirche 1:10 Std. – Oberfellendorf 0:25 Std. – Hummerstein 1:05 Std. – Felsentor 0:30 Std. – Streitberg Hst. 0:20 Std.

Beste Jahreszeit
ganzjährig reizvoll (tiefe Höhlen nur 1.4.-30.9.)

Einkehr
Gh. Sponsel, Oberfellendorf, Tel. 09196/269

Die Oberfellendorfer Gaiskirche: ein vergessenes Naturwunder

Blick vom Naturfreundehaus auf Veilbronn und Totensteine

Durch ein formschönes Portal betritt man das tiefe Polsterloch.

zum Rand des Leidingshofer Tals, dann nach Linksschwenk an der Hangkante entlang. Nach einer Senke teilen sich die Wege: Wir halten uns rechts, kommen zu einer Scheune und steigen nach rechts steil in den Schafgassengraben ab. Kurz vor dem Talgrund zweigen wir rechts auf einen deutlichen Weg **ohne Mk.** ab, der uns auf einer Hangstufe zu einem eingekerbten Felsen bringt. Unmittelbar nach ihm geht es steil bergan und unter einem markanten Abri hindurch zum formschönen Portal des Polsterlochs hinauf, das als gewundener und leicht versinterter Gang noch 30 m tief in den Berg führt.

...eidingshofer Durchgangshöhle ...nd Buch

...rück am **Stefan-Lößlein-Weg**, überqueren ...r den Graben, wandern jenseits links berg-... und steigen rechts mit Geländer zur Hoch-...che auf. Wir gehen auf der Fahrstraße kurz ...ch rechts, biegen aber schon wenige Meter ...ch dem Ortsschild von Leidingshof links auf ...nen anfangs geteerten, später begrünten ...hrweg **ohne Mk.** ab. Er bringt uns mit schö-...r Aussicht zur markanten Kuppe **Buch** ...por. Bei einer Wegteilung gehen wir auf ...m Hauptweg links am Waldrand weiter und ... den Wald hinein. Nach 60 m Aufstieg durch ...ald zweigen wir links auf einen unbefestig-...n Fahrweg ab, passieren einen begrünten ...lskamm und steigen nach ihm ...chts weglos zu einer Gruppe ...mooster Felsen auf: Schon ...ehen wir vor der malerischen ...oline mit dem Eingang zur ...idingshofer Durchgangs-...öhle. Auf Pfadspuren gelan-...en wir (Vorsicht wegen Wind-...uchs!) zum Grund des Kessels ...d betreten nach Linksschwenk die ...öhle, die mit wildem Versturz und leich-...r Versinterung beistert. Da der andere ...usgang nur kriechend zu erreichen wäre, ...etet sich der Weg außenherum an: Nach ...rlassen der Höhle steigen wir rechts empor ...d kommen im Rechtsbogen zu einer zwei-...n Doline mit kleiner Höhlenöffnung. Danach ...hren wir zum Forstweg zurück, gehen nach ...chts auf ihm weiter, halten uns bei einer Ga-...elung links und treffen nach einem etwas ...rwachsenen Wegstück bei einem einge-...unten Felsgelände auf einen breiteren Fahr-...eg, auf den wir nach rechts einbiegen. Bei

einer Verzweigung schwenken wir nach rechts und wandern unter einem schroffen Kamm und bizarren Blöcken weiter, zuletzt an Scho- nungen vorbei auf eine Freifläche hinaus. Mit Rechtsknick geht es am Waldrand entlang, dann hinaus zu einem Schotterweg, dem wir mit **Gelbpunkt** nach rechts folgen.

Über die Hochfläche zur Gaiskirche

Nach einer Scheune unter einem einzeln ste- henden Baum biegen wir links **ohne Mk.** auf einen begrünten Fahrweg ab und gelangen nach Rechtsknick zu einem Schotterweg. Auf ihm geht es nach links weiter, immer dem Hauptweg folgend, der bald eine scharfe Rechtskurve macht und mit Linksknick zu einer Baumreihe hinüberführt. Nun heißt es aufgepasst: Etwa 80 m nach drei pittoresken Kiefern zweigen wir rechts auf einen unbefestigten Fahrweg ab, gehen bei einer Gabelung geradeaus in ein kleines Waldstück hinein und am jen- seitigen Waldrand nach links. Der Feldweg führt uns mit Pracht- blick zurück auf Buch stets geradeaus über die Hochfläche, durchquert ein Wäld- chen und vereinigt sich dann mit einem ande- ren Fahrweg. Auf ihm wandern wir nach rechts auf die bewaldete Kuppe des Loren- zenbühls zu. Sobald wir den Wald erreichen, biegen wir links auf einen Schotterweg ab und gehen ca. 260 m am Waldrand entlang, bis spitzwinklig rechts ein unbefestigter Fahr- weg in den Wald hineinführt. Links oberhalb wird bald eine markante Felskette sichtbar: Wir steigen weglos durch den offenen Wald zu ihrem rechten Ende auf und gehen nach

Schönblick mit Hunnenstein

links auf Fahrspuren an ihr entlang. Nach einem überhängenden Turm öffnet sich der gewaltige Felskessel um die Oberfellendorfer Gaiskirche. Es lohnt, direkt hinter dem Turm nach rechts aufzusteigen: Vor uns zeigt sich eine zerklüftete Halbhöhle mit Felsenfenster. Da der Weiterweg zur nahen Gaiskirche durch umgestürzte Bäume blockiert ist, kehren wir zum Fuß des Kessels zurück, queren zu seiner anderen Seite hinüber, steigen an seinem Rand nach rechts im Bogen auf und stehen dann staunend vor einem heute vergessenen Naturwunder, das um 1800 durch Kupferstiche berühmt war: Neben dem wild zerklüfteten Riesenüberhang der Gaiskirche begeistern auch seine malerisch durchlöcherten Trabanten. Nach Abstieg zum Fuß des Kessels führen uns deutliche Pfadspuren rechts zu einer weiteren Attraktion hinauf: Die Felskette am Nordhang des Lorenzenbühls beeindruckt mit spektakulären Türmen und Halbhöhlen. Hier machen wir kehrt, gehen den Pfad bis unterhalb der Gaiskirche zurück, dann rechts durch den Wald zu dem unbefestigten Fahrweg hinüber und gelangen auf bekannter Route zur Wegteilung am Westende des Berges.

Der Hummerstein zählt zu den großen Panoramaplätzen der Alb.

Über Oberfellendorf zum Hummerstein

Wir schwenken nach links auf den Fahrweg ein, der uns geradeaus über die Hochfläche nach Oberfellendorf bringt. Am Dorfplatz (Linde) halten wir uns rechts und biegen dann mit dem Ww. nach Streitberg links in eine Wohnstraße ein. An den Hängen der Pfötschleite geht es mit schöner Fernsicht zu einer Kuppe empor, dann auf einem Schotterweg sanft bergab durch das Kalte Tal stets geradeaus bis zur Einmündung in eine Fahrstraße. Ihr folgen wir nach rechts bergauf und zweigen am Ende eines Waldstücks mit **Gelb-Schrägstrich** links auf einen unbefestigten Fahrweg ab, der uns mit leichtem Gefälle zu einer Kreuzung bringt. Mit dem Ww. »Hummerstein, Pavillon« wandern wir auf einem Teerweg geradeaus weiter und erreichen nach sanftem Anstieg durch ein Wäldchen eine Wegteilung. Hier steigen wir **ohne Mk.** auf dem geteerten Hauptweg im Rechtsbogen weiter bergan und genießen bald einen Prachtblick zur Ruine Neideck. Wo der Belag zu Schotter wechselt, heißt es aufgepasst: Gegenüber einem 2 m hohen Pflock links des Weges zweigen wir rechts auf einen begrünten Fahrweg ab, der an einer Scheune vorbei und dann nach Linksknick über Felder sanft abwärts führt. Auf einem Querweg gehen wir rechts bergauf und treffen bald auf einen mk. Weg, dem wir nach links folgen: Mit dem **Frankenweg** u.a. wandern wir stets geradeaus am Kamm oberhalb des Leinleitertals entlang, zuletzt rechts zur Kuppe des Hummersteins

Das Felsentor – ein enger Durchgang beim riesigen Hunnenstein

Vom Weg zum Hummerstein fesselt der Blick zur Neideck.

hinauf. Schon im Aufstieg bieten sich Prachtblicke ins Leinleitertal, der Höhepunkt folgt, wenn man am Schild »Hummerstein 472 m« vorbei zur südlichsten Felskanzel vorgeht: Der Blick über die vorgelagerten Türme auf das Wiesenttal von Muggendorf bis zur Ehrenbürg begeistert jeden.

Abstieg über das Felsentor

Nach der Rast kehren wir zum genannten Schild zurück und biegen mit dem Frankenweg nach rechts. Es geht steil durch felsiges Gelände bergab, links zu einer Wiese hinüber, dann mit Rechtsknick zu einer Forststraße hinunter. Auf ihr wandern wir nach links bergauf, dann an zwei Gabelungen geradeaus Richtung Pavillon (Ww.) weiter. Bei der dritten schwenken wir mit **Rot-Senkrecht** u.a. rechts auf einen Forstweg ein, der längere Zeit am Hang entlangführt. Bei einer Abzweigung wählen wir rechts mit **Grünring** den schmalen Weg über das Felsentor. Die Mk. führt über Stufen und Kehren tiefer, dann auf einem Stichpfad rechts zur Kanzel des **Schönblicks** hinunter: umwerfend der Blick auf den gewaltigen Turm des Hunnensteins und hinab nach Streitberg. Zurück auf dem Hauptweg, geht es nochmals über Kehren bergab, dann durchqueren wir das »**Felsentor**«, in Wahrheit einen engen Durchgang zwischen Hunnenstein und dahinterliegender Felswand. Es folgt ein steiler Abstieg über Stufen, dann weitere Kehren, zuletzt ein leichter Anstieg zu einer Gabelung unterhalb bizarrer Halbhöhlen. Von hier geht es halb rechts zu einem Fahrweg hinunter. Von der folgenden Wegteilung könnte man rechts über Stufen direkt nach Streitberg absteigen, bequemer ist es aber, auf dem Fahrweg weiterzugehen, der uns mit Prachtblick zur Streitburg im Rechtsbogen zum Dorfplatz hinabbringt. Immer geradeaus kommen wir zur Hauptstraße und jenseits am Bürgerhaus vorbei zur B 470 und dort nach rechts zur Hst.

VON WÜSTENSTEIN NACH MUGGENDORF

7

Aufseßtal, Bettelküche, Schwingbogen und Brunhildenstein

Nur der ÖPNV ermöglicht es, die Stille des Aufseßtals, die grandiose Karstwelt um Schwingbogen, Schön- und Brunnsteinhöhle und die umwerfenden Schaukanzeln über Muggendorf an einem Tag zu genießen.

Nach Besuch einer stillen Aussichtskanzel führt unsere Tour durch einen der schönsten Abschnitte des Tals, durch den urweltlichen Engpass der Bettelküche zur Hochfläche empor, weiter zum großartigen doppelten Felsentor des Schwingbogens und zu den benachbarten Höhlen, zuletzt hoch über dem Wiesenttal über die Aussichtspunkte Burgblick, Brunhildenstein und Obere Wände zu unserem Zielort.

Aussichtsgenuss bei Wüstenstein

Zur Einstimmung empfiehlt es sich, die Tour mit dem Besuch eines besonderen Aussichtspunktes zu beginnen. Wir gehen dazu von der Hst. im Tal unter Wüstenstein nach O zum Ende des Parkplatzes hinüber und dann links mit **Schwarzring** auf einem Pflasterweg ein kurzes Stück an der Aufseß talauf, bald mit schöner Sicht zum kreuzgeschmückten Glockenfels. Nach einer Biegung zweigen wir mit der Mk. rechts auf einen Wanderweg ab, der uns über Treppen empor, dann zügig am bewaldeten Hang zu einer mittelhohen Felsgruppe hinaufbringt. Wir gehen am Massiv entlang,

schwenken dann mit dem Ww. zum Aussichtsfels Bergla Stub'n nach rechts und durchqueren einen malerischen Felsdurchgang. Danach geht es leicht bergab durch die Flanke und mit stärkerem Anstieg zum Aussichtspunkt hinauf: Der Blick auf Wüstenstein und seine Kirche hoch über dem Tal begeistert ebenso wie jener ins untere Aufseßtal von der südlichen Felskante, die man auf verwachsenem Pfad erreicht. Vom Gipfel führt der Pfad nach rechts weiter und zurück zum Aufstiegsweg, auf dem wir zum Talweg zurückkehren.

Durch das malerische Aufseßtal

Wir folgen nun längere Zeit der Mk. **Gelbkreuz**: Sie leitet uns nach links an der Straße entlang, unter dem eben besuchten Aussichtsfels vorbei, dann rechts auf einem anfangs geteerten, bald geschotterten Weg in den autofreien Teil des Aufseßtals hinein. Auch der Schotterweg ist bald Geschichte. Wir wandern geradeaus auf begrüntem Fahrweg weiter und genießen Natur pur: weite Wiesen mit dem mäandrierenden Flüsschen zwischen steil aufragenden Talflanken. Rechts zeigen sich

Das Aufseßtal bietet weitgehend unberührte Natur.

leicht | **14 km** | **445/510 Hm** | **4:30 Std.**

Auf einen Blick

Tourencharakter
Kombination einer idyllischen Talwanderung mit grandiosen Fels- und Höhlenrevieren, einem malerischen doppelten Felsentor und begeisternden Aussichtskanzeln, durchgehend auf guten Wegen mit einigen stärkeren Anstiegen v.a. im zweiten Teil

Mögliche Tage
Mo-Fr: nur an schulfreien Tagen (Oster-, Pfingst-, Sommerferien etc.), Sa: ganzjährig, So: 1.5.-1.11.

Ausgangspunkt/Anfahrt
Hst. Wüstenstein Tal, hierher **Mo-Fr an schulfreien Tagen** mit Bus 231, Abfahrt von Ebermannstadt Bhf. um 8:32 oder 10:32 Uhr, **Sa** ganzjährig mit Bus 231 um 8:02 Uhr, vom **1.5.-1.11.** auch mit Bus 399.2 um 10:03 Uhr, **So nur vom 1.5.-1.11.** mit Bus 399.2 um 10:03 Uhr (Fahrzeit 17-21 Min.)

Endpunkt/Rückfahrt
Hst. Muggendorf, Forchheimer Straße, von hier mit Bus 389 zurück nach Ebermannstadt, Abfahrt **Mo-Fr** ganzjährig um 14:38, 16:39, 17:39 oder 18:39/40 Uhr, **vom 1.5.-1.11.** zusätzlich auch um 15:34 Uhr, **Sa/So** im **Winter** (2.11.-30.4.) nur um 16:36 Uhr, im **Sommer** (1.5.-1.11.) Stundentakt (gerade Stunden um x:36, ungerade um x:39 Uhr) (Fahrzeit 14 Min.)

Gehzeiten
Bergla Stub'n 0:10 Std. - Aufseßtal, Abzw. Katzengraben 0:50 Std. - Bettelküche 0:40 Std. - Neudorf 0:50 Std. - Schwingbogen/Schönsteinhöhle 0:25 Std. - Brunnsteinhöhle 0:05 Std. - Burgblick 0:15 Std. - Brunhildenstein 0:40 Std. - Obere Wände Aussicht 0:10 Std. - Muggendorf 0:25 Std.

Beste Jahreszeit
ganzjährig reizvoll (tiefe Höhlenteile nur 1.4.-30.9.)

Einkehr
Kuchenmühle, Tel. 09196/377

Ein enger Durchgang führt zur Schaukanzel Bergla Stub'n.

Der Engpass der Bettelküche fesselt mit wilden Überhängen.

Schroffe Zinnen schmücken das Massiv des Brunnsteins.

Ein wahres Naturjuwel: das doppelte Felsentor des Schwingbogens

bald die Kuhsteinhöhlen, zu denen es leider keinen gut begehbaren Zugangsweg gibt. Wo sich schroffe Felsbastionen direkt neben dem Weg erheben, öffnet sich linker Hand der Eingang des Katzengrabens (lohnende Variante für Kenner über Hexenküche, Seelig und das felsenreiche Wachertal, siehe »Geheimnisvolle Pfade Fränkische Schweiz« Tour 8). Wir wandern jedoch mit Gelbkreuz auf dem nun schmalen Talweg geradeaus weiter, passieren einen wild zerklüfteten Grat und durchqueren einen malerischen Felsdurchgang. Kurz danach geht es geradeaus über eine das Tal querende Straße hinweg und auf unbefestigtem Fahrweg durch einen idyllischen Talabschnitt weiter abwärts. Von links mündet das Wachertal ein und wenig später taucht das Fachwerkensemble der **Kuchenmühle** vor uns auf.

Über die Bettelküche nach Neudorf

Wir gehen nach rechts über eine Brücke zur Mühle hinüber und biegen nach ihr rechts mit **Gelbring** in den Weg nach Albertshof ein. Er führt hinter dem Restaurant vorbei, kurz an einem Seitenarm der Aufseß entlang und dann im Linksbogen in den Wald hinein. Vor uns taucht das faszinierende Ensemble der **Bettelküche** auf: Um den malerischen Felsdurchgang in der Mitte gruppieren sich fünf gewaltige Überhänge

(Abris), die schon den Menschen der Mittelsteinzeit Schutz boten. Kurz nach dem Durchgang führt links ein steiler Pfad zu einer 8 m tiefen Höhle hinauf – ein lohnender Abstecher. Danach leitet uns Gelbring erst durch Wald, dann am Rand eines idyllischen Waldtals auf breitem Weg mit immer weiterer Aussicht zur Hochfläche hinauf und mit Rechtsschwenk zum Ortsrand von Albertshof hinüber. Vor einer Vierfachgarage zweigen wir rechts **ohne Mk.** auf den Schotterweg nach Voigendorf (Ww.) ab. Bei Beginn einer Teerdecke biegen wir links ab, gehen auf einem Fahrradweg zu einer Straße hinüber und folgen ihr 80 m nach rechts bergauf. Vor einem Solarfeld schwenken wir links auf einen Teerweg (5 t Beschränkung) ein und gelangen mit prachtvoller Fernsicht zu einer weiteren Straße, an der wir nach rechts gut 100 m entlanggehen. Dann zweigt links ein Schotterweg ab, der im Linksbogen um einen Waldhügel mit kleinen Felsen herum, zu einem Sattel mit Scheunen hinauf und dann mit Rechtsschwenk nach **Neudorf** hinabführt.

Karstwunder um den Schwingbogen

Auf der Dorfstraße gehen wir nur kurz nach rechts und biegen dann mit **Blauring** rechts in eine ansteigende Seitenstraße ein, die am Ortsrand in einen Schotterweg übergeht. Bei

Rosenmüllerhöhle

Als Johann Christian Rosenmüller sich im Jahre 1793 über den Deckenspalt 16 m tief in die später nach ihm benannte Höhle hinabließ, fand er eine fantastische Wunderwelt aus Stalagmiten, Stalaktiten und Sinterfahnen vor. 1830 wurde sie durch einen ebenerdigen Zugang leicht zugänglich gemacht und bis 1960 als Schauhöhle geführt. Seitdem man sie sich selbst überließ, hat menschliche Unvernunft viel von der einstigen Pracht zerstört, doch begeistern die erhaltenen Reste noch heute. Der Abstecher (s. Text) lohnt sich daher für jeden, der die Höhle noch nicht kennt.

Der Eingang zur Brunnsteinhöhle in gewaltiger Felskulisse

Auch die Oberen Wände bieten einen faszinierenden Talblick.

einer Gabelung geht es rechts zu einer Bank hinüber, vor ihr nach rechts am Waldrand weiter, dann links auf unbefestigtem Fahrweg durch ein kleines Waldstück und über eine Wiese wieder in den Wald hinein. Kurz nach Eintritt in den Wald zweigt links ein Wanderweg ab, der im Auf und Ab die Flanke quert und dann in einen Fahrweg mündet. Auf ihm wandern wir rechts abwärts, gehen im Linksbogen weiter und sehen dann unser Ziel vor uns: Ein links abzweigender Pfad bringt uns über eine Kehre zu einem Naturwunder hinauf. Nach Durchquerung des unteren Tors kann man die ganze Pracht des Schwingbogens mit seinem doppelten Felsentor genießen. Auf der anderen Seite des Bogens steigen wir ein Stück ab und folgen dann einem deutlichen Pfad **ohne Mk.**, der geradeaus auf ein imposantes Felsmassiv zuführt (nicht nach rechts weiter absteigen!). Bald stehen wir vor dem schmalen Eingang der berühmten Schönsteinhöhle, deren Besuch nur Höhlenerfahrenen (mit ausreichend Lampen!) zu empfehlen ist. Von hier steigen wir nur ein kurzes Stück ab und queren dann auf ausgeprägten Pfadspuren nach links unterhalb der begrünten Blöcke zum Eingang der Brunnsteinhöhle hinüber. Der Besuch der großen, von mehreren Durchbrüchen magisch beleuchteten Halle schenkt großartige Eindrücke. Wir steigen nun an den gewaltigen Abstürzen entlang ab, besuchen eine eindrucksvolle dreieckige Felsenkammer am Ende des Massivs und kommen dann wieder zum **Blauring**-Weg hinunter, dem wir nach links folgen.

Schaukanzeln über der Wiesent

Nach einer Kehre teilen sich die Wege: Ein links abzweigender Schotterweg **ohne Mk.** (Ww. nach Muggendorf) führt uns durch den Hang, dann sanft zu einer Kuppe empor und vereinigt sich dort mit dem vom Tal kommenden **Frankenweg**. Wenig später führt ein

Am Brunhildenstein: Traumblick auf Muggendorf

Stichpfad rechts zur Aussichtskanzel **Burgblick** hinab: umwerfend der Blick zur Ruine Neideck, ins Wiesenttal und zu den hohen Müllerfelsen. Nach dem Abstecher leitet uns die Mk. deutlich bergab, nun auf schmalem Wanderweg mit Rechtsknick zur Hangkante hinüber, nach Überquerung einer Senke zuletzt im Linksbogen um eine Wiese herum, teils am Rand der Hochfläche, teils durch Wald an der Kante des Wiesenttals. An bizarren Blöcken und Felskegeln vorbei erreichen wir einen Schotterweg, wandern auf ihm kurz nach links bergauf und biegen dann rechts auf einen unbefestigten Fahrweg ab, der uns durch schönen Hangwald zu einer Kreuzung hinabführt. Hier geht es rechts in eine Senke hinab und am Gegenhang zu einer weiteren Gabelung hinauf: Mit Frankenweg u.a. steigen wir links steil (z.T. mit Geländer) zu einem felsigen Kamm auf und gewinnen über ihn weiter an Höhe. Bald bringt uns ein Stichweg (Ww.) nach rechts zum **Brunhildenstein** hinunter, der einen fesselnden Blick auf Muggendorf und die umliegenden Berge bietet. Zurück am Hauptweg geht es über den Felskamm noch weiter bergauf. Bald heißt es aufgepasst: Wo der Weg einen markanten Linksschwenk macht, führt ein Stichpfad (kein Ww.!) nach rechts zu malerischen Aussichtspunkten oberhalb der **Oberen Muggendorfer Wände** mit atemberaubendem Blick ins Tal. Wieder auf dem mk. Weg geht es noch kurz zu einer Kuppe empor, dann steil bergab und über unzählige Stufen hinunter zu einer Abzweigung. Wer die berühmte Rosenmüllerhöhle noch nicht kennt, kann ihr auf gutem Hangweg nach rechts in 15 Min. einen Besuch abstatten. Unsere Hauptroute führt geradeaus weiter zu einer Wegteilung, wo wir die gewohnten Mkn. verlassen: Wir wandern mit **Gelbring** rechts auf einem Fahrweg steil zum Rand von Muggendorf hinunter, über die Straße Schmiedsberg in den Ort hinein und rechts über die erste Querstraße zur Umgehungsstraße hinüber, wo wir rechter Hand nach wenigen Metern die Hst. erreichen.

DER NATURWUNDER-TRAIL

8

Kammer, Brille, Riesenburg, Gaiskirche und Schweigelberg-Höhlen

Um den von der Wiesentschleife umflossenen Bergrücken und den Schweigelberg gruppieren sich viele der größten Naturwunder der Alb wie die Riesenburg oder die versteckte Felskathedrale der Gaiskirche.

Damit sind nur zwei von 20 Highlights genannt, die uns auf der Tour zwischen Muggendorf und Behringersmühle begegnen. Aus den übrigen ragen die wilde Schlucht des Zwecklersgrabens, das fantastische Höhlenensemble der Kammer, das doppelte Felsentor der Brille, die verborgene Durchgangshöhle im Ritzental, die magisch beleuchtete Schottersmühlhöhle, die riesige Hindenburgfelshöhle und die unberührte Schweigelberg-Klufthöhle heraus. Hinzu kommen kleinere Höhlen und drei schöne Aussichtspunkte.

Durch den wilden Zwecklersgraben

Von der Hst. Gh. Kohlmann gehen wir an der Bayreuther Straße ortsauswärts, biegen vor dem Modelleisenbahnmuseum mit **Gelbring** links ab und steigen über viele Stufen zu einem breiten Hangweg auf. Ihm folgen wir nach rechts, wandern bei einer Kreuzung mit **Grünring** (Ww. Gebürgsweg) geradeaus weiter und erreichen absteigend eine Wiese am Rand des Wiesenttals, überragt von einem breiten Felsmassiv. Hier leitet uns die Mk. links in den Wald hinein (die Warnung »nur für Geübte« kann man getrost ignorieren) und an einer romantischen Steinbank vorbei zum Eingang des Zwecklersgrabens. Hier zweigt links ein Stichpfad ab, der einen lohnenden Abstecher zu einem wild gezackten Grat und einem glatten Felskegel ermöglicht. Zurück auf dem mk. Weg überqueren wir den Grund und gewinnen am rechten Schluchthang über Felsstufen schnell an Höhe – das Drahtseil ist nur bei Nässe nötig. Bald durchqueren wir, mitten im ehemaligen Bachbett, einen malerischen Engpass und wandern auf einst von tosendem Wasser glattgeschliffenen Felsen weiter. Wenig später führt die Mk. nach links aus der Schlucht heraus und über Stufen zu einem breiten Weg empor. Auf ihm geht es nach rechts weiter, bei einer Gabelung mit Rechtsschwenk über den hier flachen Graben hinüber und stetig am Hang bergauf.

Wunderwelt Kammer

Bei Einmündung in einen unbefestigten Fahrweg folgen wir diesem nach links und gelangen nach sanftem Anstieg zur entschei-

Das Detail zeigt, warum das Felsentor den Namen Brille trägt.

schwer · **14,5 km** · **605/600 Hm** · **5:15 Std.**

Auf einen Blick

Tourencharakter
Tour mit mehreren steilen Anstiegen zu einigen der größten Naturwunder der Alb (Höhlenruinen, Höhlenensembles, Schlucht, doppeltes Felsentor, Durchgangshöhle, Aussichtspunkte); anspruchsvoll sind allein die sehr steilen Passagen bei Schottersmühlhöhle und Gaiskirche (die man ggf. auslassen kann: s. Variante), ansonsten überwiegend gute Wege

Mögliche Tage
Mo-So: ganzjährig (Sa/So vom 2.11.-30.4. günstiger mit Anfahrt von Pegnitz)

Ausgangspunkt/Anfahrt
Hst. Muggendorf, Gasth. Kohlmann, hierher mit Bus 389 von Ebermannstadt Bhf. oder Pegnitz Bhf., Abfahrt von Ebermannstadt **Mo-Fr** 7:30, 8:30 oder 10:30 Uhr, **Sa/So** im **Winter** (2.11.-30.4.) um 10:02 Uhr, im **Sommer** (1.5.-1.11.) 9:02, 10:02 oder 11:02 (Fahrzeit: 13-19 Min.), Abfahrt von Pegnitz im **Winter Mo-Fr** um 8:13 Uhr, **Sa** um 7.43, **So** um 8:43 Uhr, im **Sommer Mo-Fr** um 8:13 oder 10:43, **Sa/So** um 7:43 oder 9:43 (Fahrzeit 54 Min.)

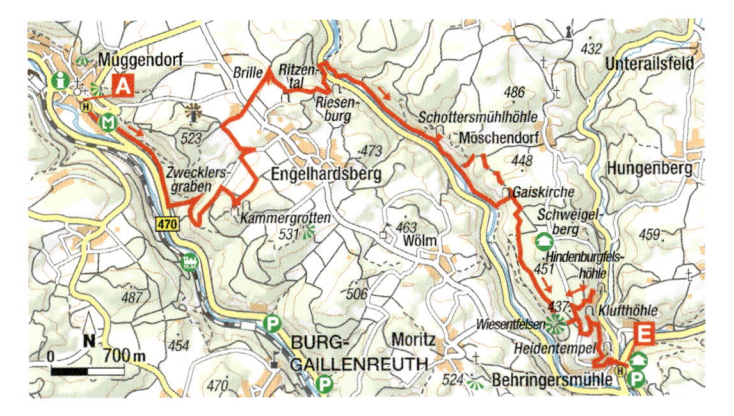

Endpunkt/Rückfahrt
Hst. Behringersmühle, Hotel Behringers, von hier mit Bus 389 zurück nach Ebermannstadt, Abfahrt **Mo-Fr** ganzjährig 14:18, 16:19 oder 18:19 (im Winter 18:24) Uhr, vom 1.5.-1.11. zusätzlich 15:14 und 17:19 Uhr, **Sa/So** im **Winter** nur um 16:19 Uhr, im **Sommer** Stundentakt (gerade Stunden um x:19, ungerade um x:24 Uhr) (Fahrzeit 29-31 Min.), oder zurück nach Pegnitz, Abfahrt im **Winter Mo-Fr** 14:38, 17:38 (an Schultagen 17:43) oder 19:38 Uhr, **Sa/So** 14:33 oder 18:33 Uhr, im **Sommer Mo-Fr** stdl. um x:38 Uhr, **Sa/So** 14:33, 16:43 oder 18:43 Uhr, zusätzl. mit Bus 399.1 um 17:57 Uhr (Fahrzeit 30-36 Min.)

Gehzeiten
Zwecklersgraben (Eingang) 0:25 Std. - Kammer/Kammergrotten 0:35 Std. - Brille 0:35 Std. - Ritzental-Durchgangshöhle 0:10 Std. - Riesenburg 0:20 Std. - Schottersmühlhöhle 0:45 Std. - Gaiskirche 0:25 Std. - Wiesentfelsen 0:30 Std. - Richard-Wagner-Fels 0:15 Std. - Hindenburgfelshöhle 0:10 Std. - Schweigelberg-Klufthöhle 0:30 Std. - Heidentempel 0:20 Std. - Behringersmühle 0:15 Std.

Beste Jahreszeit
Frühjahr und Spätherbst (tiefe Höhlenteile nur 1.4.-30.9.)

Einkehr
unterwegs keine

Seitenfenster und Hauptportal der Kirchengrotte

Leichtere Variante

Die »schweren« Steilstrecken bei Schottersmühlhöhle und Gaiskirche lassen sich vermeiden, wenn man den Abstecher zu ersterer auslässt und statt des Weges durch die Gaiskirche folgende Variante wählt: Man folgt der Mk. Gelbraute, zweigt mit ihr Richtung Forsthaus Schweigelberg links vom Talweg ab und steigt in Kehren zur Einmündung in den Forstweg auf, der nach rechts in das Gebiet oberhalb der Gaiskirche führt. Mithilfe der GPS-Daten des Haupttracks kann man auch die Einmündung des von der Gaiskirche kommenden Pfades ausmachen und auf ihm ohne technische Schwierigkeiten von oben zu diesem einmaligen Naturwunder gelangen.

Die Kammergrotten – eines der schönsten Höhlenensembles

In einem Felsturm öffnet sich die Ritzental-Durchgangshöhle.

den Abzweigung: Ein Wanderweg führt uns rechts mäßig steil bergan und bei einer Gabelung (Ww.) nach rechts in den fantastischen Felszirkus der Kammer hinein. Zur Erkundung steigen wir **ohne Mk.** auf deutlichem Pfad zu den glatten Wänden im Zentrum des Kessels auf, gehen wieder ca. 10 m zurück und folgen dann den Pfadspuren, die nach rechts kurz steil bergab, dann an schroffen Türmen entlang tiefer führen; rechts oberhalb zeigt sich ein schönes Felsentor. Nach steilerem Abstieg erreichen wir eine enge Spalthöhle, umrunden den Eckpfeiler im Rechtsbogen und stehen dann staunend vor der eindrucksvollsten Höhlenszenerie der Kammergrotten: Nebeneinander öffnen sich zwei imposante Portale, an die sich bizarr geformte Räume anschließen (kurzer Steilanstieg). Nach der Besichtigung wandern wir am Fuß des Massivs weiter, an formschönen Halbhöhlen vorbei, und steigen mit Linksknick zu seinem Ende auf: Wir betreten die Kirchengrotte, die mit malerischer Raumstruktur und kreisrundem Seitenfenster begeistert. Nun gehen wir den letzten Anstieg wieder hinunter und kehren mit Rechtsschwenk auf deutlichem Pfad zum **Grünring**-Weg zurück, dem wir nach rechts folgen.

Naturwunder im Ritzental

Nach leichtem Aufstieg am Rande eines Tälchens erreichen wir, 40 m nach einer Scheune (Sitzgruppe), die entscheidende Abzweigung: Ein begrünter Fahrweg **ohne Mk.** bringt uns nach links mit leichtem Gefälle zur anderen Talseite (einzelne Birke) hinüber. Von hier steigen wir nach rechts auf einem Schotterweg empor und biegen dann (bei Beginn der Teerdecke) mit **Braunkreuz** u.a. spitzwinklig links auf einen Feldweg ab, der über freie Flächen sanft ansteigend auf die Kuppe des Hohlen Berges zuführt. Sobald der Wald erreicht ist, ist Aufmerksamkeit gefragt: Links am Waldrand sehen wir eine Bank, und genau gegenüber zweigt rechts ein begrünter Fahrweg **ohne Mk.** ab und bringt uns zu einigen Häusern von Engelhardsberg und als Teerweg weiter zu einer Fahrstraße hinauf. Jenseits der Straße geht es mit dem Ww. zur Brille geradeaus auf geteertem Feldweg weiter und zum Wald hinüber. Kurz nach Erreichen des Waldrands (Ende der Teerdecke) bringt uns ein breiter Weg nach rechts zum imposanten doppelten Felsentor der Brille, das von beiden Seiten begeistert. Vom Tor gehen wir nur gut 10 m zurück und finden dann rechts einen Pfad, der unter einer kleinen Halbhöhle vorbei und dann zu einem unbefestigten Fahrweg hinabführt. Auf ihm wandern wir nach rechts durch einen malerischen Durchgang in das vergessene Ritzental hinunter. Rechts fesseln bizarre Türme unsere Blicke; zum letzten der Reihe sollte man durch den offenen Wald aufsteigen: Staunend stehen wir vor der formschönen, 7 m tiefen Ritzental-Durchgangshöhle. Nach ihrer Durchquerung kehren wir zum Fahrweg zurück, wandern rechts auf aussichtsreiche Wiesen hinaus, am Waldrand weiter, dann mit leichtem Linksknick an einer Buschreihe entlang zu einem Schotterweg hinüber.

Über die Riesenburg ins Tal

Auf ihm erreichen wir nach rechts einen Sattel, wo wir auf den **Frankenweg** treffen. Er leitet uns nach links über eine Kuppe zur Aussichtskanzel Wiesentblick mit schöner Talsicht, kurz zurück, dann in Kehren und über Stufen zu einem breiten Hangweg hinab, auf dem wir links absteigend zum Ruhestein des alten Brunnwegs gelangen. Von hier führt uns ein rechts abzweigender Weg in Kehren durch eine wilde Klamm abwärts und zum oberen Felsentor der Riesenburg hinüber. Wir betreten eine gewaltige Versturzhöhle. Zunächst bringt uns ein Stichweg nach links über eine Felsbrücke zum König-Ludwig-Felsen (mit Versen Ludwigs I.). Auf dem Hauptweg steigen wir dann ins Zentrum der Höhlenruine ab, deren Halle immer noch beeindruckende Dimensionen besitzt, und über unzählige Stufen unter zwei riesigen Felsbögen hindurch zur Talstraße im Wiesenttal hinunter – ein traumhaftes Erlebnis.

Durchs Wiesenttal zur Schottersmühlhöhle

Wir gehen mit allen Mkn. neben der Straße kurz nach links, vor dem Parkplatz rechts zu einer Sitzgruppe mit Infotafeln hinunter, dann mit Linksknick zu einer Brücke hinüber. Am anderen Ufer schwenken wir rechts auf einen Wanderweg ein und durchschreiten das malerische Flusstal unterhalb der schroffen Abstürze von Morgenleite und Jubiläumswand (lohnende Abstecher). Nach Einmündung in einen breiteren Weg (links oben die Abendleite) kommen wir an einer privaten Hütte vorbei und sehen nach ihr links das gewaltige Massiv der Schottersmühler Wand, das man auf steilem Pfad erkunden sollte. Kurz danach ist die Talaue bei der Schottersmühle erreicht; von der Brücke zu ihr bietet sich ein Prachtblick über die Wiesent zum gewaltigen Gelben Turm. Der Hauptweg führt am linken Wiesentufer unter den Steilwänden weiter und passiert nach leichtem Anstieg einen vergitterten

Magische Lichtstimmungen in der Schottersmühlhöhle

Keller. 30 m nach ihm folgt die entscheidende Abzweigung: Ein steiler Pfad **ohne Mk.** bringt uns nach links in Kehren und über Wurzelstufen zu einem bizarren Felsen, dann mit Linksknick über eine felsige Rampe zum imposanten unteren Eingang der Schottersmühlhöhle hinauf, über der die massige Magdalenenwand aufragt. Die gewaltige Halle mit zwei Eingängen und drei Deckenfenstern zählt zu den eindrucksvollsten Hohlräumen der Alb.

Zur einzigartigen Gaiskirche

Nach dem Abstieg wandern wir mit **Frankenweg** u.a. in romantischer Flusspromenade über kleine Felskanzeln hinweg und erreichen eine Wegteilung, wo links der Weg zum Forsthaus Schweigelberg (Gelbraute: mögliche Wegalternative, s. Info) abzweigt. Ab hier sollte man grob Schritte zählen und dann die Böschung auf der linken Seite genau studieren, um die entscheidende Abzweigung nicht zu übersehen: Wir gehen auf dem Frankenweg noch 550 m geradeaus weiter und sehen dann links oberhalb eine Stufe, die mit waagrecht liegenden Ästen abgestützt ist. Wir er-

Die Riesenburg begeistert mit gewaltigen Felsbögen.

Durch die enge Spalte betritt man den malerischen Heidentempel.

klimmen sie, halten uns kurz rechts und steigen dann mit scharfem Linksknick auf steilem Pfad **ohne Mk.** zu einem breiten Vorfelsen auf. Hier schwenkt der Steig nach rechts und bringt uns in Kehren zum gewaltigen Eingangstor der **Gaiskirche** (im Kataster: Gaiskirche bei Moschendorf B 140) hinauf. Nach der Durchquerung folgt eine kurze sehr steile und etwas rutschige Passage, die aber gut zu überwinden ist, wenn man sich an den rechten Rand hält, gute Tritte sucht und die Hände zur Sicherung einsetzt. Dann können wir staunend das wohl größte oberirdische Wunder der Alb betrachten, von den Kletterern treffend »Kathedrale« oder »Felsdom« genannt: Die Talwand ist von riesigen »gotischen« Fenstern durchbrochen, über denen sich die Felsbögen wie Strebepfeiler im Gewölbe vereinigen. Ein guter Pfad führt uns zum oberen Ausgang der Höhlenruine hinauf und mit Traumblick zu ihr zurück im Rechtsbogen weiter aufwärts zu einem Sattel. Hier zweigt links ein deutlicher Pfad ab, der uns durch ein Tälchen mäßig steil zu einem Forstweg hinaufbringt.

Zur Hindenburgfelshöhle

Auf ihm gelangen wir mit **Gelbraute** nach rechts zu einer Wegteilung: Wir schwenken rechts auf einen Fahrweg **ohne Mk.** ein und wandern nach Linksknick länger an der Hangkante über dem Wiesenttal entlang, bis wir die entscheidende Abzweigung (Ww.) erreichen: Ein rechts abzweigender Wanderweg führt uns sanft bergab und bei einer Gabelung rechts zum Aussichtspunkt **Wiesentfelsen** mit schönem Talblick hinüber. Zurück an der Gabelung geht es mit Rechtsknick oberhalb schroffer Abstürze weiter, im Linksbogen auf eine weite Wiese mit Prachtblick auf Gößweinstein (Basilika und Burg) hinaus und am Waldrand zu einem Fahrweg hinüber. Hier steht ein großartiger Abstecher an: Mit **Gelbraute** wandern wir links in den Wald hinein, bei Einmündung in einen Schotterweg (Ww.) **ohne Mk.** scharf rechts bergab und bald auf einem rechts abzweigenden Wanderweg im Rechtsbogen zum **Richard-Wagner-Fels** hinüber: prachtvoll der Blick über schroffe Klippen in den Kessel von Beh-

Die Hindenburgfelshöhle fasziniert durch ihre Dimensionen.

Malerische Überhänge prägen die Schweigelberg-Klufthöhle.

Die »Kathedrale« der Gaiskirche fesselt mit riesigen Fenstern.

ringersmühle und zur Burg Gößweinstein. Vom Aussichtspunkt gehen wir 50 m zurück und biegen dann rechts auf einen schmaleren Weg ab, der durch ein felsenreiches Tälchen sanft bergab und dann mit Rechtsknick zu einem Turm hinunterführt, der an die Schachfigur des Springers erinnert. Wir gehen auf Pfadspuren rechts zu seinem Fuß hinüber, an seiner linken Seite etwas bergauf und queren dann nach links oberhalb begrünter Blöcke zur anderen Seite des Felskessels hinüber. Auf deutlichem Pfad wandern wir am Fuß der Felsen nach links weiter, und schon öffnet sich über uns das riesige Maul der Hindenburgfelshöhle, zu der uns ein guter Kehrenweg hinaufbringt: Die riesige zerklüftete Halle mit schönem Deckenfenster zählt zu den eindrucksvollsten Räumen der Alb. Wir kehren nun, am Schluss mit Gelbraute, zur Wiese zurück.

Höhlenzauber am Schweigelberg

Die Mk. brächte uns geradeaus in gut 15 Min. zum Zielpunkt, viel schöner ist aber der Weg über die Naturwunder an der Ost- und Südflanke des Berges: Wir gehen auf dem mk. Weg nur 20 m auf die Wiese hinaus und dann links auf einem Wiesenpfad **ohne Mk.** zu einer auffälligen Sitzgruppe an der Waldspitze hinüber. Von hier führen uns Fahrspuren nahe am Waldrand sanft bergab und als Fahrweg im Linksbogen in den Wald hinein. Kurz nach der Linkskurve steigen wir auf Pfadspuren links die flache Böschung hinauf und wandern durch offenen Wald auf die markanten Felsen vor uns zu, in denen sich eine malerische Durchgangshöhle öffnet. Von hier gehen wir etwas zurück, dann im Linksbogen an einem kleinen Felsentor vorbei zum Fuß der Felsen hinunter und mit Linksknick unter einem malerischen Abri hindurch. Nach ihm können Felsenfreunde links zur Rückseite des Durchgangs mit bizarrem Felsturm und schöner Halbhöhle aufsteigen. Noch lohnender ist der Besuch der Schweigelberg-Klufthöhle: Vom Abri wandern wir (mit Vorsicht!) über eine felsige Hangstufe eben weiter und steigen zu ihrem gewaltig überhängenden Portal auf, an das sich eine ansehnlich versinterte Halle anschließt.

Abstieg über den Heidentempel

Auf gleicher Route kehren wir dann über den Abri zum Fahrweg zurück und steigen an schroffen Türmen vorbei weiter ab. Nach einem malerischen Engpass folgt eine Gabelung: Wir folgen dem rechten Fahrweg bergauf zur leider für Feiern verbauten Konstantinengrotte und weiter zu einer Kuppe, wo er eine markante Rechtsbiegung macht. Gleich an ihrem Beginn zweigt links ein alter Wanderweg ab, der uns im Linksbogen bergab, dann durch die Flanke führt. Aufgepasst: Wo am Gipfel mittelhohe Felsen zu sehen sind, zweigt spitzwinklig links ein Stichpfad ab und bringt uns leicht fallend zum Heidentempel: Der kuppelförmige Raum begeistert mit auffällig buntem Gestein. Wieder auf dem Hauptweg geht es bald in Kehren und über Stufen hinab zu einem Fahrweg und auf ihm mit Gelbraute links zügig nach Behringersmühle hinunter. Im Ort halten wir uns kurz rechts, gehen links zur Ailsbachtalstraße (Forellen-Denkmal) hinüber, über die B 470 hinweg, überschreiten die Püttlach auf neuer Brücke und erreichen links nach wenigen Metern die Hst. (Richtung Ebermannstadt, die Hst. Richtung Pegnitz liegt gegenüber 100 m weiter).

VOM AILSBACHTAL NACH TÜCHERSFELD

9

Schneiderloch, Schlupflochfels, Radfahrer und Alter Freund

Zwischen den imposanten Höhlenwelten bei Burg Rabenstein und dem Türme-Ensemble von Tüchersfeld verbergen sich zahlreiche Naturwunder wie das wilde Fels- und Höhlenrevier um den Alten Freund.

Nahe Rabenstein fesseln neben schroffen Felsriffen die tiefen Höhlen Schneiderloch und Rabensteiner Klufthöhle und die malerischen Durchgänge von Schneiderkammer und Schlupflochfels, bei Oberailsfeld die felsgeschmückten Magerrasen und der Traumblick vom Radlerfelsen, später die schroffe Felsburg der Unterailsfelder Wand, der gewaltige Turm des Alten Freunds und die benachbarte Hungenberger Wand mit ihrer Durchgangshöhle. Über aussichtsreiche Hochflächen und eine Felsenschlucht gelangen wir nach Tüchersfeld.

Karstwunder am Promenadenweg

Von der Hst. gehen wir, am Gh. Neumühle vorbei, mit Prachtblick auf Burg Rabenstein 120 m neben der Straße Richtung Oberailsfeld zurück und biegen dann nach der Brücke mit **Blauring** u.a. links auf einen Wanderweg ab. Er führt über den Ailsbach und dann nach einer Kehre mäßig steil durch eine malerische Felsgasse zur Einmündung in den Promenadenweg empor. Ihm folgen wir mit **Blaukreuz** u.a. nach rechts, halten uns bei der Gabelung unterhalb einer imposanten Felswand nochmals rechts und genießen nach sanftem Abstieg einen umwerfenden Blick auf die Schmalseite der Burg. Wieder leicht bergan erreichen wir bald eine Abzweigung unterhalb der gewaltigen Schneiderlochwände (Achtung: der Ww. war ursprünglich falsch, wurde aber von Kennern leidlich korrigiert). Ein links abzweigender (!) Pfad **ohne Mk.** bringt uns über Kehren und alte Steinstufen zum eindrucksvollen Portal des **Schneiderlochs** hinauf: Die 30 m tiefe Hallenhöhle beeindruckt mit ihrer Raumstruktur und leichter Versinterung. Zurück am **Blaukreuz**-Weg gelangen wir mit wundervoller Sicht auf die Burg bald zur **Schneiderkammer**. Nachdem wir die geräumige Halle mit ihren drei Öffnungen eingehend studiert haben, verlassen wir sie über einen künstlich erweiterten Ausgang und steigen über Stufen steil bergab: faszinierend der Blick zurück auf das Felsentor oberhalb der Kammer. Am Ende der Stufen wartet das nächste Highlight: In einer gewaltigen Felswand öffnet sich links die **Rabensteiner Klufthöhle**. Wer über die linke Spalte tiefer in sie eindringt, genießt eine fan-

Magische Lichtstimmungen in der Rabensteiner Klufthöhle

Der schräge Durchgang macht den Schlupflochfels einzigartig.

mittel | 9,5 km | 375/415 Hm | 3:30 Std.

Auf einen Blick

Tourencharakter
Kurze Tour mit hoher Dichte begeisternder Naturerlebnisse (4 faszinierende Durchgangshöhlen, 5 tiefere Höhlen, einzigartige Felstürme und Klammen, Magerrasen, ein toller Aussichtspunkt), fast durchgehend gute, nur mäßig steile Wege, nur kurze Strecken auf Pfaden

Mögliche Tage
Sa/So: 1.5.-1.11, (an Sa Änderungen mögl.: s. vgn.de) Mo-Fr: nur mit Abänderung der Route (ganzjährig)

Ausgangspunkt/Anfahrt
Hst. Neumühle/Ahornt. Burg Rabenst., hierher **Sa/So vom 1.5.-1.11.** mit Bus 343, Abfahrt vom Bhf. Neuhaus (Pegnitz) um 9:10 oder 11:10 Uhr (Fahrzeit 51 Min.); **Mo-Fr** ist nur die Hst. Oberailsfeld zu erreichen, und zwar mit Bus 396 entweder von Bayreuth Hbf. (Abfahrt 8:01 Uhr, Fahrzeit 1:02 Std.) oder von Gößweinstein Gh. Zur Post (10:33 Uhr, 11 Min.): Man muss dann die Strecke Oberailsfeld-Schneiderloch hin und zurück begehen (Mehrbedarf 0:40 Std.).

Endpunkt/Rückfahrt
Hst. Tüchersfeld, von hier **Sa/So vom 1.5.-1.11.** mit Bus 343 zurück nach Neuhaus, Abfahrt 17:08 oder 19:08 Uhr (37 Min.), alternativ mit Bus 389 nach Pegnitz, Abfahrt um 14:36, 16:46 oder 18:46 Uhr, oder nach Ebermannstadt, Abfahrt um 14:15, 16:15 oder 18:15 Uhr; Fahrtmöglichkeiten **Mo-Fr** siehe Tour 12

Gehzeiten
Schneiderloch 0:20 Std. – Rabensteiner Klufthöhle 0:10 Std. – Schlupflochfels 0:20 Std. – Oberailsfeld 0:30 Std. – Radfahrer (Aussicht) 0:15 Std. – Unterailsfeld 0:25 Std. – Unterailsfelder Wand 0:10 Std. – Alter Freund/Gräfenberg-Durchgangshöhle 0:15 Std. – Hungenberg 0:15 Std. – Parkplatz Abzw. Fahnenstein 0:35 Std. – Tüchersfeld Hst. 0:15 Std.

Beste Jahreszeit
Frühsommer und Herbst (tiefe Höhlen nur 1.4.-30.9.)

Einkehr
Gh. Held-Bräu in Oberailsfeld, Tel. 09242/295

Die Gräfenberg-Durchgangshöhle: ein vergessenes Naturjuwel

Der Alte Freund zählt zu den imposantesten Türmen der Alb.

Das formschöne Schneiderloch verbirgt sich abseits des Weges.

Vom Radlerfelsen genießt man einen Traumblick ins Ailsbachtal.

tastische Raumwirkung mit Deckenlöchern, Felsbögen und Klemmblöcken und kommt zu zwei leicht versinterten Kammern. Nach der Besichtigung wandern wir mit Prachtblicken zur Burg weiter bergab und erreichen am Ailsbach entlang und an imposanten Felsen wie der Theresienruhe vorbei bald das gewaltig überhängende Massiv des Rennerfelsens, in dem sich zwei Höhlen verbergen (z.T. steiler Aufstieg).

Schlupflochfels und Magerrasen

Blaukreuz führt uns vom Ende des Parkplatzes zur anderen Straßenseite hinüber, auf einer Brücke über den Ailsbach und dann am Hang sanft ansteigend zum nächsten Highlight: Wir durchqueren den Schlupflochfels (auch Oberailsfelder Geiskirche genannt) – mit seinen schrägen Kerben und dem schrägen Durchgang ein einmaliges Naturwunder. Nach ihm geht es mit Rechtsschwenk steil zum Burgstall Alte Veste hinauf. Für Felsenfreunde lohnt ein Abstecher: 10 m nach der Infotafel leiten deutliche Pfadspuren nach links in einen Einschnitt zwischen den Felsen und zu einer kleinen Durchgangshöhle empor. Der Hauptweg führt uns dann über eine Senke auf eine weitere felsige Kuppe hinauf, bei einer Gabelung links abwärts und nach Rechtsknick zum Rand des Ailsbachtals hinunter. Auf breitem Weg durchqueren wir eine malerische Landschaft, die den Urzustand der Fränkischen Schweiz widerspiegelt: An den mit Wacholdern geschmückten Magerrasenhängen ragen bizarre Felstürme und Halbhöhlen auf.

Schaufreuden mit Radfahrer

Bald ist Oberailsfeld erreicht: Vor dem Gh. Held-Bräu wandern wir links Richtung Ailsbachtalstraße, vor ihr nach rechts zu einem alten Telefonhäuschen, dann links über die Straße und auf einer Brücke über den Ailsbach hinüber. Jenseits geht es an der Brauerei vorbei zu einer Wegteilung hinauf: Wir wählen links den begrünten Fahrweg **ohne Mk.** (Ww. Tüchersfeld) und steigen mit Prachtblick auf die bizarre Felsgruppe um den Radlerfelsen (auf dem Erlanger Studenten einst als Wegmarke einen Radfahrer platzierten) zum Wald auf. 100 m nach Eintritt in den Wald zweigt links ein deutlicher Pfad ab, der zügig bergan führt. Auf halber Höhe kann man nach links über eine Lücke im Zaun zum Fuß des Radlerfelsens hinüberqueren: faszinierend der Blick auf die Felstürme und ins Tal. Der Hauptweg führt jedoch am Zaun weiter steil bergauf und mit Linksschwenk über den Rücken zu einer Aussichtsbank hinüber: Der Blick über den Radfahrer auf Oberailsfeld und die Magerrasen begeistert jeden.

Fahnenstein

Die relativ kurze Tour bietet noch Raum für einen Abstecher zum Fahnenstein (neuerdings auf dem Ww. als Aussicht Burg Obertüchersfeld bezeichnet). Der Weg ist gut gekennzeichnet, trägt aber keine Mk. Von der Infotafel am Ende des genannten Parkplatzes geht es über Stufen steil empor, an schroffen Felsriffen entlang über den Kamm, dann wieder bis fast zum Ort hinunter und zuletzt auf einer Metalltreppe durch eine pittoreske Tunnelhöhle zum Gipfel hinauf, der einen umwerfenden Tiefblick auf den Judenhof und die Türme bietet (Rückkehr auf demselben Weg; Gesamtdauer: 0:40 Std.).

Blick vom Weg nach Unterailsfeld zurück auf den Radlerfelsen

Hungenberger Wand mit Gräfenberg-Durchgangshöhle

Zur Unterailsfelder Wand

Zurück an der Wegteilung oberhalb der Brauerei schwenken wir mit **Blaukreuz** nach links und wandern auf dem untersten der Wege sanft bergab, idyllisch am Ailsbach entlang, zuletzt durch die bewaldete Flanke wieder leicht aufwärts. Bald leitet uns die Mk. auf begrüntem Fahrweg nach Unterailsfeld hinein, auf der Hauptstraße kurz nach rechts, dann links abzweigend zu einer Wegteilung bei zwei alten Backöfen. Hier biegen wir mit **Grünpunkt** links ab (Ww. Hungenberg) und steigen am alten Feuermeldeturm vorbei zum Waldrand auf. Auf unbefestigtem Fahrweg geht es zügig bergauf; links fesselt ein bizarr gezackter Grat unsere Blicke. Bald heißt es aufgepasst: Am Beginn einer leichten Linkskurve zweigt rechts bei einem kurz abgesägtem Baumstumpf ein deutlicher Pfad **ohne Mk.** ab. Er führt eben durch die Flanke, dann nach links steiler zur Unterailsfelder Wand hinauf: Das hohe Massiv beeindruckt mit wilden Spalten und Überhängen.

Wunderland um den Alten Freund

Wieder auf dem **Grünpunkt**-Weg steigen wir an zerklüfteten Felsketten entlang weiter zur Hochfläche auf. Hier steht ein noch eindrucksvollerer Abstecher an: Wir passieren ein Wegstück, das beidseits von einer kleinen Baumgruppe flankiert ist, gehen nach deren Ende noch 10 m weiter und biegen dann links auf einen deutlichen Pfad **ohne Mk.** ab, der über die Wiese in den Wald führt. Bald stehen wir in der Mitte vor zwei gewaltigen Massiven: links der Alte Freund, rechts die Hungenberger Wand. Eine Umrundung (am besten im Uhrzeigersinn) schenkt unvergessliche Eindrücke: Wir gehen nach links am Alten Freund entlang und steigen im Rechtsbogen an seiner bauchig überhängenden Nordwand

Bizarre Felsmassive säumen die Streitholz-Schlucht.

entlang zu einem Sattel zwischen den Massiven auf, wo sich ein Prachtblick auf die Schmalseite des Turms auftut. Vom Sattel geht es kurz bergab und links Richtung Hungenberger Wand hinüber. Gleich an ihrem Beginn lohnt der steile Aufstieg zur eindrucksvollen, aber nicht tiefen **Gräfenberg-Felsgrotte**. Das größte Naturwunder folgt aber erst: Wir passieren einen tiefen Riss und stehen dann staunend vor dem ca. 8 m tiefen Tunnel der **Gräfenberg-Durchgangshöhle**, durch die man zur gewaltigen Südseite des Massivs gelangt. Man sollte es nicht versäumen, nach links noch weiter an der Wand aufzusteigen: Neben dem gewaltigen Eckpfeiler öffnet sich eine tiefe Schlucht mit riesigen Klemmblöcken. An der Tunnelhöhle vorbei geht es dann zur Wegteilung zwischen den Massiven und auf dem Wiesenpfad zum mk. Weg zurück. **Grünpunkt** leitet uns durch ein idyllisches Tälchen nach **Hungenberg** hinauf, geradeaus durch das Dorf und bei der Straßengabelung nach Ortsende nach links Richtung Kohlstein.

Schluchtweg nach Tüchersfeld

Bald folgt die entscheidende Abzweigung: Wo die Straße in eine Rechtskurve übergeht, biegen wir bei einem kleinen Parkplatz links mit dem Ww. nach Tüchersfeld auf einen Schotterweg **ohne Mk.** ab, der mit prachtvoller Fernsicht bis zur Neubürg über die Hochfläche führt. Nach einer Scheune gehen wir halb links abwärts und erreichen eine Gabelung am Waldrand. Wir zweigen rechts auf einen begrünten Fahrweg ab (Ww.) und wandern durch die malerische **Streitholz-Schlucht** bergab. Bei einer dreifachen Wegteilung lohnen zwei Abstecher: Links führt ein breiter Weg zu einem bizarr gezackten Massiv hinüber, nach rechts kommt man auf einem Forstweg zu einer imposanten Wand. Zurück an der Wegteilung wählen wir den mittleren und schmalsten der Wege, der uns an schroffen Felsen vorbei zügig zum Waldrand hinabbringt. Dort teilen sich die Wege: Wir gehen rechtwinklig rechts zu einer Holzlege hinüber, auf deutlichem Pfad am Waldrand weiter und treffen dann auf einen begrünten Fahrweg. Auf ihm geht es nach links nochmals bergab, dann auf einem Schotterweg über Felder zum großen Parkplatz am Nordende von **Tüchersfeld** hinüber (Beginn des Weges zum Fahnenstein: s. Tipp). Hier wählt man am besten das Sträßchen, das nach rechts um das schöne doppelte Felsentor herum und im Bogen durch den westlichen Ortsteil zur Kirche von Tüchersfeld hinabführt. Bei ihr geht man kurz links auf die Türme zu und gelangt dann rechts über die Querstraße mit Prachtblick auf die Felsen und den Judenhof direkt zur Hst.

IM VERGESSENEN TRAUMLAND DER ROMANTIK

10
Über Esperhöhle, Hahlleite und Druidenhain zum Frauenstein

Einst durch kunstvolle Weganlagen erschlossen, galt die grandiose Felsen- und Höhlenwelt südlich der Wiesent zwischen Sachsenmühle und Muggendorf den Romantikern zu Recht als Ideallandschaft.

Heute muss man oft unmarkierte Wege einbeziehen, um die begeisternde Dichte großer Naturwunder zu erleben. Zu den Höhepunkten zählen u.a. die wilde Schlucht des Brunngrabens, die einzigartige Höhlenruine der Esperhöhle, der Schlossberg mit wilden Felsbastionen und Durchgangshöhle, die vergessene Höhle und der Felsengarten an der Hahlleite, die tiefen Gänge von Schweigel- und Emmertshöhle, der magische Druidenhain sowie der Frauenstein mit wundervoller Schaukanzel und verstecktem Höhlenspalt.

Hinkelsteine und Langer Johann

Von der Hst. Sachsenmühle folgen wir kurz der Straße nach Gößweinstein, überschreiten die Gleise der Museumsbahn und biegen direkt danach mit **Rotkreuz** rechts in einen Schotterweg ein. Bei einer Gabelung geht es auf schmalerem Weg geradeaus weiter. Wo der Weg nach einer Linkskurve tiefer in den Wald führt, steht der Besuch zweier formschöner Massive an: Ein deutlicher Pfad **ohne Mk.** führt nach links mäßig steil durch die Flanke, dann in einer Rechtskehre zu einer Abzweigung hinauf. Von hier bringt uns ein Stichpfad nach links in das wilde Bergsturzgelände am Fuß der malerisch zerrissenen **Hinkelsteine**. Zurück an der Abzweigung folgen wir geradeaus den Pfadspuren, die sanft bergab auf den hohen Turm des **Langen Johann** zuführen, und steigen etwa 20 m vor ihm rechts über Kehren zu seiner gewaltigen Talwand ab. Vom Wandfuß bringt uns ein guter Steig mäßig steil zum mk. Weg zurück.

Durch den wilden Brunngraben

Mit **Rotkreuz** geht es auf dem Talweg sanft bergab, an der Bahnlinie entlang und auf eine Wiesenfläche mit Prachtblick zur Heinrichsgrotte hinaus. Nach sanftem Anstieg erreichen wir dann die entscheidende Abzweigung: Genau am höchsten Punkt zweigt spitzwinklig links ein unbefestigter Forstweg **ohne Mk.** ab. Auf ihm geht es mäßig steil bergan, dann auf deutlichem Fußweg an der rechten Flanke in den wildschönen **Brunngraben** hinein. Schließlich leitet uns der Weg zum Grund der Schlucht hinunter und am Gegenhang ein

> Um die Esperhöhle gruppieren sich zahlreiche Naturwunder.

mittel | **15 km** | **755/770 Hm** | **5:30 Std.**

Auf einen Blick

Tourencharakter
Tour mit beträchtlichen Höhenunterschieden zu zahlreichen spektakulären Highlights (Höhlen und Höhlenruinen, Felsengärten, Felsriffe, Schlucht, Aussichtspunkt, Flusstal); fast durchgehend gute Wege, einige Abschnitte ohne Mk. (Orientierung problemlos), beeindruckende historische Weganlagen

Mögliche Tage
Mo-So: ganzjährig (Sa/So mehr zeitliche Flexibilität vom 1.5.-1.11.)

Ausgangspunkt/Anfahrt
Hst. Sachsenmühle, hierher mit Bus 389 von Ebermannstadt Bhf., Abfahrt **Mo-Fr** um 7:30, 8:30 oder 10:30 Uhr, **Sa/So** im **Winter** (2.11.-30.4.) um 10:02 Uhr, im **Sommer** (1.5.-1.11.) um 9:02, 10:02 oder 11:02 (Fahrzeit: 20-25 Min.). Hinweis: Die Sommer-Wochenendfahrten zu ungeraden Stunden halten an der Hst. Sachsenmühle B 470: Von hier geht man kurz zurück und links über die Brücke zur Haupt-Hst.

Endpunkt/Rückfahrt
Hst. Muggendorf, Forchheimer Straße, von hier mit Bus 389 zurück nach Ebermannstadt, Abfahrten wie Tour 7. Hinweis: Wer Sa/So im Winter (2.11.-30.4.) die letzte Fahrt nach Ebermannstadt um 16:36 Uhr nicht erreicht, kann die Heimfahrt in den Raum Nürnberg auch über Pegnitz antreten; Abfahrt mit Bus 389 um 18:14 Uhr.

Gehzeiten
Hinkelsteine/L. Johann 0:20 Std. – Brunngraben (Mitte) 0:30 Std. – Esperhöhle 0:20 Std. – Schlossberg Gipfel 0:25 Std. – Höhlenruine 0:10 Std. – Obere Schlossbergwände 0:10 Std. – Vogelherd (Felsengarten) 0:20 Std. – Östl. Hahlleitenhöhle 0:40 Std. – Schweigelhöhle 0:25 Std. – Emmertshöhle 0:20 Std. – Kremersberg Westseite 0:25 Std. – Druidenhain 0:15 Std. – Frauenstein 0:45 Std. – Frauensteinhöhle 0:10 Std. – Muggendorf 0:15 Std.

Beste Jahreszeit
ganzjährig reizvoll (tiefere Höhlenteile nur 1.4.-30.9.)

Einkehr
Von der Schlossberg-Höhlenruine in knapp 15 Min. Abstieg (weiter auf dem Kulturerlebnisweg) erreichbar: Gh. Burg Gaillenreuth, Tel. 09242/74 04 83

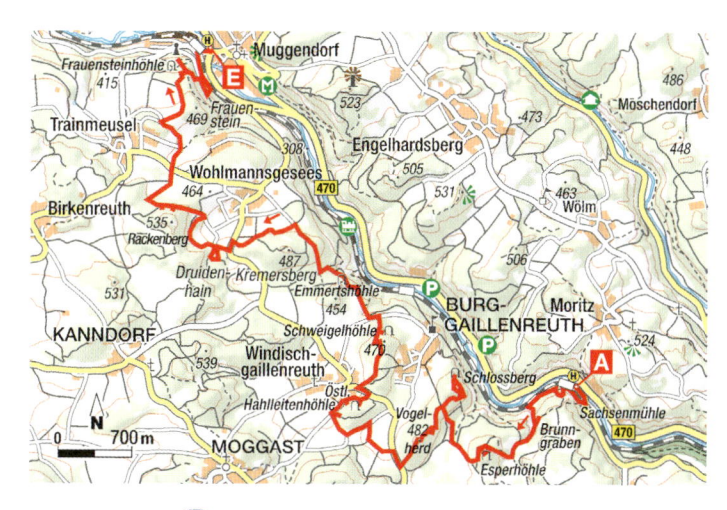

Stück zu einer Verzweigung hinauf. Zu unserem Erstaunen bringen uns nach links kunstvoll gebaute alte Steinstufen zu einem erst guten, später etwas exponierten Steig empor, der an malerischen Halbhöhlen vorbei und unter einer gewaltigen langen Wandflucht mit dem Kletterernamen Wolkenkuckucksheim entlangführt (Vorsicht bei Nässe!). Zurück an der Verzweigung, steigen wir (bei Blick von unten) rechts über felsige Stufen steil empor, dann durch den steinigen Talgrund weiter bergauf. Danach bringt uns ein guter Wanderweg, an kleineren Felsen vorbei, zu einer Wiese hinauf, wo er in einen Schotterweg übergeht. Wir folgen ihm nur 80 m und biegen dann spitzwinklig rechts mit **Blau-Senkrecht** auf einen begrünten Fahrweg ab. Auf ihm geht es in den Wald hinein, bei einer dreifachen Wegteilung auf dem mittleren Weg bergauf, dann im Linksbogen weiter.

Naturjuwel Esperhöhle

Bald führt uns ein Ww. nach links zu einem der größten Naturwunder der Alb hinauf: Wir betreten die Gr. Doline der Esperhöhle, um die sich die Attraktionen im Dreiviertelkreis versammeln. Links am Eingang findet man eine Durchgangshöhle mit malerischen Deckenlöchern, es folgen im Uhrzeigersinn eine Höhle mit ansehnlicher Versinterung, der schaurige Abgrund des Klinglochs und der Zugang zum größten Highlight: Unter einem Felsbogen hindurch gelangt man in die Kl. Doline, die mit gewaltigen Steilwänden und Spalten fasziniert. Den Abschluss des Runds bildet eine sehenswerte Durchgangshöhle. Zurück an der Kreuzung vor der Höhle führt uns Blau-Senkrecht scharf links bergauf, an zwei malerischen Halbhöhlen (etwas oberhalb) vorbei, zuletzt eben durch die Flanke und auf einem Fahrweg geradeaus weiter. Nach einer Rechtskurve zweigt rechts ein Wanderweg ab und bringt uns auf aussichtsreiche Wiesen und zu einem Schotterweg hinab, dem wir nach rechts folgen.

Romantikwege am Schlossberg

In einer Senke teilen sich die Wege: Wir halten uns rechts und steigen zu einem Sattel südlich des Schlossbergs auf (Ww.): Mit der **Mk. Kulturerlebnis Fränkische Schweiz** biegen wir rechts auf einen Wanderweg ab, der uns geradeaus zur Kuppe des Schlossbergs und mit Rechtsknick zu den Infotafeln über die frühkeltischen Befestigungen hinaufbringt. Nach der Lektüre geht es im Linksbogen nahe der Abbruchkante (nur selten Ausblicke) weiter, dann auf der alten Weganlage der Romantik über zahlreiche Steinstufen in Kehren bergab und nach rechts zu einem Plateau am Westende der hohen Felswände hinüber. Hier steht ein großartiger Abstecher an: Wir gehen zur vordersten Kante des Plateaus vor und entdecken links die Fortsetzung des Romantikwegs. Mit der Mk. steigen wir über Stufen ab, halten uns rechts und gehen dann eine kunstvoll gebogene Steintreppe hinunter; rechts lädt eine imposante Halbhöhle zur Erkundung ein. Im weiteren Abstieg zeigt sich rechts die Schlossberg-Höhlenruine: Ein Stichpfad bringt uns zu der malerischen Durchgangshöhle mit vier Bögen und schönem Deckenfenster hinauf. Zurück

Wilde Felsenwelt am Kremersberg

Formschöne Felsbögen prägen die Schlossberg-Höhlenruine.

Druidenhain

Die Bezeichnung Druidenhain ist ein Fantasiename der Romantik. Dafür, dass die Priester der am nahen Schlossberg beheimateten Kelten dort ihre Zeremonien vollführten, hat man bis heute keine Belege gefunden.

Ein freistehender Pfeiler schmückt die Östl. Hahlleitenhöhle.

Ein alter Weg führt an den Felsen des Brunngrabens entlang.

Das große Portal führt in die beeindruckende Schweigelhöhle.

Wilde Felsarchitektur prägt die Kleine Doline der Esperhöhle.

am Plateau gehen wir mit einem grünen Pfeil zu den Oberen Schlossbergwänden hinüber. Ein guter Pfad **ohne Mk.** führt uns am Fuß der gewaltigen Abstürze sanft bergan, dann unter dem riesigen Überhang einer Halbhöhle hindurch zu einem Einschnitt zwischen einem Vorturm und dem Hauptmassiv hinauf. Kurz danach leitet uns der grüne Pfeil scharf rechts über Felsstufen bergauf und nach rechts zu den Infotafeln am Gipfel zurück.

Über den Vogelherd

Nach Abstieg zum **Blau-Senkrecht**-Weg gehen wir 25 m nach links (!) zurück und biegen dann rechts auf einen begrünten Fahrweg **ohne Mk.** ab. Bei einer Gabelung (Holzlege) halten wir uns links und wandern sanft durch die Flanke des Vogelherds bergan. Wo die Fahrspuren im Rechtsbogen zu einer

Kuppe emporführen, finden Felsenfreunde links des Weges einen malerischen Felsengarten mit begrünten Kegeln und Blöcken, einem kleinen Felsentor und dem engen Jägerloch. Danach geht es zur felsigen Kuppe hinauf, nach rechts auf wieder deutlicherem Fahrweg zu einer Futterstelle hinüber und mit Linksknick steil zum Hauptgipfel hinauf. Von hier wandern wir durch lichten Wald zu einer Fahrstraße hinunter, auf ihr rechts 160 m bergab, biegen dann links auf einen Schotterweg ab und gelangen im Rechtsbogen zum gegenüberliegenden Waldrand.

Karstwunder Hahlleite

Auf einem Teerweg wandern wir nach links am Waldrand sanft bergauf. Wo er einen Linksknick macht, gehen wir rechts auf unbefestigtem Fahrweg weiter, bei der nächsten Gabelung rechts in den Wald hinein und mit Linksschwenk an schroffen Felsen abwärts. Kurz vor Austritt aus dem Wald führen uns Pfadspuren nach rechts zu einem malerisch gespalteten Turm, einem kleinen Felsentor und wilden Spalten und Überhängen. Danach geht es zum Waldrand hinaus und auf dem Fahrweg an einem Massiv mit originellem Felsdach vorbei (rechts im Wald) zu einer Straße hinunter, der wir kurz nach rechts folgen. Wo sie links nach Windischgaillenreuth hinüberführt, gehen wir rechts auf begrüntem Fahrweg am Waldrand weiter, zunächst aber nur wenige Meter: Felsenfreunde sollten rechts über eine Schneise in den zentralen Felskessel der Hahlleite mit imposanten Türmen aufsteigen. Zurück am Waldrand folgen wir weiter dem Fahrweg, bis sich (etwa 10 m vor einem Gelände mit Bauschutt) rechts wieder ein Zugang zum Wald öffnet. Wir erblicken links oben eine Wand, die von vier Spitzen und einem kleinen henkelförmigen Felsentor gekrönt wird, steigen in Kehren zu ihr auf und stehen vor der Östlichen Hahlleitenhöhle: Die zwei Hallen begeistern mit bizarrer Raumstruktur und einem freistehenden Pfeiler. Beim Abstieg gehen wir nur bis kurz vor dem Waldrand zurück, steigen dann auf deutlichen Spuren nach rechts bergan und queren problemlos durch den Hang zu einem Felsen mit Magnesiaspuren hinüber. Ein guter Pfad führt uns im Linksbogen durch einen fantastischen Felsengarten mit wild überhängenden Blöcken. Danach bringt uns ein Fahrweg zum Waldrand hinaus und rechts zu einer Straße, auf der wir kurz links abwärts gehen.

Schweigel- und Emmertshöhle

Kurz vor Ortseingang biegen wir mit **Gelb-Senkrecht** rechts auf einen unbefestigten Fahrweg ab und steigen an kleinen Felstürmen vorbei zu einer Wegteilung im Wald auf (grüner Metallstab mit Mkn.). Achtung: Im folgenden Wegstück halte man sich genau an die Beschreibung, da sonst das nächste Ziel leicht zu verfehlen ist! Wir biegen hier **ohne Mk.** links in einen unbefestigten Fahrweg ein, folgen ihm 170 m weit und zweigen dann links auf einen schmaleren Hangweg ab. Auf ihm passieren wir nach 30 m einen Metall-Jägerstand und erreichen mit sanftem Gefälle einen ca. 1 m hohen Baumstumpf, auf dem zwei Steinplatten liegen. Genau hier schwenken wir rechtwinklig nach links und gehen den Hang hinunter. Bald erreichen wir einen begrünten Fahrweg, biegen nach rechts auf ihn ein und wandern zügig bergab. Rechts wird bald das große Portal der Schweigelhöhle sichtbar, zu dem ein guter Pfad hinaufführt.

Die 40 m tiefe Höhle begeistert mit imposanter Haupthalle, hohem Deckenschlot und versinterten Wänden. Nach der Besichtigung gehen wir den Zustiegspfad wieder hinab und finden rechts einen breiten Fußweg, der durch den Hang abwärts und dann im Rechtsbogen zu einem Sträßchen hinüberführt. Mit **Rotraute** und **Blau-Senkrecht** folgen wir ihm kurz nach links und biegen dann rechts auf einen Wanderweg ab. Nach einem Graben geht es wieder zügig bergan, dann eben am Hang entlang. In einer Senke öffnet sich links der Eingang zur Emmertshöhle. Für Wanderer bietet die 10 m tiefe Eingangsspalte mit ansehnlicher Versinterung reiche Eindrücke, danach ist äußerste Vorsicht angesagt: Nach einer schrägen Rampe folgt ein 12 m tiefer senkrechter Abbruch. Gefahrlosen Naturgenuss bietet dagegen die anschließende bizarr geformte Halbhöhle.

Der Druidenhain: wohl kein Kultplatz, aber sicher ein Kraftort

Kremersberg und Druidenhain

Wir passieren weitere schroffe Felsen, gehen auf breiterem Fahrweg kurz nach links und erreichen eine Wegteilung: Nur noch mit **Rotraute** geht es auf einem Wanderweg rechts zu einer Kuppe hinauf und wieder sanft bergab (links die schroffen Nordabstürze des Kremersbergs). Am Waldrand biegen wir **ohne Mk.** links auf einen begrünten Fahrweg ab und wandern am Fuß des Kremersbergs entlang. Kurz nach Beginn eines Schotterwegs zweigen wir auf einem Fahrweg nach links in den Wald ab, queren auf Pfadspuren nach rechts zum malerischen Blockmeer des Kremersbergs hinüber, gehen auf deutlichem Trampelpfad am Fuß der Felsen entlang und erreichen die eindrucksvoll zerrissenen Westabstürze. Eine Waldschneise bringt uns nach rechts zu einem Parkplatz. Wir überqueren ihn nach links und stoßen auf den rechts abzweigenden Zugangsweg zum Druidenhain, der uns zunächst am Waldrand zu zwei Infotafeln bringt. Danach kommen wir mit Linksschwenk zur Westseite dieses Naturwunders, nach heutiger Auffassung ein freigewittertes Karstwasser-Höhlensystem, im Mittelalter als Sitz von Geistern verrufen. Wir folgen bei der Erkundung am besten zunächst der Mk. **Blau-Senkrecht**, die nach links hineinführt und einen Einblick von oben erlaubt, und gehen dann **ohne Mk.** im Rechtsbogen ins Herz des Druidenhains hinunter: ein malerisches Labyrinth aus Blöcken und Spalten. Vom Westende bringt uns ein breiter Weg wieder rechts zum Waldrand hinaus.

Über den Rackenberg zum Frauenstein

Hier schwenken wir mit **Blau-Senkrecht** (Ww. Trainmeusel) links auf einen unbefestigten Fahrweg ein, der an der Flanke zügig bergan,

Der Frauenstein bietet einen Prachtblick auf Muggendorf.

Malerische Überhänge prägen den Felsengarten der Hahlleite.

dann wieder zu einer Wiese hinabführt. Auf schmalerem Weg geht es links zu einem Fahrweg empor, der uns nach links zu den Abstürzen des **Rackenbergs** bringt: Schaustücke sind eine hohe Wand und eine zerrissene Felsburg (lohnende Abstecher). Unterhalb teilen sich die Wege: Die Mk. leitet uns nach rechts aus dem Wald hinaus, mit Rechtsknick zu einer Straße hinunter, geradeaus auf geteertem Feldweg weiter und auf ihm nach links zu einer Anhöhe mit Prachtblick auf die Felsen jenseits des Wiesenttals hinauf. Hier zweigen wir mit **Grünkreuz** rechts auf einen begrünten Fahrweg ab, der uns zum Waldrand hinüber, am Rastplatz Vogels Ruh vorbei tiefer und dann rechts in den Wald hineinführt. Über den Bergkamm bringt uns der nun schmalere Weg zur Aussichtskanzel am **Frauenstein** hinab: umwerfend der Blick auf Muggendorf und zum Hohlen Berg.

Über die Frauensteinhöhle ins Tal

Von hier geht es links durch die Flanke, über zahlreiche Stufen bergab und mit Blick auf die schroffen Türme des Frauensteins in Kurven zu einem Forstweg hinunter. Auf ihm lohnt ein letzter Abstecher **ohne Mk.** nach links: Nach knapp 100 m erblickt man links den Eingang der **Frauensteinhöhle**. Über Stufen gelangt man hinab und kann ca. 20 m weit in die wild zerklüftete Höhle vordringen, bis Versturzblöcke das Fortkommen erschweren. Zurück am mk. Weg leitet uns **Grünkreuz** über Stufen und Kehren bergab, auf einem Querweg nach rechts, links über Stufen zu einer Scheune hinunter und mit Linksschwenk entlang der Gleise zum Rand von **Muggendorf**. Vor dem Naturparkzentrum (Besuch lohnend) geht man nach rechts über die Wiesentbrücke zur Forchheimer Straße und findet linker Hand die Hst.

KARSTWUNDER BEI GÖSSWEINSTEIN

Breitenberg, Zigeunerloch, Wasserstein und Preßknock

Die bewaldeten Dolomitkuppen zwischen Gößweinstein und Kleingesee verbergen einige der größten Wunder der Alb wie die Höhlen am Breitenberg oder das einzigartige Karst-Ensemble des Wassersteins.

Nach Umrundung des Breitenbergs gelangen wir über die Fellner-Doline und die Heide-Felsengrotte zum imposanten Gößweinsteiner Felsentor, passieren das originelle Zigeunerloch, die schroffen Zauberwände und die Esbachgrund-Nischen und erreichen den Wasserstein mit seinem eleganten Felsentor und der einzigartigen Durchgangshöhle. Die wilden Felswelten von Föhrenstein und Preßknock runden das Programm ab.

Karstwelten am Breitenberg

Von der Hst. beim Gh. zur Post gehen wir an der Straße Richtung Basilika hinauf, biegen aber vor ihr mit der **Mk. des Geo-Rundwegs** links ab und wandern durch ein Tor aus dem historischen Zentrum hinaus und noch ein Stück geradeaus weiter. Bald geht es nach links auf einem Fußweg am Friedhof entlang, mit Prachtblick zurück auf Burg, Basilika und Kreuzberg geradeaus auf einem Schotterweg zu einem Sattel empor und jenseits in ein felsgeschmücktes Tälchen hinab. Bei der Gabelung nach einem Gehöft halten wir uns rechts und schwenken bald darauf rechts auf den geteerten Fuß- und Fahrradweg nach Stadelhofen ein. Nach 150 m leitet uns die Mk. links über die Straße zu einer Wegteilung (Infotafel für Kletterer) hinüber. Wir folgen nun **ohne Mk.** dem linken Schotterweg, der an den imposanten Felsbastionen abwärts und nach Rechtsknick wieder deutlich bergan führt. Bald beherrschen die gewaltigen Nordabstürze des Breitenbergs die Szenerie: Direkt unter ihnen zweigt rechts ein deutlicher Pfad ab, auf dem wir bis zu einem begrünten Felsblock aufsteigen. Bei ihm biegen wir nochmals rechts auf einen verwachsenen Pfad ab, queren auf gleicher Höhe den Hang und wandern dann links zur Westlichen Breitenberghöhle hinauf, die mit wild zerklüfteten Formen begeistert. Zurück am Schotterweg geht es nur 90 m weiter bergauf, dann steht der nächste Abstecher an: Von der Infotafel führt ein steiler Pfad nach rechts zu einem gewaltigen Felsmassiv hinauf, in dem sich die Obere Breitenberghöhle öffnet. Gebückt unter dem Felsblock auf der linken Seite hindurch betritt man die fantastisch zerklüftete Spalte. Von der Infotafel führt uns wieder die vertraute **Geoweg-**

Fast ein perfekter Kreis: das Gößweinsteiner Felsentor

mittel | **12,5 km** | **440/360 Hm** | **4:15 Std.**

Auf einen Blick

Tourencharakter
Wanderung überwiegend durch Waldgebiete (daher laublose/-arme Zeit zu bevorzugen) mit einer einzigartigen Vielfalt spektakulärer Karstphänomene (2 formschöne Felsentore, 2 eindrucksvolle Durchgangshöhlen, 9 Höhlen, imposante Felskessel, Wände und Türme, 1 Doline), meist gute Wege mit nur sanfter Steigung, nur bei den Stichpfaden steile Passagen

Mögliche Tage
Mo-Sa: ganzjährig, So: 1.5.-1.11.

Ausgangspunkt/Anfahrt
Hst. Gößweinstein, Gasthof Zur Post, hierher wahlweise mit Bus 389 von Ebermannstadt oder Pegnitz, Abfahrten wie bei Tour 8, oder mit Bus 222 direkt von Forchheim Bhf./ZOB, Abfahrt **Mo-Fr** 8:10 oder 10:00 Uhr, **Sa** 9:00 oder 11:00 Uhr (Fahrzeit 1 Std.)

Endpunkt/Rückfahrt
Hst. Kleingesee Kirche, von hier entweder zurück nach Gößweinstein (Weiterfahrt von dort wie Tour 8), Abfahrt **Mo-Fr** um 14:36 (Bus 222), 17:02 (222), 17:28 (391), 18:02 (222), 18:45 (219) oder 19:02 Uhr (222), **Sa** um 16:01 Uhr (222) (Fahrzeit 6-8 Min.), **So nur vom 1.5.-1.11.** mit Bus 229 um 14:58, 17:04 oder 19:04 (Abfahrt bei Hst. Kleingesee Mitte an der Straße nach Geschwand), oder direkt nach Forchheim, Abfahrt **Mo-Fr** mit Bus 222 15:14, 17:20 oder 18:20 Uhr, oder nach Gräfenberg (RB 21 nach Nürnberg), Abfahrt **Mo-Fr an Schultagen** mit 219 um 16:45 Uhr (24 Min.), **Sa/So nur vom 1.5.-1.11.** mit 229 um 15:43, 17:43 oder 19:43 Uhr (44 Min.)

Gehzeiten
Obere Breitenberghöhle 0:35 Std. - Fellner Dolinenwand 0:20 Std. - Gößweinsteiner Felsentor 0:25 Std. - Zigeunerloch 0:15 Std. - Esbachgrund-Nischen 0:30 Std. - Wasserstein (mit Rundweg) 0:45 Std. - Föhrensteinturm 0:15 Std. - Allersdorf 0:15 Std. - Preßknock (Halbhöhle) 0:30 Std. - Kleingesee Hst. 0:25 Std.

Beste Jahreszeit
laublose/-arme Zeit im Frühjahr und Spätherbst, im Sommer wegen Dunkelheit/schlechterer Sicht in den Felsregionen nicht voll zu empfehlen

Einkehr
unterwegs keine

Mk. zu einem Sattel hinauf und nach Rechtsknick an schönen Felstürmen vorbei durch die Südflanke des Berges. Wo der Weg zur Fellner-Doline abzweigt, sollte man noch wenige Meter auf dem Schotterweg geradeaus weitergehen: Ein steiler Pfad **ohne Mk.** bringt uns nach rechts an der flachen Südlichen Breitenberghöhle vorbei in den wilden Felskessel der Fellner Dolinenwand hinauf.

Von der Fellner-Doline zum Felsentor

Zurück an der Verzweigung der mk. Route wandern wir auf schmalem Weg rechts zur Fellner-Doline mit dem künstlichen Einstieg in eine der tiefsten Schachthöhlen der Alb (lesenswerte Infos) hinab und an der verwachsenen Doline selbst vorbei zur anderen Talseite hinüber. Hier schwenken wir mit **Grünkreuz** rechts auf einen Feldweg ein, biegen aber schon nach 70 m links auf einen unbefestigten Fahrweg **ohne Mk.** ab, der oberhalb einer Wiese entlangführt. Wo er undeutlich wird, gehen wir am Rand der Wiese entlang weiter und treffen auf einen Pfad, auf dem wir durch Wald wieder zu einem Fahrweg gelangen. Auf ihm geht es links empor zur Wegteilung unterhalb einer imposanten Felskuppe. Zunächst steht ein begeisternder Abstecher an: Mit dem **Terrainweg** (Ww. Felsentor) zweigen wir rechts auf einen Wanderweg ab und gelangen nach sanftem Anstieg zum ersten Highlight: Links oberhalb öffnet sich die wild zerklüftete Halle der Heide-Felsengrotte. Der Weg führt nun steil zu einer Wiese hinunter und über Treppen zum Gößweinsteiner Felsentor hinauf: Man sollte den imposanten Bogen von beiden Seiten inspizieren und ebenso die malerische Spalte an der Ostseite.

Zigeunerloch und Zaubererwände

Zur Wegteilung zurückgekehrt, schwenken wir mit dem **Geo-Rundweg** rechts auf den Schotterweg (Ww. Prügeldorf) ein und folgen der Mk. bergauf bis zur Gabelung bei einer alten Bank. Von hier geht es **ohne Mk.** nach rechts auf dem Fahrweg sanft durch ein Tälchen bergab. Bald heißt es aufgepasst: Wir sehen rechts einen riesigen Felsklotz, gehen auf Pfadspuren an seiner rechten Seite vorbei und steigen steil zu der hohen Felswand oberhalb auf, in der sich ein kleines kreisrundes Loch öffnet. Wer den Kopf hineinsteckt, staunt nicht wenig, dass sich dahinter ausgedehnte Höhlengänge befinden. Die Befahrung des Zigeunerlochs sollte man aber den Höhlenforschern überlassen, für Wanderer hält das wilde Versturzgelände unterhalb Attraktionen bereit: Wir gehen nach rechts durch einen malerischen Felsdurchgang hindurch und gelangen nach links wieder auf den Forstweg hinaus. Auf ihm wandern wir an der Grünen Lernoase vorbei weiter bergab und biegen dann links in die Waldstraße nach Prügeldorf ein, die an der imposanten Felsfront der Zaubererwände entlang wieder an Höhe gewinnt. Wo sie eine Rechtskurve macht, öffnet sich rechts ein gewaltiger Felskessel, den man auf einem Pfad im Linksbogen erkunden sollte.

Karstwunder Wasserstein

Wir folgen nun mit **Grünpunkt** geradeaus weiter dem Sträßchen, das, bald auch mit **Gelbstrich** mk., durch Wald zu einer Kuppe empor und dann über Wiesenflächen zum Rand von Prügeldorf führt. Wir wandern am Dorf vorbei, geradeaus über eine Querstraße hinweg und auf einem Schotterweg in einen idyllischen Wiesengrund hinein. Bald lohnt ein Abste-

Die Obere Breitenberghöhle fesselt mit magischer Raumwirkung.

Hinter der kleinen Öffnung erstreckt sich das wilde Zigeunerloch.

Das Wasserstein-Felsentor zählt zu den elegantesten der Alb.

Auch von oben bietet das Tor einen begeisternden Anblick.

Am kleinen Loch erkennt man das größte Wunder des Wassersteins.

cher: 30 m nach einem Holzmast, der direkt links am Weg steht, führen schwache Pfadspuren links zu den Esbachgrund-Nischen mit zwei formschönen Grotten und malerischem Felsenfenster hinüber. Auf dem Hauptweg erreichen wir nach sanftem Anstieg durch Wald eine Wegteilung (Metallstab): Wo alle Mkn. nach links weisen, biegen wir **ohne Mk.** rechts auf einen begrünten Fahrweg ab, der in sanftem Auf und Ab durch die felsgeschmückte Flanke, am Rand schöner Wiesen entlang und zuletzt steiler zur Einmündung in einen Schotterweg emporführt. Auf ihm wandern wir mit **Gelbstrich** u.a. nach rechts über Freiflächen zum Wald hinüber. Nach leichtem Anstieg erblickt man rechts eine Reihe begrünter Felsen, die nahe an den Weg heranreichen. Unmittelbar vor ihnen führen deutliche Wegspuren **ohne Mk.** rechts bergab, unterhalb der Felsen entlang und nach links in das Zentrum des Wassersteins hinauf: Staunend stehen wir vor einem der filigransten Felsentore der Alb. Doch es warten noch weitere Wunder auf uns. Wir gehen auf dem Anstiegsweg wieder etwas bergab und dann im Linksbogen direkt am Fuß der Felsen entlang. Nach einer kleinen Spalthöhle und einem riesigen überhängenden Turm geht es wieder deutlich bergauf, an einer weiteren Spalthöhle vorbei und durch eine malerische Durchgangshöhle hindurch. Nach ihr queren wir stets auf gleicher Höhe den Hang unterhalb der Felsen, steigen nach links durch eine enge Felsklamm auf und erreichen nach erneutem Linksknick das originellste Gebilde, erkennbar durch ein Loch am Wandfuß. Ein Pfad (alte Mk. Schwarzpunkt) führt nach links unter einem Überhang empor und in eine faszinierende Durchgangshöhle hinein: Wir betreten ein einzigartiges Gebilde mit etwa zehn Felsbögen und Felsenfenstern und großem Aussichtsbalkon links. Zurück an seinem Fuß bringt uns eine deutliche Schneise halb rechts zum **Gelbstrich**-Weg zurück.

Im Inneren fesselt die Durchgangshöhle mit 10 Bögen und Fenstern.

Über den Föhrenstein nach Allersdorf

Wir folgen dem mk. Weg aber nur kurz nach rechts, bis rechts ein idyllischer Weiher auftaucht. Genau gegenüber zweigen wir links auf einen breiten Weg **ohne Mk.** ab, halten uns bei einer Gabelung nochmals links und steigen zur imposanten Felskette des Föhrensteins auf. Ein Stichpfad bringt uns zu ihrem linken Ende mit der wild zerklüfteten Föhrenstein-Durchgangshöhle hinauf. Zurück auf dem breiten Weg wandern wir noch kurz steil bergan, dann unter den schroffen Südwänden entlang. Bald beherrscht vor uns der riesige Föhrensteinturm das Bild. Auf dem Fahrweg geht es nun ein Stück abwärts, bis vor einem ca. 1,5 m hohen begrünten Block ein Pfad nach links abzweigt. Er führt uns am Turm entlang zu seinem Schaustück, einem gewaltigen Überhang, der an einen Schiffsbug erinnert. Von hier steigen wir auf Pfadspuren den Hang hinab und treffen auf einen Forstweg: Auf ihm wandern wir nach rechts durch die Flanke, dann mit Linksschwenk zu zwei Scheunen am Waldrand hinunter. Dort beginnt ein Fahrweg, der uns halb links über den Grund und im Bogen nach Allersdorf hinaufführt. Im Ort gehen wir auf der Hauptstraße geradeaus weiter, rechts an einem Haus mit Ww. nach Gößweinstein vorbei und geradeaus in eine Seitenstraße (Ww. Campingplatz) hinein. Zwischen zwei Häusern hindurch erreichen wir einen Ww. nach Kleingesee, wandern mit **Blauring** zum Waldrand und halten uns dort links.

Über den Preßknock nach Kleingesee

Wo der Fahrweg in den Wald hineinführt, biegen wir links auf einen Wanderweg ab. Weiter mit Blauring geht es in mehrfachem Wechsel zwischen Wald und Waldrand unter den Abstürzen der Rabenleite entlang, zuletzt zu einem Sattel hinauf. Wo der Weg zu fallen beginnt, zweigen wir spitzwinklig links ab, gehen zu einem Metallstab hinüber und folgen nun der Mk. **Rotring**. Bei einer Gabelung wählen wir den rechten Weg, der uns direkt an die gewaltigen Abstürze des Preßknocks heranführt (kurzer Stichpfad zu einer imposanten Wand). Es folgt eine herrliche Promenade unter hohen, wild gezackten Massiven; lohnende kurze Abstecher führen zu einer pittoresken Halbhöhle und zwei Kleinhöhlen hinauf. Wo der mk. Weg aus dem Wald hinausführt, gehen wir **ohne Mk.** rechts am Waldrand weiter und halb links zur Straße Am Preßknock hinüber. Sie bringt uns im Linksbogen zur Weinstraße, auf der wir nach rechts zur Hauptstraße gelangen. An ihr liegt wenige Meter weiter rechts die Hst. Kleingesee Kirche.

ALPINE WEGE UND SCHAUFREUDEN

12

Felsensteig, Quellkammer, Schlossberg-Aussicht und Altengrund

Südlich der Püttlach zwischen Pottenstein und Tüchersfeld besuchen wir einen der schönsten Felsenwege der Alb, eine Schlucht mit zwei wilden Höhlen, eine große Schaukanzel und ein urtümliches Felsental.

Nach Begehung des Alpinen Steiges mit seinen Spalten und Durchgängen und einer traumhaften Felspromenade geht es durch eine malerische Schlucht, vorbei an den Höhlen Quellkammer und Kühloch, zur ebenso vergessenen wie begeisternden Schlossberg-Aussicht hinauf. Von der Hochfläche um Hühnerloh und Bösenbirkig gelangen wir durch den wilden Altengrund wieder ins Tal.

Gut gebaute Wege am Felsensteig

Abenteuer auf dem Felsensteig

Von der Hst. an der B 470 folgen wir kurz der Straße Richtung Ebermannstadt, bis links bei einer Wegtafel ein Teerweg abzweigt. Mit dem **Frankenweg** geht es mit schönem Talblick zügig bergan, dann rechts mit leichtem Gefälle zur Ev. Kirche hinüber. Kurz hinter ihr teilen sich die Wege: Während alle anderen Mkn. wieder ins Tal führen, wandern wir mit dem Frankenweg und dem Ziel »Alpiner Steig« geradeaus weiter. Vor dem letzten Haus zweigt links ein schmaler Pfad ab: Über Stufen geht es steil bergan (Prachtblick in den Pottensteiner Talkessel), eben unter einem imposant überhängenden Massiv entlang (Drahtseil), dann über Stufen in einen malerischen Felseinschnitt hinauf. Wenige Meter weiter lohnt ein Abstecher: Durch das Nadelöhr, eine nur gebückt begehbare Durchgangshöhle erreichen wir nach rechts ein wildes Felsrevier mit engen Spalten und gewaltigen Überhängen. Wieder auf dem Frankenweg gelangen wir zu einem Massiv mit zerklüfteten Spalthöhlen, steigen über Stufen ab (links eine riesige schräge Felsplatte) und durchqueren ein von tonnenschweren Blöcken gebildetes Tor – ein absolutes Highlight. Weiter geht es durch Wald sanft bergab, bei einer Gabelung links zu einer felsigen Kuppe hinauf und an einer imposanten Wand entlang über Stufen zu einem Forstweg hinunter. Ihm folgen wir kurz nach links und biegen dann rechts auf einen Wanderweg ab. Mit

Durch das Nadelöhr gelangt man in fantastisches Felsgelände.

| mittel | 8,5 km | 375/405 Hm | 3:15 Std. |

Auf einen Blick

Tourencharakter
Wanderung über einen der schönsten Felsensteige, durch eine Schlucht mit malerischen Höhlen, zu einem großartigen Aussichtspunkt und durch ein vergessenes Felsental, fast durchgehend gute, aber längere Zeit unmarkierte Wege (Orientierung problemlos) mit sanften Steigungen, nur Zustieg zur Quellkammer sehr steil

Mögliche Tage
Mo-So: ganzjährig

Ausgangspunkt/Anfahrt
Hst. Pottenstein B470, hierher mit Bus 389 von Pegnitz Bhf. oder Ebermannstadt Bhf., Abfahrt von Pegnitz im **Winter** (2.11.-30.4.) **Mo-Fr** um 8:13 Uhr, **Sa** um 7:43 oder 11:43, **So** um 8:43 oder 11:43 Uhr, im **Sommer** (1.5.-1.11.) **Mo-Fr** um 8:13 oder 10:43, **Sa/So** um 7:43, 9:43 oder 11:43 (Fahrzeit 25 Min.), Abfahrt von Ebermannstadt im **Winter Mo-Fr** um 8:30, **Sa/So** um 10:02 Uhr, im **Sommer Mo-Fr** um 8:30 oder 10:30, **Sa/So** 10:02 oder 12:02 Uhr (39-41 Min.)

Endpunkt/Rückfahrt
Hst. Tüchersfeld, von hier mit Bus 389 zurück nach (Pottenstein und) Pegnitz, Abfahrt im **Winter Mo-Fr** 14:41 oder 17:46, **Sa/So** 14:36 oder 18:36 Uhr, im **Sommer Mo-Fr** stdl. (um x:41 Uhr), **Sa/So** 14:36, 16:46 oder 18:46 Uhr, oder nach Ebermannstadt, Abfahrt im **Winter Mo-Fr** 14:15 oder 16:16, **Sa/So** 16:15 Uhr, im **Sommer Mo-Fr** stdl. (um x:11-16 Uhr), **Sa/So** 14:15, 16:15 oder 18:15 Uhr

Gehzeiten
Felsensteig (Nadelöhr) 0:20 Std. – Schwarzes Riff 0:20 Std. – Trockauer Wand 0:20 Std. – Quellkammer 0:10 Std. – Kühloch 0:05 Std. – Schlossberg-Aussicht 0:30 Std. – Bösenbirkig 0:35 Std. – Altengrund Engpass 0:35 Std. – Tüchersfeld Hst. 0:20 Std.

Beste Jahreszeit
ganzjährig reizvoll (tiefere Höhlen nur 1.4.-30.9.)

Einkehr
unterwegs keine

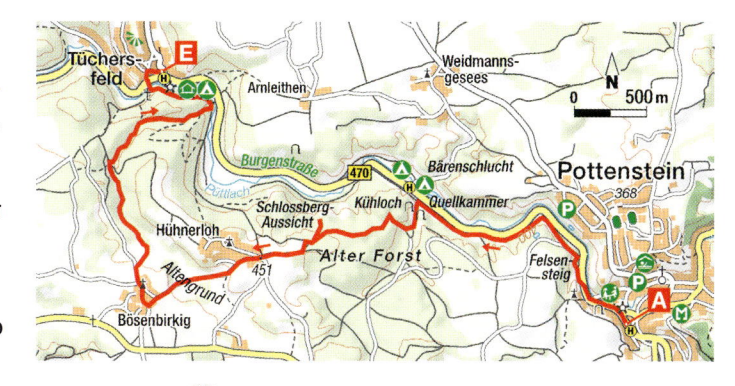

sanftem Gefälle wandern wir an einer langen Felsfront mit markanter Hohlkehle entlang und stehen dann vor dem Eckpfeiler des Schwarzen Riffs mit riesigem Überhang und aus Blöcken gebildetem Felsentor, an den sich eine hohe Felsreihe mit malerischen Halbhöhlen anschließt. Nach einer Aussichtsplattform mit schönem Talblick führt der Weg in Kehren tiefer, zuletzt nahe an die B 470 heran. Wo er wieder ansteigt, zeigt sich ein weiteres Highlight: Deutliche Pfade führen links zum schlanken Püttlacher Turm hinauf. 100 m weiter steht der nächste Abstecher an: Ein Klettererpfad ermöglicht links den Aufstieg zur gewaltigen Trockauer Wand mit malerischen Überhängen und Einkerbungen.

Schluchtweg und Höhlenzauber

Zurück auf dem mk. Weg folgt bald die entscheidende Abzweigung: Wir biegen links ab und wandern mit **Blauring** auf breitem Weg in die malerische Schlucht zwischen Weidener Wand und Erinnerungswand hinein. Links oben am Hang erkennt man das Portal der Quellkammer. Es lohnt, sehr steil in Kehren (**ohne Mk.**) zu dieser Höhle aufzusteigen, die durch bizarre Raumstruktur und leichte Versinterung begeistert. Nach dem Abstieg steht der nächste Abstecher an: Genau gegenüber führt ein weniger steiler Pfad zum imposanten Portal des Kühlochs hinauf, das als flacher werdender Gang noch weit in den Berg führt.

Zur Schlossberg-Aussicht

Nach der Besichtigung wandern wir mit **Blauring** durch einen malerischen Engpass weiter, an pittoresken Halbhöhlen auf der linken Seite vorbei (lohnende Abstecher), dann bei einer Gabelung auf begrüntem Fahrweg rechts bergauf. Auf einem breiten Forstweg geht es ein Stück weiter aufwärts, dann zweigt links ein Wanderweg ab, der uns zu einer Kuppe hinaufbringt. Hier halten wir uns rechts und wandern auf begrüntem Fahrweg an der Hangkante entlang. Nun heißt es aufgepasst: An einem Baum sehen wir untereinander die Mkn. Grün- und Blauring. Direkt nach ihm zweigt rechts ein unscheinbarer Pfad **ohne Mk.** ab, der sanft fallend zu einer felsigen Kuppe hinüber, an ihrer linken Seite zu einem Felsturm und unter ihm vorbei zur Schlossberg-Aussicht führt: umwerfend der Blick ins Tal, auf die Felsen der Bärenschlucht und zu den Kuppen im O.

Über Hühnerloh nach Bösenbirkig

Zurück auf dem mk. Weg folgt man dem begrünten Fahrweg immer rechtshaltend bis zu einer Wegteilung am Waldrand: **Blauring** führt uns nach links, mit Rechtsschwenk an einer Schonung entlang und dann auf einem

Einen Höhepunkt des Felsensteigs bildet dieser Durchgang.

An der Schlossberg-Aussicht: Prachtblick Richtung Bärenschlucht

Auf dem Felsensteig fesseln gewaltige Überhänge die Blicke.

Fränkische-Schweiz-Museum

Die relative kurze Wanderung lässt sich gut mit einem Besuch des Fränkische-Schweiz-Museums im malerischen Ensemble des Judenhofs auf der Felsenburg Tüchersfeld verbinden: Wenn man (statt rechts zur Hst.) geradeaus den steilen Teerweg links der Felstürme hinaufgeht, gelangt man direkt zum Eingang. Die interessanten Sammlungen zur Geologie, Urzeit (Fossilien), Vor- und Frühgeschichte, zum Alltagsleben und Brauchtum früherer Epochen sowie zum jüdischen Leben (Synagoge des 18. Jh.) lohnen ebenso den Besuch wie die wechselnden Sonderausstellungen. Darüber, was hier aktuell geboten wird, und über die gültigen Öffnungszeiten (derzeit von April bis Oktober täglich, im übrigen Jahr nur So Nachmittag) informiert man sich am besten auf fsmt.de.

Der wilde Altengrund endet mit einem malerischen Durchgang.

Schotterweg rechts zum Ortsrand von **Hühnerloh**. Wir gehen mit **Blau-Senkrecht** halb rechts zur Wegteilung vor einer Wandertafel hinüber und zweigen links auf den Wallfahrerweg ab. Der Schotterweg führt in einen idyllischen Wiesengrund hinunter und jenseits wieder nach **Bösenbirkig** hinauf. Wir schwenken rechts auf die Ortsstraße ein, gehen im Rechtsbogen ins Zentrum hinunter und nach der Kapelle kurz nach links.

Durch den urweltlichen Altengrund nach Tüchersfeld

Nach dem letzten Haus biegen wir rechts auf einen Schotterweg **ohne Mk.** ab und wandern kurz bergab, bis wir linker Hand einen Weiher erreichen. Genau gegenüber zweigt rechts ein begrünter Fahrweg ab, der uns über Wiesen, im Linksbogen am Waldrand entlang und dann in den Wald hineinführt. Bei einer Gabelung halten wir uns rechts und dringen auf der linken Talseite, unter pittoresken Felsgruppen vorbei, in die Urwelt des **Altengrunds** ein. Zuletzt führen Fahrspuren rechts zum **Blauring-Weg** hinüber, dem wir aber nur kurz nach links bis zu einer Kreuzung folgen. Hier biegen wir rechts **ohne Mk.** auf einen unbefestigten Fahrweg ab, der durch den unteren Teil des Tals sanft bergab führt. Die Kulisse wird immer spektakulärer: Nach einem dolinenartigen Einbruchkessel folgt ein malerischer Engpass zwischen einer hohen Felswand und einem bizarr überhängenden Massiv. Durch wildes Bruchgelände erreichen wir bald den

Die Quellkammer begeistert mit ihren bizarren Formen.

Nahe der Marienkapelle: Traumblick auf die Tüchersfelder Türme

Campingplatz Tüchersfeld und mit Linksschwenk eine Wegteilung. Mit **Rotkreuz** u.a. wandern wir links zu den Garagen hinüber, gewinnen über Stufen an Höhe und queren dann die Flanke des Püttlachtals: malerisch die Durchblicke zur Tüchersfelder Wand. An einem zerrissenen Felsmassiv vorbei geht es hinab zur Marienkapelle, wo der Blick auf Judenhof und Tüchersfelder Türme frei wird. Auf breitem Weg gelangen wir nach rechts über die Püttlach zur B 470, wandern geradeaus in den Ort, zuletzt auf der ersten Querstraße rechts am Fuß der Türme zur Hst. hinüber.

HÖHLENZAUBER UND WEITE FERNSICHT
13
Von Schüttersmühle über Püttlachtal und Hollenberg nach Pegnitz

Nur der ÖPNV ermöglicht es, die Felsenwunder um die Schüttersmühle-Klufthöhle, das großartige obere Püttlachtal und die Felswelten und Schaukanzeln bei Hollenberg und Pegnitz an einem Tag zu genießen.

Aus dem Zauberreich um Schüttersmühle steigen wir nach Elbersberg auf, über das schaurige Windloch hinab ins felsenreiche Püttlachtal, dann wieder empor zur versteckten Hollenberger Wand mit ihrer Durchgangshöhle und zur Burgruine Hollenberg. Über die Felsengärten von Burgstall und Weihanger erreichen wir den Langen Berg bei Pegnitz, wo mit der tiefen Voithshöhle, der bizarren Tabakspfeife und dem Panorama vom Schlossberg weitere große Highlights warten.

Naturwunder um Schüttersmühle

Schon unser Ausgangspunkt wartet mit großen Attraktionen auf, denen jeder, der neu in diesem Gebiet ist, einen Besuch abstatten sollte: Man wandert dazu von der Hst. links zur Abzweigung hinüber und ein Stück die Straße nach Kirchenbirkig hinauf, wo sich der schönste Blick auf die einmalige Felsgestalt des **Weiherstaler Männchens** bietet. Von hier geht es wieder zur Abzweigung hinab, kurz vor ihr aber nach links mit **MD-Weg** über eine Metallbrücke und Steinstufen abwärts und wenige Meter weiter, bis links ein steiler Pfad in das gewaltige Felsenrund des **Amphitheaters** hinaufführt. Nach links gelangt man durch eine Tunnelhöhle zu einem Aussichtspunkt mit Prachtblick auf die Felskulisse ringsum. Zurück am MD-Weg lohnt es, noch 30 m weiter talab zu gehen: Ein bequemer Pfad leitet links zum bizarren Nordteil des Amphitheaters empor. Wir kehren nun zur Hst. zurück, gehen kurz an der Straße entlang weiter Richtung Pottenstein und biegen dann mit **Rotpunkt** u.a. spitzwinklig rechts auf einen Wanderweg (Ww. Elbersberg) ab, der am Hang ansteigt, dann in Kehren an Höhe gewinnt. Kurz nach der 6. Kehre gilt es, die Abzweigung zu einem großen Naturwunder nicht zu verpassen: Auf deutlichem Pfad **ohne Mk.** wandern wir nach links eben durch den Hang, passieren einen fantastischen engen Felsdurchgang unter einem waagrechten Überhang und steigen über Felsstufen zum eindrucksvollen Portal der **Schüttersmühle-Klufthöhle** auf: Die hohe, malerisch versinterte Spalte führt ca. 25 m in den Berg und begeistert mit magischen Lichtstimmungen. Zurück am **Rotpunkt**-Weg geht es weiter bergauf bis zur Einmündung in einen breite-

mittel | 18 km | 645/600 Hm | 5:45 Std.

Auf einen Blick

Tourencharakter
Wanderung zu drei großen Aussichtspunkten, durch ein malerisches Felsental und über vielgestaltige Hochflächen zu begeisternden Naturwundern (4 Felsentore und Durchgänge, 2 tiefe Ganghöhlen, 1 Schachthöhle, spektakuläre Felstürme, Wände und Kessel), durchgehend gute Wege, im Mittelteil über längere Strecken ohne Mk.

Mögliche Tage
Mo-So: ganzjährig

Ausgangspunkt/Anfahrt
Hst. Schüttersmühle B 470, hierher mit Bus 389, Abfahrt vom Bhf. Pegnitz im **Winter** (2.11.-30.4.) **Mo-Fr** um 8:13 Uhr, **Sa** um 7:43 oder 11:43, **So** um 8:43 oder 11:43 Uhr, im **Sommer** (1.5.-1.11.) **Mo-Fr** um 8:13 oder 10:43, **Sa/So** um 7:43, 9:43 oder 11:43 (Fahrzeit 21 Min.).

Endpunkt/Rückfahrt
Bhf. Pegnitz, von hier halbstdl. (um x:45/46 oder x:18/19 Uhr) mit RE nach Nürnberg Hbf. oder nach Bayreuth (um x:43/44 oder x:16 Uhr).

Gehzeiten
Schüttersmühle-Klufthöhle (n. Abstechern) 0:25 Std. - Elbersberger Kapelle 0:40 Std. - Windloch 0:25 Std. - Püttlachtal (hohe Wand) 0:25 Std. - Hollenberger Durchgangshöhle 0:40 Std. - Ruine Hollenberg 0:15 Std. - Körbeldorf 0:30 Std. - Burgstall 0:20 Std. - Weihanger 0:40 Std. - Voithshöhle 0:15 Std. - Tabakspfeife 0:05 Std. - Schlossberg (Turm) 0:25 Std. - Pegnitz Bhf. 0:40 Std.

Beste Jahreszeit
ganzjährig reizvoll (Voithshöhle laut Schild nur 1.5.-30.9.)

Einkehr
Bergstation Hollenberg (Imbiss), Tel. 09241/21 49, Gh. Grellner in Körbeldorf, Tel. 09241/36 61

Höhlenzauber in der engen Spalte der Schüttersmühle-Klufthöhle

ren Hangweg. Hier steht der nächste Abstecher an: Der ehemalige Promenadenweg der Romantik führt uns **ohne Mk.** nach links an imposanten Felsklötzen vorbei zu einer Schaukanzel mit atemberaubendem Blick auf Schüttersmühle, Amphitheater und Männchen.

Über die Hochfläche zum Windloch

Zurück am mk. Weg geht es mit **Rotpunkt** u.a. auf breitem Weg weiter bergauf und nach Rechtsknick auf einem Fahrweg über die weite Hochfläche zum Rand von **Elbersberg** empor. Die Mk. leitet uns an der Kirche vorbei durch den Ort, geradeaus über den Kreisel beim Feuerwehrhaus hinweg und auf dem Kapellenweg über eine Senke, am Gh. Kapellenhof vorbei, hinauf zur **Elbersberger Kapelle**. Hier schwenken wir, weiter mit Rotpunkt, rechtwinklig nach rechts und wandern auf einem Schotterweg mit schöner Fernsicht am Rand der Hochfläche entlang. Bald passieren wir ein Kruzifix und erreichen 10 m nach ihm die entscheidende Abzweigung: Wir biegen links auf einen Feldweg **ohne Mk.** ab, der an zwei Holzscheunen vorbei zum Waldrand führt. Bei einer dritten Scheune wandern wir nach rechts auf unbefestigtem Fahrweg in den Wald hinein. Dort teilen sich erneut die Wege: Wir wählen den rechten Weg, halten uns nach sanftem Anstieg nochmals rechts und folgen immer dem Hauptweg. Bei einer weiteren Gabelung geht es links auf dem schmaleren Weg weiter, dann im Linksbogen bergab. Links erblicken wir eine malerisch durchlöcherte Felswand mit dem Eingang zur Jubiläumshöhle (nur für Höhlenkundige!), kurz danach stehen wir vor dem schaurigen, ca. 15 m tiefen Abgrund des **Elbersberger Windlochs** (Vorsicht!).

Über das Püttlachtal zur Hollenberger Durchgangshöhle

Von der Höhle steigen wir im Bogen zu einer dreifachen Wegteilung ab und wählen dort den Weg ganz rechts (grüner Pfeil), der leicht ansteigend die felsgeschmückte Flanke quert. Bei Einmündung in einen unbefestigten Fahrweg geht es links weiter, in leichtem Auf und Ab durch die Hänge des Püttlachtals, dann deutlich bergab und unterhalb eines schroffen Massivs im Rechtsbogen in ein Seitental hinein. Wo rechts eine bemooste Felsrippe bis zum Weg herabreicht, zweigt links zwischen zwei Bäumen mit grünen Klecksen ein deutlicher Pfad ab, der uns in Kehren zum Talgrund hinab und jenseits zu einem mk. Weg hinüberbringt. Mit **Gelbstrich** u.a. gelangen wir nach links zu einer Gabelung, halten uns rechts und wandern auf breitem Fahrweg unter imposanten Felsbastionen entlang. Bei Einmündung in einem Schotterweg schwenken wir nach links

Zwergenhöhle

Absolut trittsicheren Wanderern sei (bei genügend Zeit) der Abstecher zur Zwergenhöhle ans Herz gelegt. Von dem genannten Sattel (Info zu Burg Hollenberg) geht es rechts mit dem Fr. Gebirgsweg kurz bergab, dann auf einem links abzweigenden Pfad (Ww.) äußerst steil über Wurzelstufen und durch eine Felsrinne zur Höhle hinauf, die mit ihrem einmaligen zinnenbekrönten Portal und einem tiefen, leicht versinterten Gang begeistert (mit Besichtigung ca. 0:40 Std. mehr).

Am alten Romantikweg: Traumblick auf Amphitheater und Männchen

Im oberen Püttlachtal passiert man gewaltige Felswände.

Enger Durchgang im Felsengarten des Weihangers

Die malerische Durchgangshöhle in der Hollenberger Wand

Über Körbeldorf ragt die hohe Kuppe des Kl. Kulm auf.

Ein malerischer Überhang direkt am Püttlachtalweg

und durchqueren einen der eindrucksvollen Abschnitte des Püttlachtals: Nach einem malerischen Felsdach fesselt eine riesige Felswand direkt am Weg unsere Blicke. Etwa 350 m nach ihr folgt die entscheidende Abzweigung: Mit dem **Fränk. Gebirgsweg** u.a. biegen wir spitzwinklig rechts auf einen unbefestigten Fahrweg ab, der zügig berganführt. Die Mk. leitet uns geradeaus über eine Forststraße hinweg, über malerische Wiesen sanft bergauf, kurz durch Wald, dann über die aussichtsreichen Wiesenflächen des Gürteltals. Am gegenüberliegenden Rand geht es links bergan, mit Rechtsknick in den Wald, zuletzt auf einem Schotterweg nach links. Kurz bevor dieser auf Wiesen hinausführt, steht ein begeisternder Abstecher an: Wir wandern nach links auf unbefestigtem Fahrweg **ohne Mk.** sanft bergan und steigen dann auf einem rechts abzweigenden Weg zur Hollenberger Wand auf: Vor uns erhebt sich ein imposantes dreigipfliges Massiv mit malerischer Durchgangshöhle rechts, zu deren Rückseite man in einem nach rechts ausholenden Bogen aufsteigen kann.

Schaufreuden bei Hollenberg

Zurück am mk. Weg heißt es aufgepasst: Wir folgen nicht dem Schotterweg, sondern gehen mit **Fränk. Gebirgsweg** u.a. geradeaus auf einem Fußweg zu einem Markierungspfahl hinüber und gelangen durch einen pittoresken Felsdurchgang zur Bergstation Hollenberg. Kurz vor ihr führt ein Pfad rechts zu einem Sattel hinauf (Abstecher nach rechts zur Zwergenhöhle: s. Tipp) und weiter über Stufen zum Gipfel des Schlossbergs mit der Burgruine Hollenberg empor, von der man prachtvolle Fernsicht nach S und W genießt. Zurück an der Raststation schwenken wir mit **Rotpunkt** nach rechts, wandern geradeaus durch den Ort, dann vor einem Parkplatz links auf einem Schotterweg zu einer Kapelle hinüber. Vor ihr biegen wir rechts ab, steigen auf

Weit schweift der Blick von der Ruine Hollenberg in die Ferne.

unbefestigtem Fahrweg bergan und gelangen nach Linksschwenk zur Einmündung in einen Wanderweg. Auf ihm geht es nach rechts weiter, dann auf befestigtem Fahrweg unterhalb der leider stark eingewachsenen Felsburg des Gothensteins entlang und im Rechtsbogen zum Rand von Körbeldorf hinab.

Burgstall und Felsengarten

Wir biegen rechts auf die Hauptstraße ein und wandern an ihr entlang **ohne Mk.** wieder aus dem Dorf hinaus (Richtung Hollenberg). Nach 250 m heißt es aufgepasst: Ein links abzweigender, anfangs geteerter, später gepflasterter Feldweg führt zu einer mittelhohen Felsgruppe hinauf, dann als begrünter Fahrweg am Waldrand weiter bergan und mit Rechtsknick in den Wald hinein. Felsenfreunde können bei Holzstapeln nach links auf einem Stichweg zu den imposanten Nordabstürzen des Burgstalls aufsteigen. Unser Hauptweg führt bei den Stapeln aber geradeaus durch den Hang weiter und nach einer kleinen

Senke zur wild zerklüfteten Felsflucht am Südhang des Berges hinauf. Nach einer Linksbiegung folgt der spektakulärste Teil: Pfadspuren führen links zu einem imposanten Felsen mit zwei Hohlkerben hinauf. Der Hauptweg führt an weiteren Felsen entlang, über eine Schneise mit einer Stromleitung hinweg und mündet dann in einen breiteren Fahrweg. Hier geht es links zu einer Kuppe hinauf, dann kurz nach rechts über den Bergrücken, bis links ein Fahrweg zu einer Scheune am Waldrand hinunterführt. Mit Prachtblick auf Körbeldorf und die Kuppe des Kl. Kulm gelangen wir auf ihm zu einer Straße und folgen ihr 140 m nach links. Dann zweigen wir mit **Blaupunkt** rechts auf einen Teerweg ab, der bald unter der A 9 hindurchführt. Jenseits teilen sich die Wege: Mit der Mk. geht es rechts auf einem Pflasterweg zu einem Sattel hinauf, in ein idyllisches Tal hinab, auf einem rechts abzweigenden unbefestigten Fahrweg kurz bergan und nochmals rechts auf einem Wanderweg durch Wald empor, an einem Massiv mit bizarren Auswaschungen und Überhängen vorbei. Mit Prachtblick zum Langen Berg wandern wir am Waldrand weiter, bis ein weiterer Abstecher ansteht: Ein begrünter Fahrweg führt rechts in den Felsengarten am Weihanger mit Magerrasen und malerischem Felsdurchgang auf der rechten Seite hinauf.

Voithshöhle und Tabakspfeife

Zurück am Hauptweg leitet uns die Mk. mit Linksknick zu einer Straße hinab, 30 m nach links an ihr entlang und wieder links auf einem Schotterweg in den Grund am Fuß des Langen Berges hinunter. Am Waldrand zweigt rechts ein Wanderweg ab, der bald mit Linksschwenk in den Wald hineinführt und an der Flanke des Langen Berges stetig an Höhe gewinnt. Bald öffnet sich rechts das Portal der Voithshöhle: An die imposante Halle schließen sich bizarr zerklüftete, teils ansehnlich versinterte Seitengrotten an. Nach stärkerem Anstieg teilen sich die Wege: Wir wandern nun mit **Rotkreuz** u.a. geradeaus auf dem Wanderweg in malerisches Felsgelände empor, wo ein großartiger Abstecher ansteht. Im Weg ist ein Steinquader mit der Aufschrift »Grenzpunkt« eingelassen: 2 m weiter zweigt rechts ein deutlicher Pfad **ohne Mk.** ab und bringt uns über eine kleine Kehre links am Massiv entlang zum gewaltigen Felsturm der Tabakspfeife hinauf, die von beiden Seiten mit schönem Felsentor und zwei Felsenfenstern begeistert. Zurück am mk. Weg leitet uns **Rotkreuz** an imposanten Felsen entlang zur Kammhöhe empor und stets geradeaus teils über den Bergrücken, teils durch die Flanke zu einem Wiesensattel am Fuß des Pegnitzer Schlossbergs.

Über den Schlossberg nach Pegnitz

Bei der Wegteilung nach dem Waldkindergarten könnte man mit der Mk. mit Rechtsschwenk direkt nach Pegnitz absteigen, schöner ist der Umweg über den Gipfel: Wir steigen auf einem Fahrweg **ohne Mk.** geradeaus bergan, halten uns bei einer Gabelung links (Ww.) und erreichen nach Linksknick den Aussichtsturm: Nach 97 Stufen genießt man einen wundervollen Rundblick über die Stadt und in die Ferne. Vom Turm gehen wir ca. 130 m zurück und biegen dann spitzwinklig links auf einen Fußweg ab: Auf ihm steigen wir zu einer Wegteilung ab, schwenken dort scharf nach rechts und kommen stets geradeaus durch die Flanke zum mk. Weg zurück. Mit **Rotkreuz** u.a. geht es, bei einer Gabelung links abzweigend, sanft bergab, nach den Bierkellern über eine Treppe hinunter, dann nach dem Gefallenendenkmal spitzwinklig rechts abwärts (Bank mit Prachtblick auf die Stadt). Über Stufen erreichen wir die Umgehungsstraße von Pegnitz, überqueren sie und steigen mit Linksknick zum Marktplatz mit dem historischen Rathaus auf. Nach Überquerung der Badstraße biegen wir bei der Sparkasse links in den Bahnhofsteig ein, unterqueren die Bahn durch einen Fußgängertunnel und erreichen nach links über die Bahnhofstraße bald den Bhf.

Die wilden Türme bei Schüttersmühle

Hinter dem Portal der Voithshöhle erstrecken sich große Hallen.

Doppelter Überhang am Burgstall

Die Tabakspfeife begeistert mit Felsenfenster und Felsentor.

IDYLLISCHE TÄLER UND WILDE FELSWELTEN

14 Von Leutenbach über Hundshaupten nach Egloffstein

Schaufreuden am Anfang und Ende der Tour bieten der Blick zur Ehrenbürg und die Felswelten bei Burg Egloffstein. Dazwischen erleben wir wildschöne Natur um Erbesbühl, Hutzelturm und Altes Schloss.

Durch die malerische Seebachschlucht kommen wir zur wilden Felsburg des Erbesbühls, dann über die weite Hochfläche zu Schloss Hundshaupten und an schroffen Türmen vorbei zum Wildpark hinunter. Nach dem Gegenanstieg wartet die vergessene Schaukanzel des Alten Schlosses auf uns, ehe die gewaltige Frauenhöhle, der Traumblick vom Wilhelmsfelsen und das malerische Egloffsteiner Felsentor den krönenden Abschluss der Tour bilden.

Aufstieg durch die Seebachschlucht

Von der Hst. Leutenbach Ort gehen wir wenige Meter zur Hauptkreuzung zurück und biegen dann links auf die Dorfstraße (Richtung Kirchehrenbach) ab. Gegenüber dem Gh. Rumpler zweigen wir mit **Rotring** rechts in die Mühlgasse ein und wandern an einem Bach mit kleinen Sinterstufen sanft bergauf. Bald kommt (von links) die Mk. des **IFS-Wegs** (rot-weiß diagonal) hinzu, der wir längere Zeit folgen. Sie führt uns wenig später nach rechts auf einem Wanderweg steiler aufwärts. Nach 70 m Aufstieg lohnt ein Abstecher: Ein Fußweg **ohne Mk.** bringt uns nach rechts an einem Zaun entlang zu einer idyllischen Wiese mit Prachtblick zur Ehrenbürg. Wieder auf dem **IFS-Weg** geht es steil zu einer Forststraße hinauf und auf ihr nach links mit leichter Steigung in das felsenreiche Seebachtal hinein. Bald ist der Talboden mit einer dreifachen Wegteilung erreicht; Felsenfreunde können hier auf dem rechts abzweigenden begrünten (im Sommer leider meist verwachsenen) Fahrweg das Felsrevier des Roßsprungs mit wilden Türmen, Kegeln und Blöcken erkunden (Mehrbedarf ca. 0:20 Std.). Unsere Hauptroute führt jedoch als schmaler Weg geradeaus im Talgrund weiter (links blühen im zeitigen Frühjahr zahlreiche Märzenbecher) und dann deutlich ansteigend an der

Wilde Felsenwelt in der Seebachschlucht

Am Wilhelmsfelsen: Traumblick auf Egloffstein und seine Burg

| leicht | 14 km | 460/435 Hm | 4:30 Std. |

Auf einen Blick

Tourencharakter
Aussichtsreiche Wanderung an Talhängen, durch eine Schlucht und über malerische Hochflächen zu imposanten Felsrevieren, 2 begeisternden Aussichtspunkten, einem Felsentor und einer großen Höhle, durchgehend gute, nur mäßig steile Wege, im Mittelteil einige Zeit ohne Mk.

Mögliche Tage
Mo-Fr: ganzjährig, Sa: bevorzugt 1.5.-1.11.

Ausgangspunkt/Anfahrt
Hst. Leutenbach Ort, hierher mit Bus 223 wahlweise von Forchheim Bhf. oder Igensdorf Bhf. (RB 21 von Nürnberg Nordost), Abfahrt von Forchheim **Mo-Fr** um 8:35 oder 10:35 Uhr, **Sa** um 7:50 oder 9:50 Uhr (Fahrzeit 19 Min.), **So** nur Anrufsammeltaxi (s. vgn.de), von Igensdorf **Mo-Fr** um 7:59 (Hst. Forchheimer Str. jenseits der Bahnlinie) oder 10:08 Uhr, **Sa** 6:49 oder 8:49 Uhr (Fahrzeit 27 Min.), **So** wie oben

Endpunkt/Rückfahrt
Hst. Egloffstein, Talstraße, von hier mit Bus 222 zurück nach Forchheim, Abfahrt **Mo-Fr** 15:39, 16:39, 17:40 oder 18:40 Uhr (Fahrzeit 39 Min.), **Sa** letzte Fahrt um 14:39 Uhr (danach Umweg über Gößweinstein oder Sammeltaxi, s. vgn.de, ebenso **So**), oder zurück nach Igensdorf, Abfahrt mit Bus 226 **Mo-Fr** um 17:00 Uhr (Achtung: fährt vom Busbahnhof Egloffstein; Weg s. Text) oder 17:41 Uhr (in Gräfenberg jeweils Umstieg in RB 21), **Sa** um 14:53 Uhr, vom 1.5.-1.11. zusätzlich mit Bus 229, Abfahrt um 16:08 oder 18:08 Uhr

Gehzeiten
Seebachschlucht 0:35 Std. – Erbesbühl 0:25 Std. – Hundshaupten Ort 0:55 Std. – Hutzelturm 0:10 Std. – Wildpark 0:25 Std. – Altes Schloss 0:25 Std. – Frauenhöhle 0:55 Std. – Wilhelmsfelsen 0:20 Std. – Felsentor 0:05 Std. – Egloffstein Hst. Talstraße 0:15 Std. (zum Bus-Bhf. knapp 0:10 Std. mehr)

Beste Jahreszeit
ganzjährig reizvoll, außer bei Schneelage (tiefe Höhlenteile nur 1.4.-30.9.)

Einkehr
Nur bei Besuch des Wildparks in der dortigen Wildpark-Schänke, Tel. 09197/69 77 59

109

rechten Flanke in einen schluchtartigen Engpass zwischen bizarren Felsen hinauf. Nach seiner Durchquerung wandern wir geradeaus kurz auf einem Schotterweg weiter und biegen dann halb links auf einen begrünten Fahrweg ab, der bald auf blütenreiche Wiesen hinausführt.

Ins Felsenreich des Erbesbühls

Wo der Weg wieder den Waldrand und eine Kreuzung erreicht, steht der Besuch verborgener Naturschönheiten an: Wir wandern **ohne Mk.** nach links auf unbefestigtem Fahrweg in den Wald hinein. Kurz bevor er wieder aus dem Wald austritt, zweigt rechts ein ebenfalls unmarkierter Weg ab, der bald in einen breiteren Fahrweg mit den Mkn. **rotes Andreaskreuz** und **Gelbpunkt** mündet. Ihm folgen wir nur kurz nach rechts bis zu einer Gabelung. Hier biegen wir links auf einen Forstweg **ohne Mk.** ab, der uns, immer geradeaus, zu den Felsen des Erbesbühls hinaufbringt. Links nahe am Zaun entlang, dann im Rechtsbogen gelangen wir zu einer malerischen Halbhöhle, überragt von einem imposanten Vorturm. Von hier queren wir (mit Vorsicht!) linker Hand über die Blockfelder zum abenteuerlich überhängenden Eckpfeiler des Hauptmassivs hinüber und gehen dann an der Nordseite des Massivs weiter, wo bizarr gezackte Türme und ein hoher Felskegel eine beeindruckende Szenerie bieten. Danach kehren wir zum mk. Fahrweg zurück und folgen ihm mit **Gelbpunkt** nach links.

Über die Hochfläche nach Hundshaupten

Am Waldrand tritt wieder die Mk. des **IFS-Wegs** hinzu. Sie leitet uns bei einer Wegteilung halb links auf begrüntem Fahrweg durch den Wald, im Rechtsbogen zu einem Schotterweg hinüber und auf ihm nach links sanft bergauf über die malerische Hochfläche und immer geradeaus weiter. Nach einem Sattel (schöne Fernsicht auf die Kuppen östlich des Trubachtals) wandern wir zügig bergab, bis nach einer Bank rechts ein Forstweg **ohne Mk.** abzweigt. Auf ihm lohnt ein kurzer Abstecher zu einer Felsgruppe am Fichtenbühl mit schönem Überhang. Mit der **IFS-Mk.** wandern wir nun mit prachtvoller Fernsicht nach Hundshaupten hinein und geradeaus über die Hauptstraße hinweg. Bei einer Wegteilung verlassen wir die Straße zum Wildpark und wählen mit **Rotpunkt** u.a. geradeaus den Aufstieg zum Schloss. Bei einer Verzweigung lohnt es, zunächst geradeaus zum Schlossgelände (Infotafeln und schönes Ensemble) weiterzugehen.

Hutzelturm und Wildpark

Danach kehren wir zur Wegteilung zurück, biegen mit Rotpunkt u.a. (aus dieser Richtung) rechts ab und steigen auf einem Schotterweg bergan. Bei einer Wegbiegung zweigt rechts ein deutlicher Fußweg **ohne Mk.** ab und führt uns in ein malerisches Felsrevier hinein; wer am Hang auf Pfadspuren kurz absteigt, gewinnt einen schönen Blick auf den gewaltigen Hutzelturm. Zurück auf dem Fußweg, wandern wir an der Hangkante entlang weiter, dann auf einem Fahrweg rechts zu einer Holzscheune hinunter und vor ihr im Rechtsbogen in den Wald hinein. 20 m nach der Scheune biegen wir rechts auf einen Hangweg ab, passieren die imposante Enteignungswand und wandern durch einen Märchenwald mit riesigen Bäumen und Felstrümmern, dann durch

Der Erbesbühl fesselt mit einem gewaltigen Felsüberhang.

Schlafender Luchs im Wildpark Hundshaupten

Wildpark Hundshaupten

Der Besuch des Wildparks ist für kleine und große Tierfreunde ein wundervolles Erlebnis, da die Tiere in naturnahen und geräumigen Gehegen in einem wildschönen Juratal leben. Insgesamt sind über 40 Arten zu bewundern, darunter (ursprünglich) heimische wie Luchs, Wolf und Wisent, alpine wie Gämse und Steinbock, wenige Exoten und seltene Haustierrassen. Der Park ist ganzjährig geöffnet, genaue Zeiten und weitere Informationen findet man unter wildpark-hundshaupten.de

Am Alten Schloss fesselt der Blick auf Hardt und Schweinthal.

das Gebiet der Friedleite (Waldbestattung). Bei einer Gabelung halten wir uns links, biegen bei einer Bank scharf links auf einen abwärtsführenden unbefestigten Forstweg ein und erreichen einen Schotterweg, der uns nach rechts zum oberen Parkplatz des Wildparks bringt. Wir gehen nun neben der Straße nach links am Park (s. Tipp) vorbei abwärts, bis nach der Bus-Hst. rechts mit **Grün-Schrägstrich** ein Schotterweg abzweigt.

Altes Schloss und Frauenhöhle

Er führt am unteren Rand des Parks entlang, mäßig steil am Gegenhang empor und nach Rechtsknick an der Flanke des Trubachtals entlang. Nach einer Gabelung (hier halb links) kommt die Mk. **Rotring** hinzu. Bei der nächsten Verzweigung steht ein begeisternder Abstecher an: Wir biegen mit Rotring links ab und sehen bald links ein vorgelagertes Felsmassiv. Auf deutlichem Pfad geht es **ohne Mk.** im Linksbogen in den trennenden Graben hinab, mit Rechtsschwenk am Gegenhang empor und nach links zum Gipfel des Alten Schlosses hinüber: Traumhaft der Blick ins Tal und jenseits auf Schiessenfels, Wichsenstein und Heidelberg. Zurück an der Verzweigung, wandern wir wieder mit **Grün-Schrägstrich** auf dem Forstweg links bergauf, dann immer geradeaus weiter. Kurz vor einer Kuppe lohnt ein Abstecher nach rechts über eine deutliche Schneise zu einer pittoresken Felsgruppe mit schroffen Türmen und wildem Versturz. Nach der Kuppe führt uns die Mk. geradeaus auf begrüntem Fahrweg oberhalb schroffer Abstürze sanft bergab, auf idyllische Wiesen hinaus, zuletzt auf einem Schotterweg nach links auf einen Hügel hinauf. Hier biegen wir mit **Blauring** links ab, wandern zu einer Bank hinüber, vor ihr nach rechts abwärts und am Waldrand entlang. Nach Eintritt in den Wald teilen sich die Wege. Kein Naturfreund sollte hier den Abstecher zur Frauenhöhle versäumen: Blauring bringt uns links in kurzem Abstieg zu ihrem riesigen oberen Portal, durch das man ein Stück weit in das bizarr zerklüftete Innere gelangen kann. Eine Kehre tiefer folgt der untere Eingang, an den sich ein ähnlich imposanter Raum anschließt. Vor dem Eingang zweigt links ein Pfad ohne Mk. ab und leitet über eine Kehre zu einer ansehnlich versinterten Nebengrotte hinauf.

Über Wilhelmsfelsen und Felsentor ins Tal

Nach der Besichtigung steigen wir wieder zu der Gabelung oben an der Hangkante auf und folgen nun nach links der **Mk. Nr. 1**, die uns auf schmalem Pfad in stetem Auf und Ab

Das Egloffsteiner Felsentor begeistert als formschöner Bogen.

Das gewaltige Portal der Frauenhöhle

Wochenende mit Wildparktipp

Ein ausgiebiger Besuch des Wildparks lässt sich am besten einbauen, wenn man sich ein Wochenende in der Zeit vom 1.5.-1.11. aussucht und die Tour auf zwei Tage verteilt. In dieser Zeit kann man nämlich Sa vom Wildpark mit Bus 235 nach Egloffstein fahren, dort übernachten oder in den Bus 229 nach Gräfenberg (weiter mit RB 21 nach Igensdorf) umsteigen und am nächsten Tag mit denselben Verkehrsmitteln wieder zum Wildpark zurückkehren, um die Tour fortzusetzen. Der Bus 235 fährt Sa an der Hst. Hundshaupten Wildpark um 15:52 oder 17:52 Uhr ab, in Egloffstein steigt man am besten gleich bei der ersten Hst. Markgrafenstraße in den Bus 229 um. Dort fährt So um 10:38 Uhr wieder der Bus 235 zum Wildpark ab.

teils durch die Steilflanke, teils am Rand der Hochfläche entlangführt. An einem eingezäunten Weidegelände geht es links über Stufen abwärts zu einer Wegteilung, wo unser letzter Abstecher ansteht: Wir wandern zunächst geradeaus auf ebenem Hangweg weiter und erreichen bald den Wilhelmsfelsen mit Prachtblick zur Burg Egloffstein und ins Tal. Zurück an der Wegteilung, folgt ein steiler Abstieg über unzählige Stufen, der uns an einer schönen Halbhöhle (Stichweg nach links) zu einer Felskuppe hinabbringt, die einen umwerfenden Blick über das Felsentor zum Pfarrfelsen bietet. Weiter geht es in einer Kehre und über Stufen tiefer, dann auf einem Stichpfad rechts zum formschönen Tor hinüber. Wieder auf dem Hauptweg steigen wir über unzählige Stufen, an der gewaltigen Talwand des Tors entlang, zu einem breiten Weg ab und erreichen auf ihm nach rechts eine Wohnstraße am Rand von Egloffstein, die uns mit leichter Steigung in den Ort hineinführt. Über den Malerwinkel geht es links steil bergab zur Hauptstraße, kurz nach links, dann über Treppen, an den Felsenkellern vorbei, zur Hst. Talstraße hinab. Hier halten die meisten Busse, den Rest erreicht man am Bus-Bhf. (geradeaus zur Trubach hinab, über eine Brücke, dann rechts immer der Badstraße folgen).

MAGIE DER FELSTUNNEL

15
Dohlenstein, Bleisteine, Schafloch und Höllenstein

Im oberen Trubachtal zwischen Wolfsberg und Obertrubach, einer der spektakulärsten Karstlandschaften Deutschlands, erlebt man bizarre Felsketten und drei der eindrucksvollsten Durchgangshöhlen.

Nach Besuch der Burgruine wandern wir zur fantastischen Wolfsberger Grotte hinauf, über Schossaritz auf aussichtsreichen Höhen entlang und wieder hinab zu den gewaltigen Felsrevieren der Blei- und Blechsteine und empor zur einzigartig formenreichen Durchgangshöhle des Schaflochs. Ein letzter Anstieg bringt uns zum Höllenstein hinauf, wo neben der Tunnelhöhle bizarre Felsgebilde und der tiefe Gollersteinkeller auf uns warten.

Panoramaloge Burg Wolfsberg

Die ideale Einstimmung bietet ein Besuch der **Burgruine Wolfsberg**: für Gebietsneulinge ein Muss, für Kenner immer wieder ein Genuss! Wir gehen dazu von der Hst. Ortsmitte ein Stück durch den Ort nach W zurück und biegen dann rechts mit **Nr. 4** auf den Weg zur Burg ab. Ein Schotterweg, dann ein rechts abzweigender Treppenweg bringen uns zügig zu einer Gabelung am Fuß der auf gewaltigen Felsen errichteten Anlage hinauf (Felsenfreunde können hier kurz nach rechts gehen, um den besten Blick auf die wilden Türme zu genießen). Danach geht es nach links zu einem Sattel im Westen der Burg hinüber und rechts über 88 Stufen zur Ruine empor: Die zwei Aussichtspunkte bieten umwerfende Tiefblicke auf den Ort und ins felsenreiche Trubachtal.

Naturwunder Dohlenstein

Nach dem Schaugenuss kehren wir ins Tal zurück, gehen auf der Dorfstraße kurz nach links und biegen dann nach dem Autoservice Grüner mit **Rotpunkt** rechts ab: Die Mk. leitet uns über die Trubach zur anderen Talseite hinüber (prachtvoller Rückblick zur Burg), dort kurz nach links und dann rechts auf unbefestigtem Fahrweg durch Wald zügig bergauf. Im weiteren Aufstieg ist erhöhte Aufmerksamkeit gefragt: Wir erblicken rechts das Schild »Naturdenkmal Dohlenstein«, gehen von dort noch genau 20 m weiter und biegen dann rechts auf einen unscheinbaren Pfad **ohne Mk.** ab. Nach Steilaufstieg über Fels- und Wurzelstufen stehen wir staunend vor einem einzigartigen Naturjuwel: Die **Wolfsberger Grotte** (auch **Dohlenstein** oder **Hohlenstein** genannt) fasziniert als Kombination aus einer gewaltigen,

Grotte und Durchgangshöhle machen den Dohlenstein einzigartig.

mittel — **8 km** — **415/390 Hm** — **3:00 Std.**

Auf einen Blick

Tourencharakter
Kurze Tour mit einigen größeren Anstiegen zu drei der schönsten Durchgangshöhlen der Alb, gewaltigen Felsketten und einer Kellerhöhle überwiegend auf guten Wanderwegen, zu den Höhlen teilweise sehr steile und exponierte Aufstiege

Mögliche Tage
Mo-Sa: ganzjährig, So: 1.5.-1.11.

Ausgangspunkt/Anfahrt
Hst. Wolfsberg Ortsmitte, hierher Mo-Sa mit Bus 222 von Forchheim Bhf./ZOB, Abfahrt **Mo-Fr** 8:10, 10:00 oder 12:00 Uhr, **Sa** 9:00 oder 11:00 Uhr (Fahrzeit 42-44 Min.), **Sa/So vom 1.5.-1.11.** günstiger mit Bus 229 von Gräfenberg Bhf. (RB 21), Abfahrt 8:15, 10:15 oder 12:15 Uhr (Fahrzeit 26 Min.)

Endpunkt/Rückfahrt
Hst. Obertrubach, von hier Mo-Sa mit Bus 222 zurück nach Forchheim (z.T. Umstieg in Egloffstein), Abfahrt **Mo-Fr** um 15:25, 16:15 (nur Schultage), 17:25 oder 18:25 Uhr, **Sa** um 14:25 Uhr, oder nach Gräfenberg, Abfahrt **Mo-Fr an Schultagen** mit Bus 219 um 16:51 Uhr (18 Min.), **Sa/So nur vom 1.5.-1.11.** mit 229 um 15:54, 17:54 oder 19:54 Uhr (33 Min.)

Gehzeiten
Burg 0:10 Std. – Dohlenstein (Wolfsberger Grotte) 0:20 Std. – Schossaritz 0:20 Std. – Bleisteine 0:45 Std. – Blechsteine (Dachl) 0:10 Std. – Schafloch 0:10 Std. – Höllenstein (Tunnel) 0:40 Std. – Gollersteinkeller 0:10 Min. – Obertrubach Hst. 0:15 Std.

Beste Jahreszeit
ganzjährig reizvoll, am schönsten im Herbst (Gollersteinkeller nur 1.4.-30.9.)

Einkehr
unterwegs keine

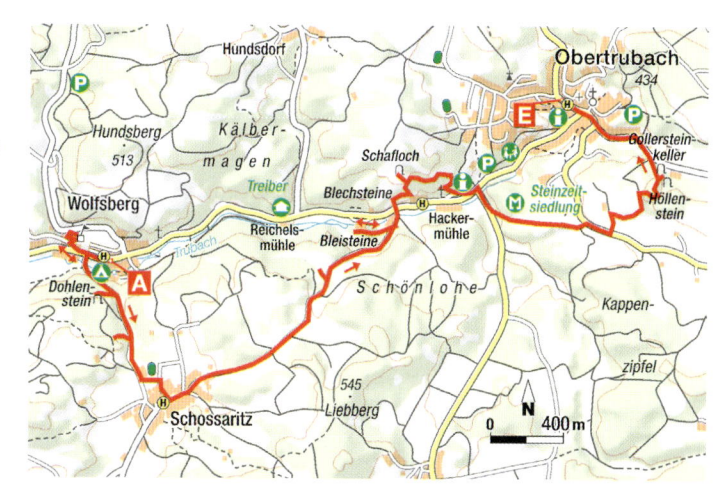

bizarr zerklüfteten Grotte rechts und einer malerischen Durchgangshöhle links.

Über Schossaritz zu den Bleisteinen

Wir steigen nun mit Vorsicht (besonders bei Nässe) wieder zum **Rotpunkt**-Weg ab und folgen ihm weiter bergauf. Bald sehen wir vor uns ein höheres Massiv; vor ihm zweigt rechts ein Fahrweg ab, der zu einer Felskette mit markanten Rissen und einer 5 m tiefen Kleinhöhle führt – ein für Felsenfreunde lohnender Abstecher. Die Mk. führt uns danach auf die idyllische Hochfläche hinaus, bei einer Gabelung am Rand von **Schossaritz** nach links und im Rechtsbogen in den Ort hinein. An der Hauptstraße halten wir uns mit der Mk. **rotes Andreaskreuz** links, passieren den alten, 28 m tiefen Ziehbrunnen und erreichen nach zwei Fachwerkhäusern eine Wegteilung: Hier folgen wir mit **Blaupunkt** dem Fahrweg (erst geteert, später gepflastert) nach links, wandern aus dem Dorf hinaus und sanft zu einem Sattel empor (Fernsicht zur Ruine Leienfels). Der Weg beginnt bald wieder zu fallen und bietet, wo er nach einer Linkskurve wieder in eine Gerade übergeht, ein weiteres Highlight: Links im Wald versteckt sich ein zerklüftetes Massiv mit imposantem Felsdach. Auf dem Hauptweg tut sich kurz danach ein grandioser Blick zur Felskette der Blechsteine auf und begleitet uns im weiteren Abstieg ins Trubachtal und zur **Römerbrücke** (im 19. Jh. nach römischem Vorbild erbaut). Vor der Infotafel zweigt links ein begrünter Fahrweg **ohne Mk.** ab, überquert eine Wiese oberhalb einer idyllischen Weiherlandschaft und geht dann in einen Pfad über, der mit leichtem Linksknick in den Wald hineinführt. Hier öffnet sich das wilde Felsenreich der **Bleisteine**: Ein deutlicher Pfad führt am gewaltigen Turm des Bleisteindaumens mit überhängendem Gipfelkopf vorbei und weiter durch den Hang zu einer imposanten Wand mit tiefen Rissen; im Tal sieht man das malerische Fachwerkensemble der Ziegelmühle.

Naturwunder Blechsteine und Schafloch

Zurück an der Römerbrücke, führen uns die Mkn. (**Blaupunkt** u.a.) über Trubach und Straße zum Fuß der **Blechsteine** hinüber und auf schmalem Pfad nach rechts bergauf: eine einmalige Felspromenade an freistehenden Türmen und Wänden vorbei bis hinauf zur Bank unter der überhängenden **Dachlwand**. Nun ist wieder besondere Aufmerksamkeit gefragt: Man folgt von der Bank dem mk. Weg nur noch etwa 70 m, bis man am linken Wegrand dicht nebeneinander zwei kurz abgesägte Baumstümpfe erblickt. Direkt nach ihnen führt ein markanter Pfad **ohne Mk.** links in den Wald und steil, teils über Kehren durch ein Tälchen bergauf. Wo sich in etwas flacherem Gelände die Wege teilen, hat man die Wahl: Man kann geradeaus weiter aufsteigen und dann mit Linksschwenk auf gutem Pfad zum Ziel gelangen. Alpiner, aber reizvol-

> ### Fehlerquelle Internet
> Im Internet erscheint das Schafloch (D 53) nirgends unter seinem richtigen Namen, sondern (in den vereinzelten Beiträgen, die es erwähnen) stets unter der falschen Bezeichnung »Obere Meßhöhle« (auch mit der falschen Katasternummer D 296). Die Obere Meßhöhle gibt es wirklich, sie liegt aber fast 200 m entfernt am Westende der Blechsteine.

Am Schafloch begeistern der Mittel-Durchbruch mit Felsentor, …

… die wild zerklüfteten Formen des Portals …

… und der malerische Doppelbogen am Ende der Haupthalle.

Die Blechsteine bilden eine der schönsten Felsketten der Alb.

Das Fels-Krokodil: eines der Highlights des Höllensteins

Nahe der Römerbrücke findet man diese Weiher-Idylle.

ler ist folgender Weg: Wir queren unterhalb eines ca. 5 m hohen Felsens nach links zum massigen Eckpfeiler der Blechsteine hinüber, steigen dann mit scharfem Rechtsknick steil zu einem Sattel oberhalb auf und stehen staunend vor dem Naturwunder **Schafloch**. Wir steigen rechts in eine Senke hinunter und dann über Felsstufen in die Durchgangshöhle auf. Einzigartig ist ihre Struktur: Die gewaltige, 20 m lange Haupthalle (mit Deckenfenster) endet mit einem doppelten Felsbogen, dann folgt eine oben offene Querspalte, die man nach links über ein doppeltes Felsentor verlassen könnte, danach ein weiterer Tunnel, durch den man zu einer tiefer in den Berg führenden Spalte kommt, deren Decke eingestürzt ist. Nach der Besichtigung bietet sich ein bequemerer Abstieg an: Wir kehren zur Senke vor der Höhle zurück, steigen nun aber vor einem vorgelagerten Felsen auf deutlichem Pfad nach links ab und erreichen einen begrünten Fahrweg. Er führt uns am Gegenhang sanft empor, über eine Senke zu einer zweiten Kuppe hinauf und dann in einer Linkskurve bergab. Nun heißt es aufgepasst: Am Ende der Kurve zweigt spitzwinklig rechts ein alter Wanderweg ab, der uns nach Rechtsknick durch die Flanke des Trubachtals wieder zum mk. Weg (**Blaupunkt** u.a.) hinabbringt. Auf ihm steigen wir nach links zur Talstraße ab und erreichen, an einem markanten Felsen vorbei, eine Abzweigung.

Karstwelten am Höllenstein

Gebietsneulinge werden hier links das Spielplatzgelände mit der imposanten Steinernen Welle, zwei kleinen Höhlen und Infotafeln zum Klettern im Frankenjura erkunden. Danach biegen wir gegenüber in die Straße nach Möchs ein und wandern über den Parkplatz links bis zu seinem Ende. Hier treffen wir auf die Mk. **Rotring**. Sie leitet uns auf unbefestigtem Fahrweg halb links bergan und am Rand einer idyllischen Wiese weiter aufwärts. Bei

Ein weiteres Naturwunder des Höllensteins ist die Tunnelhöhle.

Einmündung in eine Straße folgen wir dieser 130 m nach rechts und biegen dann links in einen Schotterweg, kurz danach scharf rechts in einen unbefestigten Fahrweg ein, der uns zum Waldrand hinüber und mit Linksknick an ihm bergauf führt. Nach Eintritt in den Wald geht es geradeaus auf einem Wanderweg weiter. Um alle Naturwunder zu erleben, sollte man hier die mk. Route verlassen. Links des Weges steht ein Baum mit zwei Stämmen und der Mk. Rotring: 5 m weiter biegen wir **ohne Mk.** rechts ab und wandern in einen Felskessel hinein. Auf seiner linken Seite bringen uns deutliche Pfadspuren in weiten Bögen zu einer höheren Etage hinauf. Wir gehen an den bizarren Überhängen entlang; Highlight ist ein enger, von einem tonnenschweren Block überdeckter Durchgang. Zurück bei den Überhängen wandern wir auf deutlichem Pfad, an Halbhöhlen vorbei, bergab und erreichen einen abenteuerlich überhängenden Felsen, der an ein Krokodil erinnert. Der Pfad führt nun an der oberen Felsreihe weiter, dann in Kehren in einen malerischen Engpass hinab und nach links abwärts. Bald öffnet sich rechts die imposante Durchgangshöhle des Höllensteins, durch die man in wildes Gelände mit Halbhöhle und schroffen Türmen gelangt. Wir gehen durch den Tunnel zurück, steigen nach rechts ab und treffen wieder auf die Mk. **Rotring**. Sie leitet uns steil zu einer Wegteilung hinunter. Hier lohnt ein Abstecher nach rechts: Ein Pfad führt zu einem malerischen Überhang hinauf, unter dem sich hinter einer offenen Holztür der Gollersteinkeller mit zwei parallelen, ca. 20 m langen Gängen voller bizarrer Formen öffnet.

Abstieg nach Obertrubach

Zurück an der Abzweigung geht es mit Rotring steil zur Einmündung in den Neudorfer Weg hinab, auf ihm, am markanten Saustein vorbei, tiefer, dann auf der Bergstraße rechts zur Hauptkreuzung von Obertrubach hinunter. Hier biegen wir rechts in die Teichstraße ein und erreichen nach 120 m die Hst.

ZAUBER DER KUPPENALB

16
Wolfsloch, Altenberghöhle, Vogelherd und Diebsloch

In der wilden Kuppenalb zwischen Ittling und Simmelsdorf fesseln zahlreiche Naturattraktionen wie die Riesenspalte des Wolfslochs, der bizarre Felsengarten am Vogelherd und das tiefe Diebsloch.

Weitere, oft versteckte Naturschönheiten sind die malerische Altenberghöhle, der Kreuzfelsen bei Großengsee mit benachbartem Abri, der Spitzenberg mit seinem Gipfelturm und die Felsenwelt im Kappenholz. Vom Diebsloch wandern wir mit prachtvoller Aussicht über einen freien Rücken und über die Kirche von Bühl nach Simmelsdorf hinunter.

Zum mystischen Wolfsloch

Von der Hst. in Ittling gehen wir noch kurz bergauf und biegen dann mit **Blaustrich** u.a. links in den Weg nach St. Helena ein. Schon bei der ersten Gabelung zweigen wir **ohne Mk.** rechts auf einen Teerweg ab, wandern kurz darauf links abbiegend zum Haus Nr. 20 hinüber und steigen auf unbefestigtem Fahrweg im Rechtsbogen am Waldrand bergan; prachtvoll die Aussicht zur Hohen Reute. Nach Holzstößen teilt sich der Weg: Wir gehen zunächst geradeaus auf breitem Weg in den Wald hinein. Nach kurzem Anstieg öffnet sich im imposanten Felsmassiv links die faszinierende Höhlenruine des **Wolfslochs**. Unter einer von Felsklötzen gebildeten Brücke hindurch gelangt man in einen gewaltigen Felskessel und weiter in eine zerklüftete Spalte mit riesigen Klemmblöcken.

Hamperleite und Altenberghöhle

Zurück an der Wegteilung, biegen wir spitzwinklig links ab, wandern auf begrüntem Fahrweg am Waldrand entlang, dann durch Wald bergab und halb links zu einer Straße hinüber. Ihr folgen wir kurz nach links und biegen dann rechts in einen unbefestigten Fahrweg ein, der uns mit leichtem Linksknick zum Waldrand hinüberbringt. Dort geht es mit dem **Laufer Hüttenweg** (DAV-Zeichen) links in den Wald hinein und auf schmalem Weg weiter. Bei einer Gabelung leitet uns die Mk. nach links, dann nach einer Rechtskurve an den Waldrand hinaus zur entscheidenden Abzweigung: Wir biegen rechtwinklig rechts **ohne Mk.** auf einen unbefestigten Fahrweg ab, der uns sanft in die felsige Gipfelregion der **Hamperleite** hinauf und dann an schroffen Felsgruppen vorbei im Rechtsbogen wieder deutlich bergab führt. Wo es mit scharfem Linksknick

Durch eine Felsbrücke betritt man das mystische Wolfsloch.

leicht 15 km 480/585 Hm 5:00 Std.

Auf einen Blick

Tourencharakter
Tour durch einen wilden Teil der Kuppenalb mit weiter Fernsicht und zahlreichen Attraktionen (einzigartige Felsspalte, zwei Höhlen, Abri, Felsengärten und Felstürme) überwiegend auf schmalen Wanderwegen, nur kurze Stichwege ohne Mk.

Mögliche Tage
Mo-Sa: ganzjährig, So: nur mit Rufbus

Ausgangspunkt/Anfahrt
Hst. Ittling Feuerwehrhaus, hierher mit Bus 341, Abfahrt vom Bhf. Simmelsdorf-Hüttenbach **Mo-Fr** um 8:30, 9:30 oder 10:30 Uhr, **Sa** um 7:30 oder 10:57 Uhr (Fahrzeit 6-7 Min.); **So** nur Rufbus (Frühfahrt am Vortag, sonst 1 Std. vorher: Tel. 09153/926 33 60), Abfahrt um 8:00 oder 11:00 Uhr

Endpunkt/Rückfahrt
Bhf. Simmelsdorf-Hüttenbach, von hier stdl. um x:05 Uhr mit RB 31 Richtung Nürnberg Hbf. (Sa/So in Neunkirchen a. Sand Umstieg in RB 30)

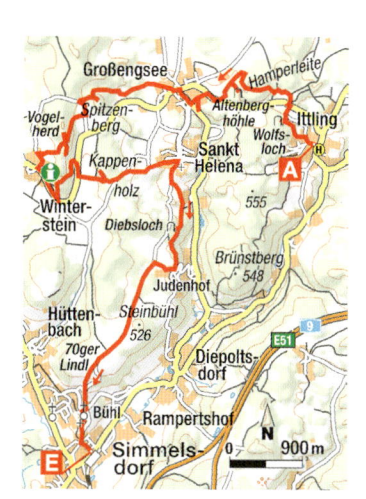

Gehzeiten
Wolfsloch 0:20 Std. - Altenberghöhle 0:40 Std. - Großengsee 0:25 Std. - Spitzenberg 0:35 Std. - Vogelherd Felsengarten 0:25 Std. - Vogelherd Süd 0:35 Std. - St. Helena 0:35 Std. - Diebsloch 0:20 Std. - 70er Lindl 0:40 Std. - Bühl 0:10 Std. - Simmelsdorf-Hüttenbach 0:15 Std.

Beste Jahreszeit
ganzjährig reizvoll, zauberhaft im Herbst (tiefere Höhlenteile nur 1.4.-30.9.)

Einkehr
Gh.-Metzgerei Scharrer in Großengsee, Tel. 09155/407

auf Felder hinausgeht, wartet die nächste Attraktion: Wir passieren linker Hand ein imposantes Massiv und steigen nach ihm auf Pfadspuren zu seinen Nordabstürzen auf. Neben einer wulstig überhängenden Wand fesselt ein hoher, wild gezackter Turm unsere Blicke. Von seinem Fuß gehen wir auf gleicher Höhe ein Stück weiter und dann über eine auffällige Schneise im Rechtsbogen zu einem Holzhaufen hinunter. Von hier wandern wir auf begrüntem Fahrweg am Waldrand entlang, bis spitzwinklig links ein etwas verwachsener Forstweg abzweigt. Nach kurzem Anstieg erblicken wir oberhalb zwei bizarre Felstürme mit malerischen Auswaschungen: Wir steigen rechts von ihnen auf schwachen Spuren steil den Hang empor und stehen dann vor dem breiten Maul der ca. 10 m tiefen Altenberghöhle – ein idealer Rastplatz in völliger Einsamkeit.

Über den Kreuzfelsen zum Spitzenberg

Zurück am Waldrand folgen wir dem begrünten Fahrweg nach links, gehen mit Linksschwenk auf einem Schotterweg weiter und nach Einmündung in eine Straße rechts auf die Häuser von Großengsee zu. Links zeigt sich bald ein schroffes Massiv, dessen rechter Eckpfeiler mit bizarrem Überhang für Felsenfreunde einen Abstecher lohnt. Am Ortsrand biegen wir mit dem Ww. nach St. Helena links in die Straße Am Kreuzfelsen ein und wandern dann mit Linksknick zum Naturfreundehaus hinüber. Wir gehen rechts an ihm vorbei zu einer Bank mit Insektenhotel hinauf, kurz abwärts und dann auf gutem Pfad im Linksbogen zum Fuß des imposanten Kreuzfelsens hinunter und auf gleicher Höhe noch etwas weiter: Bald stehen wir unter einem malerischen Abri, den die Kletterer Neue Hölle nennen. Zurück an der Straße Am Kreuzfelsen wandern wir links zur Simmelsdorfer Straße hinüber und auf ihr nach rechts durch Großengsee, am ehem. Herren- und Vogthaus aus dem 16. Jh. (heute Pfarrhaus) vorbei, bis zur Hauptstraße. Ihr folgen wir kurz nach links, bis rechts die Straße Am Brentenberg abzweigt. Wo sie einen Linksknick macht, gehen wir geradeaus auf einem Schotterweg weiter. Bei einer Gabelung am Waldrand halten wir uns halb rechts, wandern geradeaus auf eine Doppelscheune zu und zwischen imposanten Felsen hindurch. Der Fahrweg umrundet im Rechtsbogen eine Waldwiese und führt dann nach Linksschwenk wieder durch Wald empor. Links fesselt eine bizarre Felskette mit engen Spalten unsere Blicke. Vor einer Lichtung teilen sich die Wege: Wir wandern links an der Schonung entlang und im Linksbogen zu einem Sattel westlich des Spitzenbergs hinauf. Wo der Weg einen scharfen Rechtsknick macht, lohnt ein Abstecher: Wir biegen links auf einen deutlichen Weg ab und steigen dann, nochmals links abbiegend, über eine Rampe zu einer Kuppe an der Westseite des Spitzenbergs auf, wo sich ein schöner Blick auf den hohen Gipfelturm bietet.

Felsenwelt Vogelherd

Zur Abzweigung zurückgekehrt, gehen wir auf dem Fahrweg (aus dieser Richtung) nach links weiter. Bei Einmündung in einen Schotterweg

Wilde Zinnen am Vogelherd-Südgipfel

Ein malerischer Felsengarten schmückt den Gipfel des Vogelherds.

Herbstliche Wege an der Südseite des Vogelherds

Wolfsloch

Der Überlieferung nach erhielt das Wolfsloch seinen Namen in der Zeit nach dem Dreißigjährigen Krieg, als es zur Regulierung der damals großen Wolfspopulation als Fallgrube verwendet wurde. Eine als Köder angebundene Ziege lockte die Raubtiere (auch Bären und Füchse) hinein, die dann von den Jägern erschlagen wurden.

In einem hohen Felskegel öffnet sich das 40 m tiefe Diebsloch.

Als gewaltige Spalte präsentiert sich die alte Wolfsfalle.

halten wir uns mit **Nr. 1 und 4** links und wandern mit weiter Fernsicht über Wiesen bergab. Bald heißt es aufgepasst: Links des Weges ist ein grauer Markierungsstab zu erkennen. Genau gegenüber zweigen wir rechts ab und wandern auf Fahrspuren **ohne Mk.** zu einer Fichtenschonung (Kennzeichen: mit vier Stecken abgestützte Ecke) hinüber und an ihrer linken Seite in den Wald. Von hier geht es auf ausgeprägtem Fahrweg nach links bergan und bei einer Gabelung nach rechts zu einem Sattel auf dem Rücken des Vogelherds hinauf. Von hier bringen uns Pfadspuren nach rechts in einen faszinierenden Felsengarten mit malerisch überhängenden Riesenblöcken, die man auf einer Runde im Uhrzeigersinn erkunden kann. Zurück am Sattel geht es auf dem Fahrweg ein kurzes Stück nach W bergab, dann steht der nächste Abstecher an: Pfadspuren führen uns nach links zu einem leicht pilzförmigen Türmchen hinüber, weiter zu einem tischartig überhängenden Felsen, dann im nach rechts ausholenden Bogen zum Kamm empor, wo man (zumindest im Frühjahr) noch eine schöne Aussicht genießt. Nach Rückkehr zum Fahrweg wandern wir steil bergab, auf Felder hinaus, dann bei einer Felsgruppe nach links mit **Gelbstrich** auf einem Schotterweg in den Ort Winterstein hinein. An der Hauptstraße halten wir uns links und folgen der Straße 410 m weit, bis kurz vor einer Kurve spitzwinklig links ein mit **Rotring** mk. Fahrweg abzweigt. Er führt uns durch die Flanke, mit Rechtsknick steil bergauf und dann als schmaler Felsensteig unterhalb der wilden Zinnen des Vogelherd-Südgipfels entlang. Danach leitet uns die Mk. mit Rechtsschwenk zu einer Straße hinunter, 110 m an ihr abwärts, dann links auf unbefestigtem

Das 70er Lindl lädt zur Rast mit toller Aussicht ein.

Fahrweg über den idyllischen Viechtachgrund zum Wald hinüber.

Über St. Helena zum Diebsloch

Knapp 100 m nach Eintritt in den Wald bietet sich für Felsenfreunde ein Abstecher an: Auf einem links abzweigenden Fahrweg, dann nach ca. 50 m nochmals links abbiegend auf Pfadspuren erreicht man die Felsgruppe im Kappenholz mit bizarren Türmen und engen Spalten. Danach geht es mit Rotring an einer schönen Waldwiese vorbei zu einem Sattel empor und auf einem querenden Fahrweg nach links mit sanftem Gefälle über Wiesen nach St. Helena hinunter. Am Ortsrand schwenken wir rechts auf einen Schotterweg ein und erreichen am Beginn einer Wiesensenke eine Abzweigung: Mit **Nr. 4** biegen wir links auf einen begrünten Fahrweg ab, der in stetem Auf und Ab an der Flanke des Naifertals entlangführt. Bei einer Wegteilung wan-

Die Felstürme im Kappenholz – ein lohnender Abstecher

Vom Steinbühl blickt man auf die Berge jenseits des Naifertals.

dern wir mit der Mk. und dem Ww. zum Judenhof geradeaus auf schmalerem Weg weiter, an einer großen Wiese entlang und wieder in den Wald hinein. Nun ist Aufmerksamkeit gefragt: Rechts taucht eine begrünte Felsgruppe auf, kurz danach mündet links vom Tal her ein breiter Weg ein. Von dieser Einmündung gehen wir noch 40 m auf dem mk. Weg geradeaus weiter und dann **ohne Mk.** über eine Schneise nach rechts zwischen den Bäumen zu einem imposanten Felskegel hinüber, in dem sich das bizarr geformte Portal des Diebslochs öffnet. Die Höhle führt als nur gebückt begehbarer Gang noch 40 m in den Berg hinein.

Höhenweg nach Simmelsdorf

Zurück auf Weg **Nr. 4** wandern wir an der Flanke weiter und erreichen eine Gabelung vor der Siedlung Judenhof: Von hier führt uns **Nr. 3** nach rechts auf einem Fahrweg zur Hochfläche hinauf. Bei Einmündung in einen querenden Schotterweg kommt **Blaustrich** als Haupt-Mk. hinzu und leitet uns links zur Höhe des Steinbühls empor, wo sich ein weiter Blick ins Nürnberger Land auftut. Nach dem **70er Lindl** (Friedenslinde gepflanzt nach dem Krieg von 1870) geht es erst auf Teer, dann auf einem rechts abzweigenden Fußweg über freie Flächen steiler bergab. Bei der malerisch gelegenen Kirche von Bühl wandern wir nach rechts durch den Friedhof hindurch, zur unteren Pforte hinaus und auf einem Fußweg abseits der Straße zügig abwärts. Kurz verläuft die Route noch neben der Straße, dann biegen wir bei einer Bank links ab (Ww.) und steigen über die Bergstraße zur Hauptstraße ab, an der etwas weiter rechts der Bhf. liegt.

Auf einer Kuppe thront die Felsburg der Hohlleite (Tour 25).

WANDERN MIT BUS UND BAHN

Hersbrucker Schweiz

NATURWUNDER ZWISCHEN BRONN UND PEGNITZ

17
Vom Königskopf über den Diebskeller zu den Lochfelsen

Südwestlich von Pegnitz verstecken sich zahlreiche Highlights wie die mystische Spalte des Diebskellers, der einzigartige Vogelberg-Abri und das grandiose Höhlen- und Felsenensemble der Lochfelsen.

Von den bizarren Felsen und Höhlen um den Bronner Königskopf wandern wir an Diebskeller und Grünem Felsen vorbei in das Tal südlich des Vogelbergs, wo der Abri und ein Felsentor zu bestaunen sind, weiter durch das malerische Heroldsreuther Tal mit seinem Felsengarten und über den Arzberg, zuletzt durch einen unberührten Teil des Pegnitztals, über dem Lochfelsen und Welle aufragen, nach Pegnitz.

Vom Königskopf zum Diebskeller

Von der Hst. Schwedengasse gehen wir kurz Richtung B 2 weiter, biegen aber vor ihr links auf einen Fußweg **ohne Mk.** ab und gelangen über eine Straße zu einem wilden Karstmassiv am Ortsrand von Bronn. Wir erblicken links eine imposante Halbhöhle, in der sich ein niedriger Felstunnel öffnet, passieren sie auf der rechten Seite und finden auf ihrer Rückseite eine malerische Klamm. Weiter rechts schließt sich ein zum Keller ausgebauter Felsdurchgang an, dann folgt der **Königskopf**, ein massiver Turm mit schönem Felsenloch. Von ihm wandern wir über eine Wiese zu einer Sitzgruppe vor bizarrer Felskulisse hinüber und weiter zu einem Teerweg, dem wir nach links folgen. Er führt uns in sonniger Promenade an zwei zerklüfteten Kleinhöhlen (lohnende Abstecher), schönen Magerrasen und einem idyllischen Weiher vorbei. Vor einer Scheune erreichen wir eine Kreuzung und biegen mit **Gelbstrich** rechts auf einen Schotterweg ab. Kurz vor dem Waldrand teilen sich die Wege: Wir halten uns mit unserer Mk. links, durchqueren ein Waldstück, folgen kurz einem Forstweg nach links, am verwachsenen Igelsee vorbei, und steigen bei der nächsten Gabelung rechts zu einer Brücke über die A 9 auf. Jenseits wandern wir mit Rechtsschwenk auf einem Schotterweg sanft bergab, bei einer Verzweigung links weiter und gelangen dann zu einer Rechtskurve mit der entscheidenden Abzweigung (Kennzeichen: 2 m hoher Baumstumpf). Hier steht zunächst ein Abstecher an: Wir gehen im Rechtsbogen auf dem mk. Weg weiter und kommen zu einer dreieckig angelegten Wegteilung. Hier schwenken wir **ohne Mk.** nach links, folgen dem Fahrweg aber nur 50 m und biegen dann links auf einen deut-

Schöne Halbhöhlen schmücken die Hänge bei Bronn.

mittel | **16,5 km** | **320/315 Hm** | **5:15 Std.**

Auf einen Blick

Tourencharakter
Relativ lange (aber gut teilbare: s. Tipp) Tour durch malerische Täler und ausgedehnte Wälder zu versteckten Naturwundern (Höhlen, einzigartige Durchgangshöhle, Felsentor) und einem grandiosen Höhlenmassiv, überwiegend auf guten Wegen ohne größere Steigungen, nur die Runde durch die Lochfelsen auf Pfadspuren erfordert Trittsicherheit.

Mögliche Tage
Mo-Fr: ganzjährig, Sa/So: nur mit Rufbus

Ausgangspunkt/Anfahrt
Hst. Bronn, Schwedengasse, hierher **Mo-Fr** vom Bhf. Pegnitz mit Bus 391, Abfahrt um 8:15 Uhr, oder mit Bus 380 (Pegomobil), Abfahrt um 11:35 Uhr (Fahrzeit 13-25 Min.), **Sa/So** nur mit Rufbus der Linie 394 (1 Std. vorher: Tel. 09241/26 97), Abfahrt 9:45 oder 11:45 Uhr

Endpunkt/Rückfahrt
Bhf. Pegnitz, von hier halbstdl. (um x:45/46 oder x:18/19 Uhr) mit RE nach Nürnberg Hbf. oder nach Bayreuth (um x:43/44 oder x:16 Uhr)

Gehzeiten
Königskopf 0:10 Std. – Diebskeller 0:45 Std. – Grüner Felsen 0:20 Std. – Vogelberg-Abri 1:00 Std. – Horlach 0:30 Std. – Heroldsreuther Tal (Felsengarten) 0:25 Std. – Arzberg 0:25 Std. – Lochfelsen Gipfel 0:40 Std. – Lochfelsen Höhle am NW-Ende 0:15 Std. – Welle 0:10 Std. – Pegnitz Bhf. 0:35 Std. (ohne Lochfelsen 0:35 Std. weniger)

Beste Jahreszeit
Mitte April bis Anfang Mai oder Mitte Oktober bis Mitte November (15.11.-15.4. Sperre des Wildschutzgebiets Bockshügel); im Sommer kann das Gebiet der Lochfelsen wegen Beweidung abgezäunt sein: Bitte respektieren und den Besuch außerhalb der Vegetationsperiode nachholen!

Einkehr
Gasthaus Peter in Horlach, Tel. 09241/34 59

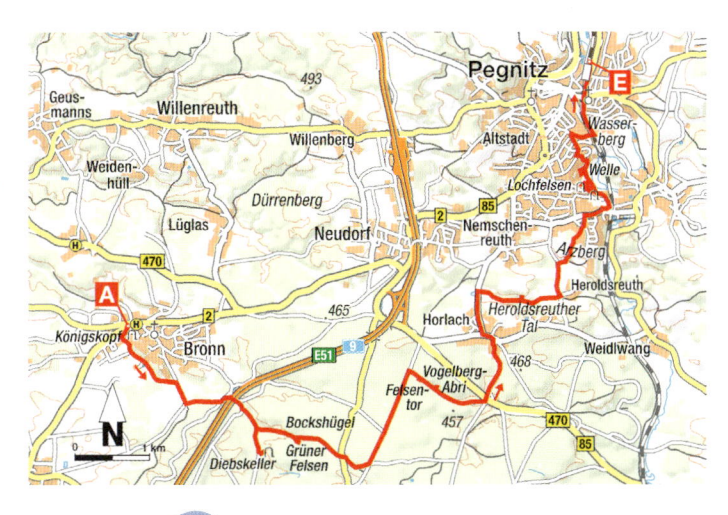

lichen Pfad ab, der uns zur Spalte des **Diebskellers** bringt: Die 10 m tiefe Höhle begeistert mit ihrer bizarren Raumstruktur.

Über den Grünen Felsen zum Vogelberg

Wir kehren nun zum **Gelbstrich**-Weg und zur genannten Abzweigung zurück. Hier schwenken wir rechts auf einen Schotterweg **ohne Mk.** (Schild: »Wildruhezone Bockshügel«) ein. Nach längerem Anstieg (immer geradeaus) macht der Weg erstmals eine Linkskurve: Hier zweigt rechts beim Nistkasten Nr. 6 ein begrünter Fahrweg ab. Wir folgen ihm ca. 60 m und steigen dann nach links auf deutlichen Fahrspuren zum **Grünen Felsen** auf, der mit bizarren Überhängen und tiefen Spalten beeindruckt. Zurück auf dem Schotterweg geht es noch ein Stück bergan, dann auf einem Querweg nach rechts eben zu einer Straße hinüber und an ihr entlang 70 m nach rechts, bis links ein Schotterweg abzweigt. Er bringt uns im Linksbogen zu einer Kreuzung hinab: Wir schwenken mit **Rotpunkt** nach links und durchwandern (stets geradeaus) in leichtem Auf und Ab ein weites Waldgebiet. Nach 1,4 km folgt eine deutliche Senke mit der entscheidenden Abzweigung (Kennzeichen: 5 hoch abgeschnittene Baumstümpfe auf der rechten Seite): Wir biegen rechts auf einen Schotterweg **ohne Mk.** ab, der uns in ein schönes Felsental hineinführt.

Naturwunder um den Vogelberg-Abri

Schon nach 200 m zeigen sich erste Highlights: Links ragt ein imposantes Massiv mit wulstigen Überhängen auf, und genau gegenüber zweigen rechts schwache Pfadspuren ab, die uns durch offenen Wald zu einem malerischen flachen **Felsentor** bringen. Zurück auf dem Forstweg passieren wir eine weitere Felsbastion, gehen geradeaus über eine Kreuzung hinweg und erreichen kurz nach ihr das größte Wunder des Tals: Wir biegen links auf einen Pfad ab und steigen im Rechtsbogen zum **Vogelberg-Abri** auf. Seine wild geschwungenen Überhänge bieten ebenso einen einmaligen Anblick wie die Höhle mit vier bizarr geformten Eingängen am Wandfuß.

Über Horlach ins Heroldsreuther Tal

Wieder auf dem Schotterweg geht es weiter sanft bergab zur Einmündung in einen querenden Fahrweg. Mit **Nr. 5** (grüner Wimpel) wandern wir auf ihm nach links unter der B 85 hindurch, geradeaus durch Wald sanft bergan und über Wiesen nach **Horlach** hinauf. An der Hauptstraße halten wir uns **ohne Mk.** links und gehen, an der Bus-Hst. (s. Tipp) vorbei, geradeaus weiter, bis rechts der Fuß- und Radweg nach Pegnitz abzweigt. In einer Senke biegen wir mit **Grünring** (Ww. Weidlwang) rechts auf einen begrünten Fahrweg ab, der uns in das malerische **Heroldsreuther Tal** hineinführt. Bei einer Gabelung folgen wir mit Linksschwenk dem schmaleren Weg im Talgrund und erreichen nach 250 m (am Beginn einer größeren Wiese) die entscheidende Abzweigung: Ein deutlicher Pfad **ohne Mk.** führt links zu einem Felsdach und mit Linksknick zu einem begeisternden **Felsengarten** mit überhängenden Riesenblöcken empor.

Über den Arzberg ins Pegnitztal

Wieder mit **Grünring** gelangen wir zu einer Teerstraße in Sichtweite von Heroldsreuth, fol-

Magische Lichtstimmungen verzaubern den Diebskeller.

Holz-Kunst verschönert den Weg durch den Veldensteiner Forst.

Zwei-Tages-Variante

Wer sich mehr Zeit lassen will, kann die Tour auf zwei Tage verteilen, indem er mit Bus 380 von Horlach nach Pegnitz fährt und an einem anderen Tag wieder von dort nach Horlach zurückkehrt; Abfahrt von Horlach Mo-Fr 14:02, 15:02, 16:02 oder 17:02 Uhr, Rückfahrt von Pegnitz Bhf. Mo-Sa 9:35, 10:35 oder 11:35 Uhr (Sa auch um 8:35 Uhr).

Der Vogelberg-Abri fesselt mit 4 Eingängen und wilden Formen.

Zu den Highlights der Lochfelsen zählen bizarre Türme, …

… der malerische Felstunnel am linken Ende …

gen ihr wenige Meter nach links und biegen dann mit **Nr. 5** links in einen Feldweg ein. Die Mk. leitet uns über eine Kuppe in einen idyllischen Wiesengrund hinab, dann auf breitem Fußweg rechts zum Waldrand hinüber. Hier zweigt links ein unbefestigter Fahrweg **ohne Mk.** ab, der uns am Wald entlang zur aussichtsreichen Anhöhe des Arzbergs hinaufbringt. Bei Vereinigung mit einem anderen Weg halten wir uns rechts und gelangen zum Ortsrand von Pegnitz. Nach leichtem Rechtsknick treffen wir wieder auf Mk. **Nr. 5**: Sie leitet uns über die Pommernstraße zur Straße Am Arzberg, auf dem Gehweg rechts bergab, dann nach dem Kindergarten St. Franziskus auf einem links abzweigenden Fußweg ins Pegnitztal hinunter und im Linksbogen an der Bahn entlang.

Karstwunder Lochfelsen

Wo der begrünte Fahrweg nach Linksknick wieder ansteigt, zeigen sich oberhalb bald die Lochfelsen, eines der größten Naturwunder der Alb. Ihre Erkundung (vgl. Infokasten) schenkt unvergessliche Eindrücke: Wo der mk. Weg wieder sanft zu fallen beginnt, erblicken wir links in ca. 5 m Entfernung einen 3 m hohen kegelförmigen Felsen. Vor ihm biegen wir links ab und steigen **ohne Mk.** auf schwachen Spuren schräg durch den Hang zum Fuß des rechten (!) der zwei Massive auf, wo sich eine kleine Felsnische öffnet. Hier treffen wir auf einen deutlichen Pfad, der uns an der linken Seite der Felsen steil zu einem Felsdurchgang hinaufbringt (den wir später durchqueren werden). Vorerst folgen wir weiter dem Pfad und steigen unter einem bizarr überhängenden Turm in Richtung des Sattels zwischen den Massiven auf. Kurz vor der Anhöhe erblicken wir links einen Höhleneingang und betreten eine geräumige Durchgangshöhle, die mit drei Öffnungen auf der Bergseite und zwei großen Portalen zum Tal hin einen einmaligen Anblick und traumhafte Sicht ins Pegnitztal bietet. Wir verlassen sie über den zweiten (!) unteren Ausgang, gehen am Fuß des

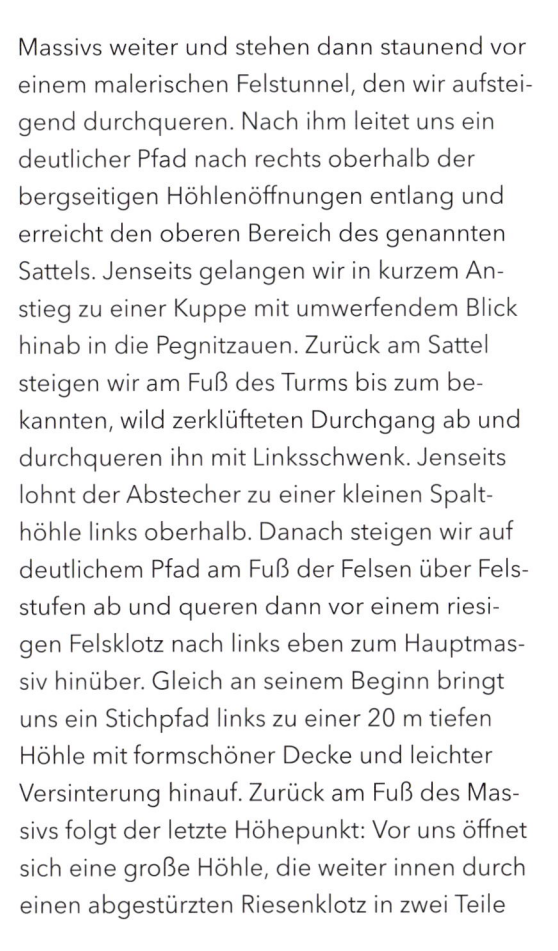

... und die große Durchgangshöhle mit fünf Eingängen.

Massivs weiter und stehen dann staunend vor einem malerischen Felstunnel, den wir aufsteigend durchqueren. Nach ihm leitet uns ein deutlicher Pfad nach rechts oberhalb der bergseitigen Höhlenöffnungen entlang und erreicht den oberen Bereich des genannten Sattels. Jenseits gelangen wir in kurzem Anstieg zu einer Kuppe mit umwerfendem Blick hinab in die Pegnitzauen. Zurück am Sattel steigen wir am Fuß des Turms bis zum bekannten, wild zerklüfteten Durchgang ab und durchqueren ihn mit Linksschwenk. Jenseits lohnt der Abstecher zu einer kleinen Spalthöhle links oberhalb. Danach steigen wir auf deutlichem Pfad am Fuß der Felsen über Felsstufen ab und queren dann vor einem riesigen Felsklotz nach links eben zum Hauptmassiv hinüber. Gleich an seinem Beginn bringt uns ein Stichpfad links zu einer 20 m tiefen Höhle mit formschöner Decke und leichter Versinterung hinauf. Zurück am Fuß des Massivs folgt der letzte Höhepunkt: Vor uns öffnet sich eine große Höhle, die weiter innen durch einen abgestürzten Riesenklotz in zwei Teile geteilt wird. Von ihrem Portal gehen wir im Rechtsbogen abwärts, gelangen auf breiterem Pfad wieder zum Weg Nr. 5 und wandern mit Linksschwenk auf weite Wiesen hinaus.

Über die Welle nach Pegnitz

Es lohnt sehr, den kleinen Umweg über die (Steinerne) Welle zu nehmen. Unmittelbar vor einer Gruppe von Büschen rechts des Weges zweigen links schwache Pfadspuren ab, die über die Wiese zum Wald führen. Sie setzen sich in einem deutlichen Pfad **ohne Mk.** fort, der im Linksbogen zum Hang unterhalb der Felsen, dann nach rechts empor und nochmals rechts abknickend zu einer Wegteilung am rechten Ende der Welle emporführt. Von hier bringt uns ein Stichpfad links in eine wilde Klamm und zu einem Felsplateau unterhalb des Riesenüberhangs hinauf. Zurück am Massivende halten wir uns links, wandern auf gutem Pfad an einem malerischen Felsengarten vorbei sanft aufwärts und treffen auf einen breiten Weg, der uns nach rechts wieder zur mk. Route hinabbringt. **Nr. 5** leitet uns nun als breiter Weg durch Wald bergan, dann links abzweigend auf einem Pfad steiler bergauf und an Zäunen entlang zur Wasserbergstraße. Wir wandern auf ihr links zur Hans-Böckler-Straße hinüber, nach rechts zügig bergab und schwenken dann scharf rechts in den Mühlweg ein. Nach der Pegnitz-Versickerung (Einlauf des Mühlbachs in den Wasserberg) geht es mit Nr. 5 unter der Bahn hindurch, nach links auf einer Brücke über den Hauptarm der Pegnitz hinüber und parallel zur Bahn über die Straße Reusch zu einer Kuppe empor. Jenseits gelangen wir über die Straße Am Kellerberg zu einer Kreuzung und geradeaus weiter über die Bahnhofstraße zum Bhf.

WUNDERWELT VELDENSTEINER FORST

18

Wirrenloch, Wolfslöcher, Lochsteine und Ortsfelsen-Höhlenruine

Unsere Durchquerung des Veldensteiner Forstes präsentiert viele seiner größten Wunder: bekannte wie den Gr. Lochstein, aber auch gänzlich verborgene wie die Wolfslöcher oder die Ortsfelsen-Höhlenruine.

Von der Durchgangshöhle des Kuckuckslochs führt uns unsere Route zum tiefen Wirrenloch und weiter in den felsenreichen Buchgraben mit der malerischen Reutersteighöhle. Über die Wolfslöcher gelangen wir zur fantastischen Dolinenreihe der Eislöcher und am formschönen Eislöcher-Felsendurchgang vorbei zum Kl. und Gr. Lochstein. Der Turm des Zuckerhuts und die Ortsfelsen mit der einzigartigen Höhlenruine sind dann die Highlights am Weg nach Weidlwang.

Kuckucks- und Wirrenloch

Von der Hst. gehen wir mit **Grünring** u.a. nach S durch Bernheck zurück, biegen bei der Kirche links ab und gelangen auf einem bald nur noch geschotterten Fahrweg in ein idyllisches Waldtal hinunter. Hier schwenken wir nach links, gehen bei der nächsten Gabelung halb links am Waldrand weiter und stehen bald vor dem ersten Highlight: Vor uns öffnet sich die malerische Durchgangshöhle des **Kuckuckslochs**; man sollte unbedingt über den rechts abzweigenden Forstweg auch ihre Rückseite besuchen. Zurück auf dem Hauptweg kommen wir bald zur nächsten Verzweigung: Wir wandern **ohne Mk.** geradeaus auf dem Schotterweg am Waldrand weiter und erreichen nach Überquerung einer Straße den Parkplatz Geißbock, wo unsere neue Mk. **Grünwimpel** auftaucht. Sie leitet uns bei einer Wegteilung links auf einem Teerweg am Waldrand entlang, dann über eine Freifläche hinweg wieder zum Wald hinüber, wo wir auf begrüntem Fahrweg geradeaus weitergehen. Bei der ersten Wegbiegung lohnt ein Abstecher: Ein Pfad bringt uns rechts zu einer bizarren Felsgruppe hinauf. Auf dem mk. Weg geht es noch kurz am Waldrand weiter, dann rechts in den Wald hinein und auf einem Stichpfad rechts zum originell durchlöcherten Portal des **Wirrenlochs** hinauf. Im Inneren staunt man nicht wenig: Der imposante, schön versinterte Hauptgang verläuft genau im rechten Winkel zum Eingang und führt noch ca. 40 m in den Berg hinein.

Reutersteighöhle und Wolfslöcher

Nach der Besichtigung gehen wir den Stichpfad wieder hinunter und wandern auf dem

Das Hauptmassiv der Wolfslöcher: ein vergessenes Naturwunder

mittel | **20 km** | **355/410 Hm** | **6:00 Std.**

Auf einen Blick

Tourencharakter
Durchquerung eines riesigen Waldgebiets und Besuch seiner größten Naturwunder (malerische Dolinen, 5 Höhlen, 4 imposante Durchgangshöhlen, eine großartige Höhlenruine, Felstürme) fast durchgehend auf guten Wegen mit mäßigen Steigungen, nur Aufstieg zur Ortsfelsen-Höhlenruine auf steilen Pfadspuren

Mögliche Tage
Mo-Fr: ganzjährig

Ausgangspunkt/Anfahrt
Hst. Bernheck, hierher vom Bhf. Pegnitz **Mo-Fr** mit Bus 380 (Pegomobil), Abfahrt um 8:26 Uhr (Fahrzeit 27 Min.)

Endpunkt/Rückfahrt
Hst. Weidlwang, von hier mit Bus 450 zurück nach Pegnitz, **Mo-Fr** um 16:31, 17:28 oder 18:28 Uhr (Fahrzeit 9 Min.)

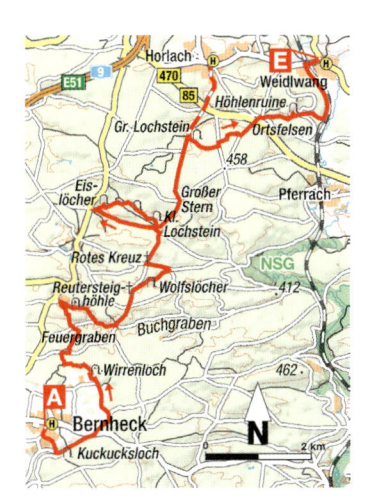

Gehzeiten
Kuckucksloch 0:15 Std. – Wirrenloch 0:35 Std. – Reutersteighöhle 0:50 Std. – Wolfslöcher 0:45 Std. – Eislöcher 0:55 Std. – Kl. Lochstein 0:25 Std. – Gr. Lochstein 0:30 Std. – Zuckerhut 0:25 Std. – Ortsfelsen-Höhlenruine 0:30 Std. – Weidlwang 0:50 Std.

Beste Jahreszeit
Frühjahr und Spätherbst, auch im Winter wegen Eisbildungen in Eislöchern sehr lohnend (Besuch des Wirrenlochs und der tieferen Teile der Eislöcher wegen Fledermausschutz nur 1.4.-30.9.!)

Einkehr
unterwegs keine

mk. Weg nach rechts an einem schroffen Massiv entlang. Bald folgt die entscheidende Wegteilung: Wir gehen nach links aus dem Wald hinaus und folgen nun der Mk. **Blaupunkt** (linker Ast): Sie führt uns stets am Waldrand entlang, zuerst auf einem begrünten Fahrweg, dann auf einem Wanderpfad im Linksbogen bergauf. Nach Überquerung einer Forststraße kommen wir durch Wald zu einer Verzweigung: Wir schwenken mit **Rotpunkt** u.a. nach rechts, überqueren eine Senke, folgen kurz einer Forststraße nach rechts und biegen dann wieder links auf einen schmalen Pfad ab. Die Mk. leitet uns bald in den tiefen Feuergraben hinab, nach Überquerung einer Forststraße am Gegenhang zügig bergauf und mit Linksschwenk über den Bergrücken. Dann geht es an der rechten Flanke in den malerischen Buchgraben hinunter, wo wir nach rechts auf den Schotterweg einbiegen. Nach kurzer Strecke lockt links ein schroffer Felsturm mit kleiner Höhle zu einem Abstecher. Gleich nach ihm teilen sich die Wege: Wo Rotpunkt links abzweigt, gehen wir **ohne Mk.** geradeaus auf dem Schotterweg weiter, passieren eine idyllische Lichtung und stoßen an ihrem Ende auf den Ww. zur Reutersteighöhle (hier: Reitersteighöhle). Ein Stichpfad bringt uns nach links steil zur wild zerklüfteten Halle mit pittoreskem Deckenfenster hinauf. Wieder auf dem Schotterweg wandern wir an einem imposanten Felsdach vorbei durch den malerischen Talgrund, folgen bei einer Verzweigung rechts dem Hauptweg und erreichen einen linker Hand von imposanten Felsfluchten geschmückten Talabschnitt: Höhepunkt ist eine gewaltige Wand mit bauchigem Überhang, vorgelagertem Turm und kleinen Höhlenlöchern, die den kurzen Aufstieg (zum Sattel zwischen Wand und Turm, dann nach links) lohnt. Nach Linksschwenk erreichen wir an weiteren Felsen vorbei eine fünffache Wegteilung: Gleich an ihrem Beginn zweigen wir links mit der **Fahrrad-Mk. BT 19** (Richtung Pegnitz) auf einen Schotterweg ab. Auf ihm geht es zu einem Bergrücken empor, geradeaus über eine Forststraße hinweg und wieder sanft bergab. Bald folgt die entscheidende Wegmarke: Links des Weges sehen wir das schlichte Dragonerkreuz und 30 m weiter zweigt rechts ein unscheinbarer begrünter Fahrweg **ohne Mk.** in den Wald ab. Er führt uns in die vergessene Felsenwelt der Wolfslöcher. Nach einem Massiv mit kleiner Halbhöhle folgt der Höhepunkt: zuerst ein malerisch ausgehöhlter Fels, dann das formschöne Hauptmassiv mit kleiner Höhle links und größerer, aber flacher Höhle rechts, zuletzt ein überhängender Felsturm. An kleineren Felsen vorbei geht es auf dem Fahrweg durch den weltabgeschiedenen Grund weiter, dann auf einem Forstweg nach links zur Einmündung in einen Schotterweg hinüber, dem wir nach links folgen.

Wunderwelt um die Eislöcher

Durch ein Waldtal erreichen wir eine Kreuzung beim geschnitzten Roten Kreuz und zweigen hier rechts auf einen Forstweg ab: Er führt erst deutlich bergan, dann eben über einen Bergrücken und zuletzt wieder in einen

Der Durchgang des Kl. Lochsteins

Bizarre Felsen schmücken den stillen Buchgraben.

Blick aus der Halle der Reutersteighöhle in den Buchgraben

Zwei-Tages-Variante

Die relativ lange Tour kann problemlos auf zwei Tage verteilt werden, wenn man beim Gr. Lochstein nicht rechts abbiegt, sondern (ebenfalls mit Nr. 5 - anderer Ast) geradeaus auf der Forststraße nach Horlach weitergeht (der Weg vereinigt sich bald mit dem bei Tour 17 beschriebenen). Man fährt von dort mit Bus 380 nach Pegnitz, kehrt an einem anderen Tag mit derselben Linie nach Horlach zurück und gelangt auf gleicher Route wieder zum Gr. Lochstein. Die jeweiligen Abfahrtszeiten in Horlach und Pegnitz sind bei Tour 17 angegeben.

Das Fels-Gesicht macht das Wirrenloch unverwechselbar.

Bei Frost bildet sich in den Eislöchern eine große Eissäule.

Der Eislöcher-Felsendurchgang – ein verstecktes Juwel

Durch den Kleinen Lochstein führt ein malerischer Pfad.

felsgeschmücktem Grund hinunter. Hier schwenken wir nach links und wandern auf dem Forstweg durch ein breites, sonniges Waldtal sanft bergauf, an einigen Dolinen vorbei. Wo geradeaus bereits eine Straße sichtbar wird, heißt es aufgepasst: Wir biegen spitzwinklig rechts mit **Nr. 5** u.a. auf einen breiten Wanderweg ab und erreichen nach leichtem Anstieg das Gebiet der Eislöcher: Direkt neben dem Weg öffnen sich drei schaurig tiefe Dolinen. Der Besuch schenkt großartige Eindrücke: Man quert gleich bei der ersten Doline (Schild mit Hinweis auf die hier überwinternden Fledermäuse) nach links in den Hang hinein und steigt im Rechtsbogen zu einem Durchgang ab, den man nur auf Knien durchqueren kann. Danach betritt man einen durch die zwei folgenden Dolinen magisch beleuchteten hohen Raum, geht unter dem Felsbogen zwischen beiden hindurch und steigt in den nur mit Taschenlampe erkundbaren Teil ab: An eine kuppelartige Halle schließen sich zwei ausgedehnte flache Kammern und ein hoher Dom mit wildem Verbruch an. Nach der Besichtigung geht es mit Nr. 5 noch leicht bergauf, bei einer Gabelung geradeaus (Richtung Kl. Lochstein) weiter und dann links in einen Grund hinunter, den wir auf unbefestigtem Forstweg durchwandern. Nach kurzer Strecke wird links das nächste Naturwunder sichtbar: Ein deutlicher Pfad bringt uns zu einem imposant überhängenden Massiv hinüber, in dem sich der malerische Eislöcher-Felsendurchgang öffnet.

Kleiner und Großer Lochstein

Zurück am mk. Weg passieren wir einen schönen Felsturm und erblicken bald ein weiteres Highlight: Vor uns erhebt sich der **Kl. Lochstein** mit seinem breiten Felsentor. Gute Wege führen zu ihm hinüber, durch das Tor hindurch oder links um es herum und dann zum Forstweg zurück. Bei einer Gabelung kurz danach biegen wir links auf einen Wanderweg ab, der an der Nordseite des bereits bekannten Grundes entlangführt und dann in einen Schotterweg mündet. Auf ihm steigen wir nach links zu einer Kuppe auf und gelangen zum Gr. Stern, einer mehrfachen Wegteilung. Hier gehen wir, weiter mit Nr. 5, halb links weiter und erreichen auf dem Schotterweg nach Überschreitung zweier Kuppen ein Naturwunder, das als eines der schönsten Geotope Bayerns eingestuft wurde: Der gewaltige Felsturm des Gr. Lochsteins begeistert mit der großen Tunnelhöhle in der Mitte und der bizarr geformten Höhlenkammer links. Man sollte unbedingt durch den Tunnel hindurch und dann nach rechts in ein jüngst freigestelltes Felsrevier mit wilden Türmen und Überhängen aufsteigen.

Felsenwunderland Ortsfelsen

Zurück an der Südseite des Massivs biegen wir mit Nr. 5 (bei Blick zum Turm) rechts auf einen Schotterweg ab, der uns an einem Felskamm mit malerischen Wölbungen und einer idyllischen Wiese vorbei sanft bergauf führt. Bei Einmündung in eine querende Forststraße gehen wir links zu einer Kuppe empor, jenseits wenige Meter abwärts und biegen unmittelbar nach einem Baum, der die Mk. Nr. 5 trägt, rechts auf einen deutlichen Wanderpfad ab. Er leitet uns an einem malerisch überhängenden Massiv und mehreren Türmen vorbei, dann deutlich bergab zum imposanten Felsturm des Zuckerhuts, den man auf Pfadspuren umrunden kann. Kurz nach ihm leitet uns die

Die Ortsfelsen-Höhlenruine – ein Wunder an bizarren Formen

Nr. 5 auf einer Forststraße links bergab, unter der B 85 hindurch und geradeaus weiter bis zu einer Kreuzung. Hier folgen wir kurz einem Schotterweg nach rechts und biegen dann links auf einen Waldpfad ab, der erst durch verwunschenen Wald, dann in einen von bizarren Felsen gesäumten Grund hineinführt – ein wahres Dorado für Felsenfans. Schon kurz nach dem Schild Ortsfelsen lohnt ein Abstecher nach links zu einem hohen Felsturm, neben dem eine tiefe Spalte klafft. Wo der mk. Weg zur linken Talseite wechselt, folgt das nächste Highlight: ein Turm mit drei wulstigen Überhängen übereinander. Er bildet eine wichtige Wegmarke für den Zugang zum letzten großen Naturwunder: Wir gehen von ihm nur noch ein kurzes Stück weiter, bis nach einem ca. 3 m hohen pfropfenförmigen Felsen eine Rampe nach links emporführt. Wir steigen **ohne Mk.** über sie in weiten Kehren auf, dann auf der linken Seite an einem Turm mit überhängendem Gipfelkopf vorbei und am Massiv weiter bergauf, bis sich rechts ein Durchgang zwischen einer glatten Wand und einem Überhang öffnet. Wir gehen durch ihn hindurch, wandern geradeaus zu der vor uns sichtbaren Felsgruppe empor und queren an ihrem Fuß nach rechts: Schon stehen wir staunend vor den zwei großen Felsbögen der Ortsfelsen-Höhlenruine, an die sich weiter rechts malerische Überhänge anschließen: ein fantastischer, völlig weltabgeschiedener Rastplatz.

Nach Weidlwang

Zurück am mk. Weg führt uns **Nr. 5** durch den idyllischen Grund weiter talaus, geradeaus über eine Forststraße hinweg und auf der lin-

Der Gr. Lochstein zählt offiziell zu den Top-Geotopen Bayerns.

Der Kanonier von Weidlwang

Wenn man von der Hst. noch 60 m an der Straße (nach SO) weitergeht, bietet sich bei einer Hofeinfahrt der schönste Blick auf den berühmten Kanonierfelsen. Die Holzfigur auf dem Felsturm erinnert an eine List aus dem Dreißigjährigen Krieg. Als im Jahre 1635 die Schweden auf Weidlwang vorrückten, kamen die Bewohner mithilfe eines ins Dorf geflüchteten kaiserlich-bayerischen Soldaten auf eine findige Idee: Sie stellten auf den Felsen im Ort eine Strohpuppe, zogen ihr die Uniform des Soldaten an und fügten als Kanonenattrappe einen Pflug und ein Holzrohr hinzu. Die List gelang: In der Meinung, dass die Plünderung nur unter massiven Verlusten durch gegnerischen Beschuss möglich wäre, machten die Schweden einen weiten Bogen um das Dorf. Seit 1649 erinnert eine Holzfigur an dieses Ereignis, die heute von einem eigenen Verein gepflegt wird.

ken Talseite an bizarren Felsen mit Halbhöhlen und einem schönen Felsdach (lohnender Abstecher) vorbei zur Einmündung in einen unbefestigten Fahrweg. Auf ihm geht es links sanft bergauf, dann auf einem Schotterweg immer parallel zur Bahnlinie mit schönem Blick ins Pegnitztal und zum berühmten Kanonierfelsen (s. Info) weiter nach Weidlwangermühle. Von hier wandern wir mit **Blauwimpel** auf einem Teersträßchen rechts unter der Bahn hindurch, über die Pegnitz nach Weidlwang hinüber, an der Hauptstraße nach rechts in den Ort hinein und erreichen nach 110 m die Hst.

FELSGIGANTEN UND HÖHLENMYSTIK

19
Von Hohe Tanne über Allmannsberghöhle und Geheimbund nach Neuhaus

Bei der Durchquerung des Sackdillinger Forstes erleben wir viele seiner größten Schätze, auch völlig unbekannte wie die mystische Allmannsberghöhle oder die riesige Durchgangshöhle im Engenthaler Schlag.

Dies sind nur zwei der rund 20 großen, meist verborgenen Highlights der Tour. Nicht weniger faszinieren z.B. die Felsburg der Roten Kante mit Türmen und tiefer Schachthöhle, die magisch beleuchtete Riesenspalte, das grandiose Felsrevier des Geheimbunds mit Klammen und Türmen, die bizarren Pölze und der gewaltige Durchgang der Vogelherdgrotte. Auch im Schlussteil, welcher der Route des Karstkundlichen Pfades folgt, führen Abstecher zu versteckten Wundern wie der Eichelgarten-Durchgangshöhle.

Zur Betterlingshöhle

Von der Hst. gelangen wir auf der Zufahrtstraße zum Gh. Hohe Tanne, wandern geradeaus weiter und treffen bei einer Kreuzung auf den **Eichkatzlweg**. Mit der Eichhörnchen-Mk. geht es zunächst geradeaus auf dem Schotterweg weiter, links auf schmalem Weg durch den Wald, dann wieder auf der Forststraße nach links in eine Senke hinab, wo sich die Wege teilen: Ein Wanderweg führt uns nach rechts empor in den Wald, in stetem Auf und Ab über drei Kuppen, dann hinauf zum breiten Massiv, in dem sich der enge Spalt der **Betterlingshöhle** öffnet: Ein steiler, aber problemloser Abstieg bringt uns in den schön versinterten Hauptraum.

Ins Felsenreich der Roten Kante

Vor der Höhle schwenkt der Weg nach links und bringt uns eben zu einer Forststraße, wo man der Mk. in beide Richtungen folgen kann. Wir halten uns links und erreichen bald eine Kreuzung: Hier biegen wir rechts in einen Schotterweg **ohne Mk.** (Ww. Sackdilling) ein, der zu einer Kuppe hinauf und jenseits in ein Waldtal hinabführt. Bei einer Wegteilung mit vielen Ww. zweigen wir (vor dem Schild »Hoher Ast«) rechtwinklig rechts auf den **Fahrradweg Nr. 1** Richtung Königstein ab und steigen zügig bergan. Wo das Gelände flacher wird und ca. 20 m vor uns eine Gabelung des

Gigantisch: die Durchgangshöhle im Engenthaler Schlag

mittel | **18 km** | **480/510 Hm** | **5:45 Std.**

Auf einen Blick

Tourencharakter
Einzigartige Karst-Wanderung mit wenigen größeren Anstiegen zu grandiosen Durchgangshöhlen, Höhlenruinen, Ganghöhlen, Spalten, Klammen und bizarren Felstürmen; die Wildnis um Allmannsberghöhle und Engenthaler Schlag erfordert Entdeckerlust und etwas Orientierungssinn und sollte nur in der laublosen Zeit besucht werden (im Sommer schlechtere Sicht und Zeckengefahr). Lässt man beide aus, ist die Tour für alle Wanderer und auch für den Sommer geeignet (fast durchgehend gute Wege).

Mögliche Tage
Mo-Sa: ganzjährig, So: 1.5.-1.11.

Ausgangspunkt/Anfahrt
Hst. Abzw. Hohe Tanne, hierher Mo-Sa mit Bus 452, Abfahrt vom Bhf. Neuhaus (Pegnitz) **Mo-Fr** um 7:27, 9:10 oder 11:10 Uhr, **Sa** um 8:20 oder 10:10 Uhr; **So nur vom 1.5.-1.11.** mit Bus 339, Abfahrt um 9:10 oder 11:10 Uhr (Fahrzeit 9-18 Min)

Endpunkt/Rückfahrt
Bhf. Neuhaus (Pegnitz), von hier stdl. um x:55/56 Uhr mit RE direkt nach Nürnberg, um x:01 Uhr mit RB 30 über Hersbruck nach Nürnberg oder um x:06 Uhr mit RE Richtung Bayreuth/Hof

Gehzeiten
Betterlingshöhle 0:35 Std. - Rote Kante 0:35 Std. - Allmannsberghöhle 0:30 Std. - Engenthaler Schlag Durchgangshöhle 0:35 Std. - Riesenspalte 0:20 Std. - Geheimbund 0:20 Std. - Pölze/Vogelberghöhle 0:25 Std. - Vogelherdgrotte 0:15 Std. - Maximiliansgrotte (m. Abstechern) 0:30 Std. - Schlieraukapelle 0:20 Std. - Mysteriengrotte/Eichelgarten-Durchgangshöhle 0:20 Std. - Distlergrotte 0:35 Std. - Neuhaus Bhf. 0:25 Std.

Beste Jahreszeit
Frühjahr und Spätherbst, im Sommer in der verkürzten Variante (s. oben) reizvoll, aber sehr schattig (Besuch der wenigen tieferen Höhlen nur 1.4.-30.9.)

Einkehr
Gh. Grottenhof (s. Text), Tel. 09156/434

143

Forstwegs zu sehen ist, erblickt man rechts im Wald ein imposantes Felsmassiv: Auf Pfadspuren, später auf deutlichem Pfad (**ohne Mk.**) queren wir eben zu seinem Fuß hinüber, steigen zu einem wilden Felswinkel auf und gelangen an einem turmartigen Felsen entlang zu einem malerischen Platz, über dem die gewaltig überhängende Rote Kante aufragt. Beim Rückweg sollte man unbedingt schon nach wenigen Metern rechts durch eine Rinne in den wilden Felskessel in der Mitte des Massivs aufsteigen: Die riesige Wand des vordersten Turms fasziniert ebenso wie der schaurige Schacht der Kl. Hoher-Ast-Höhle an ihrem Fuß.

Zur mystischen Allmannsberghöhle

Zurück am Schotterweg erreichen wir bald die genannte Gabelung auf einem Sattel: Wir schwenken links auf einen Forstweg ohne Mk. ein, der uns zu einer mit begrünten Felsen geschmückten Kuppe hinauf und mit Rechtsknick wieder bergab führt. An mittelhohen Massiven entlang erreicht man schließlich die B 85 und geht auf ihrem Seitenstreifen 140 m nach links. Dann wechselt man rechts zur anderen Straßenseite über, wo zwei Schotterwege abzweigen: Wir wählen den linken (Fahrverbotsschild), steigen steil bergan und gelangen bald zur Vereinigung mit einem anderen Forstweg. Von hier wandern wir im Linksbogen weiter aufwärts und kommen zur entscheidenden Abzweigung: 10 m vor einem kegelförmigen, ca. 3 m hohen begrünten Turm biegen wir auf Fahrspuren rechts in eine Schneise ab und steigen zu einer wild zerklüfteten Wand auf. An ihr gehen wir nach links entlang, zwischen ihr und einem überhängenden Turm hindurch und am Fuß der imposanten Felsen weiter zu einem Kessel, in dem sich ein trichterförmiges Höhlenportal öffnet. Nach kurzem Aufstieg betreten wir die Allmannsberghöhle und stehen nach kurzer Bückstelle staunend in ihrer domartigen Haupthalle, die durch ein Deckenfenster magisch beleuchtet wird und sich in malerisch zerklüfteten Seitenspalten mit leichter Versinterung fortsetzt. Beim Rückweg folgt man zunächst derselben Route, geht dann aber rechts an der bizarr überhängenden Talseite des vorgelagerten Turms vorbei und gelangt so zur Schneise und zum Schotterweg zurück. Auf ihm kehren wir zur Vereinigung der zwei Forstwege zurück, gehen nun aber geradeaus bergab und auf einem querenden Forstweg nach links.

Felsenwunderland Engenthaler Schlag

Bald erreichen wir wieder die B 85, gehen an ihr noch kurz entlang, dann rechts zu einer geteerten Einfahrt auf der anderen Seite hinüber und kommen bald zu einer Wegteilung (wer den Engenthaler Schlag auslassen will, wandert hier mit Nr. 1 nach links und trifft nach 660 m auf die Abzweigung zur Riesenspalte): Wir schwenken rechts auf den Schotterweg mit der **Fahrrad-Mk. 1** ein und wandern an bizarren Felsen vorbei sanft bergab. Vor dem Markierungspfahl der Gasleitung folgt die entscheidende Abzweigung: Wir biegen spitzwinklig links auf einen begrünten Fahrweg **ohne Mk.** ab und steigen über eine Schneise bis zur Gabelung vor einem weiteren Pfahl auf. Von hier bringt uns ein unbefestigter Fahrweg nach rechts zu einer idyllischen Wiese empor. Gleich an ihrem Beginn gehen wir links durch den offenen Wald zu den Felsen hinüber und nach rechts an einem wun-

Eine enge Klamm führt in das Felsenreich des Geheimbunds.

Wilde Spalten durchziehen die Hauptwand des Geheimbunds.

Maximiliansgrotte

Wer die fantastische Tropfsteinhöhle mit dem wohl größten Tropfstein Deutschlands noch nicht kennt, kann ihr Sa/So von April bis 31. Oktober einen Besuch abstatten (mit Führung, Infos unter maxi.grottenhof.de). Wenn man dann knapp im Zeitplan ist oder die Tour aus anderen Gründen abkürzen möchte, kann man ab hier auch den Weg nach Neuhaus nehmen, der bei Tour 21 beschrieben ist (Ersparnis 0:45 Std.).

Die Felsen-Pilze der Pölze zählen zu den Highlights der Tour.

Vogelberghöhle und -abri: ein faszinierendes Ensemble

In der Mysteriengrotte geht der Sage nach ein böser Geist um.

dervollen Felsengarten mit engen Klammen und wilden Überhängen entlang. Höhepunkt ist ein Felskessel mit bizarr überhängendem Turm und malerischen Auswaschungen. Nun entfernen wir uns nach rechts wieder vom Felskamm und treffen bei einem Jägerstand auf einen Fahrweg, der nach links bergab führt. Wo er in einen Querweg mündet, sehen wir links ein großes Massiv und wandern auf Pfadspuren zu ihm hinüber: Zwischen zwei riesigen Türmen öffnet sich die gewaltige **Durchgangshöhle im Engenthaler Schlag**. Nach Besichtigung von allen Seiten kehren wir zum (etwas verwachsenen) Querweg zurück, folgen ihm nach links und gelangen im Linksbogen zu einer Forststraße, auf die wir nach links einbiegen.

Riesenspalte und Geheimbund

Nach einer Senke erreichen wir eine dreieckig angelegte Wegteilung, wo ein großartiger Abstecher ansteht: Wir wandern auf dem Schotterweg mit **Nr. 11** nach links, passieren ein Massiv mit auffälligem Vorturm, gehen nach ihm rechts auf verwachsenen Fahrspuren in den Wald hinein und im Rechtsbogen zur hohen Wand vor uns hinauf: In der Mitte öffnet sich eine riesige, am Ende verzweigte **Spalte** (A 514), die mit magischen Lichtstimmungen begeistert. Wir kehren nun zur genannten Wegteilung zurück und wandern mit **Nr. 11** geradeaus weiter und stetig bergauf. Kurz nach dem höchsten Punkt ist Aufmerksamkeit gefragt: Wir sehen rechts des Weges einen Felsen mit markanter Kerbe, gehen noch 20 m weiter und entdecken rechts eine Rinne in der Böschung, über die wir **ohne Mk.** problemlos in den Wald aufsteigen. Wir gehen nun nach links an der Felskette entlang, passieren niedrigere Felsen und halten auf ein hohes Massiv zu. An seiner Bergseite kommen wir zu einem großen Highlight: Vor uns öffnet sich eine enge Klamm mit malerischem Klemmblock. Durch sie geht es steil in

Unser Weg führt direkt durch die gewaltige Vogelherdgrotte.

das einzigartige Felsenreich hinab, das die Kletterer Geheimbund nennen. Nach rechts erreichen wir einen Felskessel mit malerischen Halbhöhlen, dann zwei hohe Türme mit pittoreskem Durchschlupf am Fuß des einen. Hier machen wir kehrt, gehen unterhalb der Klamm vorbei und zum Fuß der Hauptwand (weiße Bank am Wandfuß) hinunter: Schaustück ist die S-förmige Spalte, die das Massiv senkrecht durchzieht. Von hier führt ein guter Pfad unterhalb des Massivs weiter und dann links steil zum Bergrücken empor. Auf begrüntem Fahrweg kommen wir über ihn zu einem querenden Weg (**Rotkreuz**) und steigen nach links bis zur Einmündung in die Forststraße ab.

Naturwunder Pölze und Vogelberg

Wieder mit **Nr. 11** geht es auf ihr nach rechts zu einer Gabelung unterhalb begrünter Felsen hinab: Wir schwenken mit **Rotpunkt** links auf einen Schotterweg ein und stehen bald staunend vor den zwei riesigen, bizarr gezackten Türmen der Pölze, zwischen denen sich eine Schlucht mit gewaltigen Versturzblöcken und der düsteren Schwarzen Grotte öffnet. Nach dem zweiten Turm bringt uns ein rechts abzweigender Pfad im Bogen zum Hang oberhalb der Schlucht hinauf: ein einzigartiger Anblick. Zurück auf dem Schotterweg steht schon 25 m weiter der nächste Abstecher **ohne Mk.** an: Auf gutem Pfad gelangen wir links zum malerischen Vogelbergabri, gehen zunächst nach rechts unter dem Felsdach um das Massiv herum zu einer wilden Klamm, dann wieder zurück und finden links oberhalb des Abris das imposante Portal der Vogelberghöhle, die als niedriger Gang 25 m in den Berg hineinführt.

Über die Vogelherd- zur Mysteriengrotte

Wieder auf dem **Rotpunkt**-Weg erreicht man nach kurzem Aufstieg eine Wegteilung: Wir zweigen mit **Rotkreuz** rechts auf einen Wanderweg ab, der uns bald nach links steil zu einem Felsdach mit kleinem Felsentor und dann rechts zur gewaltigen Durchgangshöhle der Vogelherdgrotte hinaufbringt. 60 m nach ihr folgt die nächste Gabelung: Rotkreuz leitet uns nach links steil empor, sanft zu einem Sträßchen hinunter, auf ihm kurz nach rechts, dann links in den Wald und nochmals links zu einer Kuppe empor. Nach einem Linksschwenk führt der Weg auf ein langes Massiv zu, an dessen linkem Ende sich eine zerklüftete Schichtfugenhöhle (A 623) öffnet (lohnender Abstecher für Höhlenfreunde). Der mk. Weg führt nun steil bergab und vereinigt sich in Sichtweite des Gh. Grottenhof mit einem breiten Weg. 50 m weiter sollte man links auf Pfadspuren **ohne Mk.** in den Wald abbiegen und am Fuß der Felsen entlanggehen: Bald steht man vor einem malerischen Felsbogen, hinter dem sich eine oben offene Halbhöhle verbirgt. Nach dem Abstecher führt uns **Rotkreuz** zu einer Forststraße empor, auf ihr rechts zu einem Parkplatz und nach ihm links zu einer Wegteilung beim Kassenhäuschen der Maximiliansgrotte hinauf. Hier biegen wir links auf den Karstkundlichen Pfad ein, dessen **Grünpunkt**-Mk. uns bis zum Ziel leiten wird. Seine wichtigsten Stationen seien daher nur kurz skizziert: Zunächst geht es steil zum Windloch (früherer Schachteinstieg) hinauf, weiter über den felsgeschmückten Kamm (vor einem begrünten Massiv nach links lohnender Abstecher zum großen Portal der Bärenhöhle = heutiger Ausgang der Maximiliansgrotte), dann zu einem Forstweg hinab und nach rechts mit prachtvoller Fernsicht am Waldrand zur Zufahrtsstraße hinüber. Wir folgen ihr auf dem parallelen Fußweg für 130 m, steigen dann nach links steil ab und gelangen mit Linksknick zur idyllisch gelegenen Schlieraukapelle. Bei der Wegteilung halten wir uns

rechts, wandern zu einer Kuppe empor, mit Rechtsschwenk zu einer Straße hinunter, auf ihr kurz nach links, dann rechts zum von bizarren Türmen gesäumten Vorplatz der Mysteriengrotte, einer formenreichen Hallenhöhle, hinunter. Hier steht ein begeisternder Abstecher an: Links der Türme führt ein deutlicher Pfad **ohne Mk.** in leichtem Auf und Ab durch den Hang in ein wildes Felsrevier mit bizarren Überhängen, unter denen sich die malerische Eichelgarten-Durchgangshöhle öffnet.

Über die Distlergrotte nach Neuhaus

Wieder mit **Grünpunkt** geht es durch Wald zur anderen Talseite hinüber, am Rand der Wiese nach rechts, durch ein felsiges Waldtal abwärts, dann geradeaus durch das schöne Trockental der Hasellohe weiter. Mit Rechtsschwenk wandern wir, an mittelhohen Felsen vorbei, im Talgrund weiter und schließlich in dichteren Wald hinein. Kurz nach Eintritt in den Wald zweigt rechts ein Pfad **ohne Mk.** ab, der an einem weißen Stab vorbei in den Wald, dann nach links sanft abwärts und mit Rechtsknick steil zu einer pittoresken Felsgruppe mit dem Eingang zur Distlergrotte hinaufführt. Außerhalb der Fledermausschutzzeit lohnt der Besuch der imposanten Halle. Von ihr geht es über eine Kehre wieder zum **Grünpunkt**-Weg hinunter. Er führt uns durch ein Waldtal (an seinem Ende rechts lohnender Aufstieg zu einer Bank und weiter zu einem bizarren Massiv mit tiefer Spalte), über eine Straße hinweg, links abzweigend weiter und mit Rechtsknick an der Pegnitz entlang, vorbei am hohen Massiv der Kommune. Über die Pegnitzbrücke und nochmals links entlang der Bahnhofstraße erreichen wir den Bhf. Neuhaus.

Besonders faszinieren die Pölze von der Bergseite her.

Wilde Überhänge umrahmen die Eichelgarten-Durchgangshöhle.

Von der Talseite fesselt die Klamm des Geheimbunds besonders.

DAS TAL DER NATURWUNDER

20

Vom Großen Berg bei Plech durch das Ankatal zur Pegnitz

Nur mithilfe des ÖPNV kann man das gesamte Ankatal mit all seinen versteckten Höhlen- und Felswelten erleben und ebenso die Karstwunder des Großen Bergs an seinem Beginn und der Gaiskirche an seinem Ende.

Nach Erkundung des Großen Bergs, seiner Felswelten und zwei kleinen Höhlen durchwandern wir das Ankatal in ganzer Länge, besuchen vier ganz unterschiedliche Höhlen (Weinberghöhle, Hohler Fels, Appenloch und Andreaskirche) und steigen aus dem schluchtartigen Schlussteil nochmals zu einer höheren Etage auf, wo sich wilde Zinnen um den Ochsenstein und der originelle Durchgang zur imposanten Gaiskirche verbergen.

Naturjuwel Großer Berg

Von der Hst. in der Ortsmitte wandern wir auf der Hauptstraße durch Plech nach S bergab, folgen dann rechts der Straße Richtung Hormersdorf und biegen kurz vor Ortsende mit dem **Kulturlandschaftsweg (KLW) Plech** u.a. links auf einen Schotterweg ab, der uns stets geradeaus zum Waldrand hinaufbringt. Bei einer Sitzgruppe am Fuß der imposanten Plecher Wand lohnt ein Abstecher nach rechts: Ein deutlicher Pfad bringt uns am Hang entlang zum bizarren Oskar-Bühler-Turm. Zurück an der Sitzgruppe geht es mit den Mkn. auf einem Forstweg bergauf zu einer Wiese, dann nach rechts in den Wald, wo sich die Großer-Berg-Höhle öffnet: Der kleine Raum diente den Anwohnern in Kriegszeiten als Zufluchtsort. Es folgt ein steiler Aufstieg durch malerisches Felsgelände zu einer Wegteilung: Der KLW führt uns hier als Stichweg geradeaus weiter bergan und mit Rechtsschwenk über den Kamm zur Schönen Aussicht Nord, die einen Prachtblick auf Plech bietet. Zurück an der Wegteilung folgen wir einem Fahrweg nach rechts und biegen bei einer Infotafel mit dem **Fränk. Gebirgsweg** rechts auf einen schmalen Weg ab, der uns über Stufen und an Felstürmen vorbei zur Kammhöhe und mit Rechtsknick zum Naturdenkmal Judenfriedhof hinaufbringt: Die dicht beieinanderliegenden Blöcke erinnern an einen verlassenen Friedhof. Nach weiterem Aufstieg durch wildes Felsgelände erreichen wir die Gipfelkuppe des Großen Bergs, steigen in Kehren bergab, dann einen Grat hinunter und durch ein Waldtal steil hinab zu einem querenden Forstweg. Hier steht zunächst ein Abstecher nach rechts an: Es geht wenige Meter sanft bergab,

Auf der Felskanzel der Schönen Aussicht S über dem Gansgraben.

mittel — **13,5 km** — **315/395 Hm** — **4:30 Std.**

Auf einen Blick

Tourencharakter
Überschreitung eines beachtlichen Gipfels mit imposanten Felsen und zwei kleinen Höhlen und Abwärts-Wanderung durch ein wildschönes Juratal mit gewaltigen Felskulissen und fünf spektakulären Höhlen; nur bei den Abstechern zu Felsen und Höhlen steile Pfade, sonst gute Wege

Mögliche Tage
Mo-Fr: ganzjährig, Sa/So: 1.5.-1.11. (an Sa Änderungen mögl.: s. vgn.de), 2.11.-30.4. nur mit Rufbus

Ausgangspunkt/Anfahrt
Hst. Plech Mitte, hierher **Mo-Fr** mit Bus 380 (Pegomobil) vom Bhf. Pegnitz, Abfahrt um 8:26 (Fahrzeit 24 Min.) oder 11:35 Uhr (Fahrzeit 43 Min.), **Sa/So** vom **1.5.-1.11.** mit Bus 343 vom Bhf. Neuhaus (Pegnitz), Abfahrt um 9:10 oder 11:10 Uhr (Fahrzeit 8 Min.); vom **2.11.-30.4.** an Sa/So nur Rufbus 394 (1 Std. vorher: Tel. 09241/26 97) vom Bhf. Pegnitz, Abfahrt um 9:45 oder 11:45 Uhr

Endpunkt/Rückfahrt
Bhf. Rupprechtstegen, von hier stdl. mit RB 30 um x:53 Uhr zurück nach Neuhaus (Fahrzeit 7 Min.) und weiter (Anschluss am selben Bahnsteig) mit RE (Abfahrt x:06 Uhr) nach Pegnitz, alternativ: mit RB 30 um x:07 Uhr nach Nürnberg Hbf.

Gehzeiten
Oskar-Bühler-Turm 0:20 Std. – Schöne Aussicht Nord 0:15 Std. – Schö. A. Süd 0:20 Std. – Gansgraben-Felsengrotte 0:30 Std. – Weinberghöhle 0:50 Std. – Hohler Fels 0:25 Std. – Appenloch 0:20 Std. – Andreaskirche 0:20 Std. – Gaiskirche/Pegnitztal-Aussicht 0:35 Std. – Rupprechtstegen Bhf. 0:35 Std.

Beste Jahreszeit
ganzjährig reizvoll, außer bei Schneelage

Einkehr
Mit kurzem Umweg (s. Tipp): Dorfgh. Gerstacker in Eichenstruth, Tel. 09152/396

dann zweigt links ein Pfad ab, der uns über einen Grat zur **Schönen Aussicht Süd**, einer schroffen Felsbastion hoch über dem Waldtal des Gansgrabens, hinaufbringt. Nach der Rast gehen wir auf dem Forstweg nach rechts zurück und wandern auf ihm, nun wieder mit dem **KLW**, geradeaus sanft bergab, bis spitzwinklig rechts ein unbefestigter Fahrweg **ohne Mk.** abzweigt. Er bringt uns über schöne Magerrasen zu einer Sitzgruppe am Südfuß des Großen Berges. Felsenfreunde werden hier den Aufstieg auf steilem Pfad zu den glatten Kletterwänden unterhalb der Schönen Aussicht nicht versäumen. Nach dem Abstecher führt uns der begrünte Fahrweg durch den idyllischen Gansgraben weiter, dann in einen Engpass hinein: Links fesselt ein malerisch durchlöchertes Massiv unsere Blicke, rechts erreicht man mit kurzem Anstieg die ca. 10 m tiefe **Gansgraben-Felsengrotte**.

Durch weite Täler

Danach leitet uns der Fahrweg auf weite Wiesenflächen hinaus und mündet in einen Schotterweg. Auf ihm wandern wir mit **Gelbpunkt** u.a. links zu einer Kuppe hinauf, dann (mit Teerbelag) eben über die Hochfläche. Bei einem einzeln stehenden Baum teilen sich die Wege: Wir folgen dem Teerweg nur noch 20 m nach rechts und biegen dann links auf einen begrünten Fahrweg **ohne Mk.** ab. Bei einer Gabelung halten wir uns rechts, passieren eine Waldinsel mit kleinen Felsen und ein Flurbereinigungsdenkmal und biegen dann rechts in einen Teerweg ein. Schon bald mündet er in ein Sträßchen (vgl. Einkehrtipp): Wir folgen

ihm mit **Gelbring** u.a. 420 m nach links, bis uns ein rechts abzweigender begrünter Fahrweg in das felsgeschmückte **Ankatal** hineinführt. Kurz geht es zur anderen Talseite hinüber, dann nach Linksknick immer am linken Rand des malerischen Tals bergab. Wo ein Golfplatz beginnt, steht bald ein interessanter Abstecher an: 50 m nach der kleinen Holzhütte zweigt links ein unbefestigter Fahrweg ab. Nach kurzem Anstieg erkennt man oberhalb den trichterförmigen Einstieg zur **Weinberghöhle** (nur für Höhlenforscher).

Höhlenwelten im Ankatal

Nach einer markanten Linkskurve des Hauptweges zweigen wir rechts auf einen unbefestigten Fahrweg ab und wandern stets geradeaus talab, wobei wir zur Mk. **Grünstrich** überwechseln. Kurz nach Eintritt in den Wald führen uns Pfadspuren **ohne Mk.** rechts zu einem imposanten Doppelfelsen hinüber: Der **Hohle Fels** begeistert rechts mit einem bizarren Überhang, links mit einer ca. 15 m tiefen Höhle. Von ihr führt ein deutlicher Pfad zum **Grünstrich**-Weg zurück. Es folgt ein gemütlicher Bummel durch das teils idyllische, teils mit formschönen Felsen geschmückte Tal, dann nach etwa 15 Min. ein weiterer Höhlenbesuch. Man achte auf einen Felsriegel, der von rechts nahe an den Weg herankommt: 20 m vor ihm zweigt links ein deutlicher Pfad **ohne Mk.** ab und bringt uns steil über eine Linkskehre zum breiten, zinnenbekrönten Portal des **Appenlochs** hinauf: Die gut 20 m tiefe Halle beeindruckt mit pittoresken Formen und ansehnlicher Versinterung.

Überhang links an der Andreaskirche

Über dem Ankatal öffnet sich das Riesenmaul des Appenlochs.

Einkehrtipp

Günstig ziemlich genau auf halber Wegstrecke liegt der Dorfgasthof Gerstacker, den man mit geringem Umweg (hin und zurück 660 m) aufsuchen kann: Vom Flurbereinigungsdenkmal (s. Text) kommend gelangt man auf dem Teerweg zu einem Sträßchen, biegt nun rechts auf es ein und wandert immer im Rechtsbogen ins Zentrum des von Weitem sichtbaren Dörfchens Eichenstruth hinein. Der Gasthof bietet hochwertige Spezialitäten aus der eigenen Metzgerei und einen lauschigen Biergarten – ein sehr gemütlicher Rastplatz (zur Sicherheit unter der im Infokasten genannten Nummer anmelden!).

Die gewaltige Andreaskirche begeistert mit drei Öffnungen.

Rechts der Höhle können Felsenfreunde ein wild zerklüftetes Gelände mit malerischen Überhängen erkunden. Zurück auf dem Talweg leitet uns **Grünstrich** über ein Sträßchen hinüber, geradeaus auf einem Schotterweg weiter, dann rechts abzweigend auf unbefestigtem Fahrweg zur anderen Talseite und auf schmalem Weg nach links am Waldrand entlang. Nach Eintritt in den Wald bringt uns ein Stichpfad rechts zur Andreaskirche hinauf: Die gewaltige Halle mit drei Öffnungen fesselt ebenso wie der Riesenüberhang über oberen Ausgang, den man mit kurzem Anstieg erreicht.

Wilde Felszinnen säumen den Durchgang beim Ochsenstein.

Felsenwunder um die Gaiskirche

Wieder auf dem mk. Weg geht es unter pittoresken Felsgebilden sanft abwärts durch die Flanke, dann zu einem unbefestigten Fahrweg hinunter und auf ihm steiler bergab. Nun heißt es aufgepasst: Wir passieren rechter Hand ein gratartiges Felsmassiv mit glatter Talwand, das unmittelbar neben dem Weg aufragt. Von hier gehen wir noch 30 m weiter und finden dann links einen ebenen Übergang über den (sonst mit Blöcken angefüllten) Graben und einen deutlichen Pfad **ohne Mk.**, der nach links am Hang ansteigt und in einer Rechtskehre auf eine höhere Hangstufe hinaufführt. Wo die Böschung flacher ist, können Felsenfreunde links ein Stück ansteigen und dann durch die Flanke zu einem imposanten dreigipfligen Massiv mit bauchigen Überhängen hinüberqueren. Zurück am Hauptweg geht es mit sanfter Steigung in einen malerischen Engpass zwischen einer bizarren Felsenburg mit vier Gipfeln und dem von wilden Spalten durchzogenen Doppelmassiv des Ochsensteins hinauf. Nach dem

Pass gehen wir rechts an der gewaltigen Ostseite des Ochsensteins leicht bergab und steigen dann mit Linksknick auf Pfadspuren zu einem begrünten Block mit zwei Spitzen ab. Oberhalb von ihm treffen wir wieder auf einen ausgeprägten Pfad, der uns nach links leicht ansteigend durch den Hang führt. Bald sehen wir links oben eine lange Felsfront mit einem Turm am rechten Ende. Wir steigen durch den offenen Wald zu dem breiten Massiv links auf und entdecken im linken (!) Teil den trichterförmigen Zustieg zu einer niedrigen Durchgangshöhle. Nachdem wir sie gebückt durchquert haben, stehen wir staunend vor der Schauseite der Gaiskirche, die mit großem Überhang und enger Spalte in der Mitte begeistert. Wir gehen nun auf deutlichem Pfad nach rechts am Massiv entlang, umrunden den gewaltigen Ankatalturm unmittelbar am Felsfuß im Rechtsbogen und treffen dann wieder auf einen breiteren Pfad, der uns nach

Die Gaiskirche fesselt mit enger Spalte und Durchgangshöhle.

Der sonnendurchglühte Felsen bietet Prachtsicht ins Pegnitztal.

links über eine Senke zu einem Felskopf mit Prachtblick ins Pegnitztal hinüberführt. Für den Rückweg (der direkte Talabstieg ist leider blockiert) kehren wir zum Fuß des Ankatalturms zurück, steigen nun aber auf dem breiteren Pfad links des Turms durch eine Rinne bergan und kehren dann auf der bekannten Route zum Talgrund zurück.

Abstieg nach Rupprechtstegen

Mit **Grünstrich** u.a. geht es auf dem Forstweg zügig durch das schluchtartige Tal bergab, zuletzt an der riesigen glatten **Ankatalwand** entlang. Danach gehen wir geradeaus über Talstraße und Pegnitz hinüber und biegen am anderen Ufer nach rechts. Nach malerischer Flusspromenade bringt uns eine Rampe links zum Bhf. **Rupprechtstegen** hinauf.

Am Hohlen Fels begeistern schroffe Formen und die tiefe Höhle.

KUNSTWERKE DER EROSION

21

Höhlen, Felsentore und Pilzfelsen zwischen Königstein und Neuhaus

Im wilden Bergland nördlich von Königstein verbergen sich viele spektakuläre Natur-Kunstwerke, darunter das einzigartige Ensemble der Westlichen Brentenfelshöhle und das wildschöne Hollederberg-Felsentor.

Weitere Höhepunkte im ersten Teil der Tour sind die weltabgeschiedene Fichtelberggrotte, der Mannsberg mit Spalthöhle und Felsentor, ein wilder Felskessel und der originelle Büffelkopfabri. Danach führt uns der berühmte Exkursionspfad, garniert mit erlebnisreichen Abstechern etwa zu den Pilzfelsen am Hollederberg oder zum versteckten Felsentor der Weißingkuppe, ins Pegnitztal.

Ins Felsenreich des Fichtelbergs

Von der Hst. gehen wir mit **Rotstrich** am Lebensmittelmarkt vorbei nach O, folgen links abzweigend kurz der Auerbacher Straße und biegen dann links auf ein Sträßchen ab, das an der Kath. Kirche vorbeiführt. Auf begrüntem Fahrweg geht es aus dem Ort hinaus, geradeaus über eine Senke und einen Schotterweg hinweg, dann mit Prachtblick zurück zum Ossinger zu einem Sattel empor. Nach Linksschwenk wandern wir durch Wald weiter bergauf, halten uns bei einer Waldwiese links und queren, nochmals links abzweigend, auf nur noch schmalem Weg die Flanke. Zuletzt bringt uns ein Fahrweg steil zu einem Sattel mit Blick auf Funkenreuth hinauf. Wegen schlechter Mk. ist hier Aufmerksamkeit gefragt: Wir gehen gleich am Sattel rechts zu einem Grabstein hinüber, im Rechtsbogen zu einer Bank empor und am Waldrand weiter bergauf. Nach Eintritt in den Wald wandern wir im Linksbogen zu einem Sattel hinauf, an markanten Felsen vorbei über eine Senke und zu einer Kuppe mit kleinen bemoosten Türmen empor. Hier lohnt ein Abstecher: Durch eine Schneise (**ohne Mk.**) erreicht man links die imposante Felsgruppe am Döttenberg mit dem Felsturm **Eremit**, der 2009 seinen Gipfelkopf verlor. Wieder mit **Rotstrich** geht es steil bergab, mit Linksknick auf eine Wiese hinaus, kurz rechts in den Wald, dann spitzwinklig links auf einem Forstweg zur Wiese zurück. Nach ihr leitet uns die Mk. nach rechts auf unbefestigtem Fahrweg durch den Wald, kurz am Waldrand entlang, dann wieder in den Wald zur entscheidenden Abzweigung: Vor mehreren Bäumen mit Nistkästen (28/3 u.a.) biegen wir rechts auf einen unbefestigten Fahrweg **ohne Mk.** ab, der uns zu einer Anhöhe mit kleinem Waldtümpel hin-

In hoher Felsfront öffnet sich die malerische Fichtelberggrotte.

mittel — 16 km — 415/510 Hm — 5:00 Std.

Auf einen Blick

Tourencharakter
Tour mit einigen stärkeren Anstiegen durch eine Karstlandschaft voller begeisternder Attraktionen (vier Höhlen, vier Felsentore, Felskessel und -türme, Klammen, Felsengärten), im Mittelteil längere unmarkierte Passagen (Orientierung leicht), sonst gute Wanderwege

Mögliche Tage
Mo-Sa: ganzjährig, So: 1.5.-1.11.

Ausgangspunkt/Anfahrt
Hst. Königstein, Marktplatz, hierher Mo-Sa mit Bus 446/498, Abfahrt vom Bhf. Hersbruck r. Pegnitz **Mo-Fr** um 8:10 oder 10:10 Uhr, **Sa** 9:10 oder 11:10 Uhr (Fahrzeit 41-49 Min.); an **So vom 1.5.-1.11.** mit Bus 499, Abfahrt von der Hst. Etzelwang, Abzw. Bahnhof (an der Einmündung der Bahnhofstr. in die Hauptstr. 5 Min. vom Bhf., dorthin von Nürnberg/Hersbruck oder Amberg/Weiden mit RE 40/41) um 10:25 oder 11:25 Uhr.

Endpunkt/Rückfahrt
Bhf. Neuhaus (Pegnitz), von hier stdl. um x:01 Uhr mit RB 30 zurück nach Hersbruck und weiter nach Nürnberg Hbf., mit RE um x:55/56 direkt nach Nürnberg (oder um x:06 Uhr mit RE Richtung Bayreuth/Hof)

Gehzeiten
Döttenberg »Eremit« 0:45 Std. – Fichtelberggrotte 0:35 Std. – Westliche Brentenfelshöhle 0:45 Std. – Mannsberg Spalthöhle 0:15 Std. – Hollederberg-Felsentor 0:20 Std. – Büffelkopfabri 0:15 Std. – Hollederberg Felsengarten 0:20 Std. – Weißingkuppe Felsentor 0:35 Std. – Maximiliansgrotte 0:15 Std. – Krottensee 0:25 Std. – Neuhaus Bhf. 0:30 Std.

Beste Jahreszeit
Frühjahr und Spätherbst, im Sommer wenig Licht in den Felsgebieten

Einkehr
Gh. Grottenhof (s. Tour 19), Tel. 09156/434

Das doppelstöckige Hollederberg-Felsentor: ein verstecktes Juwel

Riesenblöcke beeindrucken in der Spalthöhle am Mannsberg.

In der Fichtelberggrotte: ein Rastplatz fernab des Trubels

Felsbogen und hohe Halle: das Wunder Westl. Brentenfelshöhle

aufbringt. Nach links lohnt hier ein Abstecher zu einem malerischen Felsengarten mit bizarr zerrissenen Türmen. Zurück am Tümpel steigen wir genau gegenüber durch eine Schneise zwischen bemoosten Felsen auf und halten dann auf deutlichem Pfad im Linksbogen auf die hohen Nordabstürze des Fichtelbergs zu. Wir passieren eine Halbhöhle mit imposantem Überhang und stehen nach kurzem Anstieg vor dem imposanten Portal der ca. 10 m tiefen Unteren Fichtelberggrotte: ein begeisternder Rastplatz in wildem Felssturzgelände. Felsenfreunde werden auch die Abstürze und die schroffe Klamm links davon erkunden.

Naturwunder am Brentenfels

Von der Grotte steigen wir in Falllinie zum Fuß der bemoosten Vorfelsen ab und gelangen durch den offenen Wald wieder zum unbefestigten Fahrweg. Auf ihm geht es nach rechts, dann im Rechtsbogen bergab und stets im Wald weiter bis zu einem Jägerstand. Von hier bringt uns ein begrünter Fahrweg nach links zur anderen Seite eines Tälchens hinüber. Dort biegen wir rechts in einen querenden Fahrweg ein und folgen ihm bis zur entscheidenden Abzweigung: 20 m vor dem Schild »Wasserschutzgebiet« zweigt spitzwinklig links ein unbefestigter Fahrweg ab. Auf ihm geht es sanft empor zu einer Freifläche, an ihrem Ende halb links (Sperrschild) zu einem Schotterweg hinauf, dem wir nach links folgen. Er bringt uns in weiten Bögen an bizarren Felsriffen vorbei zu einer dreifachen Wegteilung hinunter, wo die Mk. Gelbstrich auftaucht. Zunächst steht jedoch ein großartiger Abstecher an: Genau gegenüber der Einmündung führt eine deutliche Schneise zu den zerklüfteten Abstürzen des Brentenfels

hinüber. Dort treffen wir auf einen schwach ausgeprägten Pfad, der nach links direkt am Fuß der Felsen entlangführt. Schon bald öffnet sich rechts ein malerischer Felskessel mit bizarren Türmen und tiefen Spalten. Nach seiner Besichtigung gehen wir auf dem Pfad am Fuß der Felsen weiter und sehen nach leichtem Anstieg oberhalb den Eingang der Westlichen Brentenfelshöhle. Hinter einem gewaltigen Felsbogen öffnet sich eine hohe, ca. 20 m tiefe Halle: ein einmaliges Ensemble.

Wilde Natur am Mannsberg

Wir kehren nun zur dreifachen Wegteilung zurück und wandern mit **Gelbstrich** auf dem Schotterweg ein Stück nach rechts. Nun heißt es aufgepasst: Wir passieren einen verfallenden Jägerstand und erblicken dann linker Hand eine Fichte, die auf einem begrünten Felsblock gewachsen ist. Direkt nach ihr gehen wir **ohne Mk.** auf Pfadspuren links in den Wald und halten auf die Nordabstürze des Mannsbergs zu. Vor ihnen treffen wir auf einen Pfad (alter Verlauf des Exkursionspfads), der uns nach links zu einem zerklüfteten Felskessel und weiter zu einem malerisch überhängenden Turm führt. Hier machen wir kehrt und gehen am Fuß der gewaltigen Abstürze nach rechts. Höhepunkte sind ein wilder Kessel mit schönem Felsentor im rechten Teil und etwas später eine imposante Spalthöhle: Im Inneren bietet sich ein einmaliger Anblick mit gigantischen verkeilten Blöcken. Von ihrem Portal gehen wir auf Pfadspuren vom Massiv weg (Richtung Forststraße) und treffen wieder auf den alten Exkursionspfad. Ihm folgen wir nach links, bis er einen Linksknick macht: Hier gehen wir geradeaus weiter und erreichen bald die Forststraße. **Gelbstrich** leitet uns ab-

Pilzfelsen und Durchgänge prägen den Gipfel des Hollederbergs.

Variante

Ab der Maximiliansgrotte kann man auch der bei der Tour 19 beschriebenen Route folgen und so noch zwei weitere großartige Naturdenkmäler einbeziehen (Dauer: 0:45 Std. mehr).

wärts zu einer Kreuzung, dort nach links wieder sanft bergauf.

Felsentor und Büffelkopfabri

Bei einer Wegtafel steht der nächste begeisternde Abstecher an: Wir gehen, nun mit **Rotstrich,** auf der Forststraße noch 110 m weiter bis zu einer größeren Wiesenfläche auf der rechten Seite. An ihrem Beginn zweigt rechts ein unbefestigter Fahrweg **ohne Mk.** ab und führt steil den Hang hinauf. Links wird ein hohes Massiv sichtbar: Wir queren an geeigneter Stelle zum Fuß der Felsen hinüber, steigen mit Rechtsschwenk in den gewaltigen Kessel in der Mitte auf und stehen staunend vor dem malerischen doppelstöckigen **Hollederberg-Felsentor.** Beim Abstieg gehen wir links am Fuß der Felsen um das Massiv herum und treffen auf einen deutlichen Pfad, der uns nach links zwischen einem Türmchen und dem Hauptmassiv zu einer Kuppe mit Prachtblick auf eine hohe Wand und die andere Seite des Tors hinaufbringt. Auf Pfad, Fahrweg und Forststraße kehren wir zur Wegtafel zurück und biegen nun wieder mit **Gelbstrich** links auf einen Wanderweg ab, der durch Felsgelände emporführt. Wo er sich mit einem von rechts kommenden unbefestigten Fahrweg vereinigt, steht das nächste Highlight an: Pfadspuren **ohne Mk.** führen uns links zu einem hohen Massiv hinüber und in einen von wilden Türmen flankierten Kessel hinauf. Im Abstieg gehen wir rechts durch eine enge Spalte zur imposanten Ostseite hinaus und nach links (gegen den Uhrzeigersinn) um das Massiv herum, bis wir den originellen **Büffelkopfabri** erreichen – ein fantastischer Rastplatz.

Karstwunder am Exkursionspfad

Zurück am mk. Weg leitet uns **Gelbstrich** nach Rechtsschwenk über eine Forststraße hinweg, an den wilden Ostabstürzen des Holleder-

Das bizarre Felsentor bildet das Schaustück der Weißingkuppe.

rechts an einer pittoresken Halbhöhle vorbei durch die Flanke und im Linksbogen zum felsigen Kamm emporführt. Nach der Kammwanderung geht es bergab zu einem Felsenlabyrinth, wo ein letzter Abstecher ansteht: Wo der mk. Weg mit Rechtsknick in eine Klamm hineinleitet, bringt uns ein Stichpfad nach links zu einem formschönen doppelstöckigen **Felsentor**. Mit der Mk. geht es danach durch enge Felsgassen hindurch und über Stufen bergab, vorbei an einem gewaltigen Felsen, der auf winzigem Sockel ruht. Immer geradeaus erreichen wir bald den Eingang der **Maximiliansgrotte** (s. Tour 19).

Über die Maulkapelle nach Neuhaus

Bei der Wegteilung vor dem Kassenhäuschen gehen wir mit Gelbstrich geradeaus weiter, wandern eben durch die Flanke, wechseln dann zur anderen Seite der Zufahrtsstraße über und gelangen mit Prachtblick über Burg Veldenstein in die Ferne auf dem Gehweg hinab nach **Krottensee**. Hier verlassen wir den Exkursionspfad (der nun durch Wohngebiete führt) und wechseln zum **Kapellenweg 2** über. Er leitet uns zunächst geradeaus am Rand der Straße nach Neuhaus entlang: Nach 490 m erreichen wir die malerisch gelegene **Maulkapelle**. Von ihr gehen wir bis zu einer nahen Wegtafel zurück und wandern (aus dieser Richtung) rechts auf begrüntem Fahrweg ins Trockental **Hasellohe** hinab. Im Talgrund biegen wir rechts auf einen Schotterweg ein und folgen der Mk. **Grünpunkt**. Sie leitet uns – wie bei Tour 19 beschrieben – an Distlergrotte und Kommune vorbei und zuletzt links über die Pegnitzbrücke und die Bahnhofstraße zum Bhf. **Neuhaus**.

bergs entlang, dann über Stufen in eine Senke hinab. Beim Aufstieg am Gegenhang rücken die bizarren Türme am Gipfel des **Hollederbergs** ins Blickfeld, die einen Besuch lohnen: Nach einer hohen Buche mit der Gelbstrich-Mk. gehen wir auf Pfadspuren **ohne Mk.** rechts zum Massiv hinüber, durch einen malerischen Durchgang hindurch und gelangen an den pilzförmigen Türmen entlang nach rechts zu einem pittoresken Felszirkus mit Pilzfelsen im Zentrum. Von hier kehren wir an der Westseite der Türme zum mk. Weg zurück. Mit **Gelbstrich** geht es nun deutlich bergab, durch eine imposante Felsklamm hindurch, über eine Forststraße hinüber, kurz rechts auf einem Fahrweg abwärts, dann auf einem links abzweigenden Wanderweg um eine Kuppe herum. Auf einem Schotterweg wandern wir kurz links bergauf und biegen dann rechts auf einen unbefestigten Fahrweg, bei einer **Lösungsdoline** erneut rechts auf einen Wanderweg ab, der uns über Stufen zu den wilden Ostabstürzen der **Weißingkuppe** hinauf, nach

PANORAMEN, KALLMÜNZER UND PONORE

22
Ossinger, Unterwaldponor, Zyprianstein und Lichtengrabenhöhle

Zwischen Königstein und dem Hirschbachtal zeigen sich außergewöhnliche Naturwunder, darunter der höchste Aussichtsgipfel der Region, zwei spektakuläre Ponorhöhlen und der größte Kallmünzer Deutschlands.

Nach dem Besuch der hohen Kuppen von Ossinger und Nußberg folgt ein Superlativ auf den anderen: der mystische Unterwaldponor mit einem der längsten Ponorgräben der Alb, die zwei Öffnungen der (für Wanderer unpassierbaren) Bismarckgrotte, der längsten Durchgangshöhle, der Zyprianstein als schwerster Kallmünzer und die formschöne Ponorhöhle der Lichtengrabenhöhle. Die Idylle am Zagelweiher rundet die Tour ab.

Zum aussichtsreichen Ossinger

Von der Hst. gehen wir zur anderen Seite des Königsteiner Marktplatzes hinüber und biegen mit **Rotstrich** u.a. neben der Sparkasse in die Hüftgasse ein. Auf ihr geht es, an imposanten Felsen vorbei, im Bogen bergauf, dann vor einer Doppelgarage mit Linksschwenk auf einem Feldweg aus dem Ort hinaus und nach einer Rechtskurve weiter aufwärts (bei Gabelungen stets geradeaus): malerisch der Blick zur Kuppe des Ossingers und über den Ort zurück Richtung Fichtelgebirge. Bei Einmündung in einen Schotterweg folgen wir diesem 200 m nach links und wandern dann (Ww.) auf begrüntem Fahrweg rechts zum Wald hinüber und mit Linksknick zu einer Wiese empor. Wir halten uns links, steigen an ihrem Rand zum Wald auf und auf schmalem Weg zügig bergan. Nach einem Gedenkstein führt uns ein Forstweg unter einem formschönen Doppelturm rechts durch den Hang, dann zweigt links ein Wanderweg ab und bringt uns über Stufen an schroffen Felsen vorbei zum Plateau mit der Ossingerhütte hinauf. Mit Linksschwenk erreicht man den Aussichtsturm und über 108 Stufen die höchste Plattform mit umwerfender Rundsicht bis zu Fichtelgebirge und Oberpfälzer Wald.

Felswelten um den Nußberg

Zurück an der Ossingerhütte folgen wir einem Fahrweg kurz nach links und biegen dann rechts auf einen Wanderweg ab, der steil bergab führt. Bei Einmündung in einen Fahrweg halten wir uns rechts, bei der nächsten Gabelung links und erreichen einen Sattel mit einer mehrfachen Wegteilung: Mit Rotstrich geht es hier geradeaus weiter, auf schmalem

Wie der Eingang zur Unterwelt: der urweltliche Unterwaldponor

mittel | 13,5 km | 385/450 Hm | 4:15 Std.

Auf einen Blick

Tourencharakter
Wanderung mit nur einem längeren Anstieg über zwei hohe Gipfel (einer davon mit Panoramablick), durch felsenreiche Wälder und malerische Täler zu seltenen Naturwundern (Ponor, Ponorhöhle, Kallmünzerfeld) durchgehend auf guten Wegen, nur Zugang zur Lichtengrabenhöhle auf verwachsenen Pfaden

Mögliche Tage
Mo-Fr: ganzjährig, Sa: ganzjährig außer August, So: 1.5.-1.11.

Ausgangspunkt/Anfahrt
Hst. Königstein, Marktplatz, Anfahrt s. Tour 21

Endpunkt/Rückfahrt
Hst. Unterachtel, von hier **Mo-Fr** mit Bus 498/446 zurück nach Hersbruck r. Pegnitz, Abfahrt um 14:14, 16:14 oder 18:14 Uhr, **Sa (nicht August)** mit Bus 447 um 15:28 Uhr bis Hst. Etzelwang, Abzw. Bahnhof (s. Tour 21), vom Bhf. Etzelwang weiter mit RE 40/41, **So vom 1.5.-1.11.** mit Bus 499 um 18:23 Uhr bis Etzelwang, Abzw. Bahnhof (weiter RE 40/41)

Gehzeiten
Ossinger 0:40 Std. - Nußberg Gipfelplateau 0:45 Std. - Unterwaldponor 0:40 Std. - Bismarckgrotte (Südeingang) 0:30 Std. - Zyprianstein 0:30 Std. - Lichtengrabenhöhle 0:15 Std. - Zagelweiher 0:25 Std. - Unterachtel Hst. 0:30 Std.

Beste Jahreszeit
ganzjährig reizvoll (tiefere Höhlenteile nur 1.4.-30.9.)

Einkehr
unterwegs keine

Weg in sanftem Auf und Ab an den zerklüfteten Felsen des Strittbergs mit pittoresker Halbhöhle entlang, dann mit Linksknick steil in ein Wiesental hinab. Unsere Mk. leitet uns geradeaus über den Talgrund (prachtvoller Rückblick zum Ossinger) in den Wald hinauf, über einen Forstweg hinweg und mit Rechtsknick auf unbefestigtem Fahrweg bergan. Auf einem Sattel schwenkt der Weg nach links (rechts im Wald eine bizarre Felsgruppe) und führt über eine idyllische Bergwiese zur entscheidenden Wegteilung hinüber: Kurz nach Wiedereintritt in den Wald biegen wir mit **Nr. 5** spitzwinklig rechts ab und wandern an der Wiese bergab wieder in den Wald hinein, wo wir uns bei Gabelungen zweimal rechts halten und so zu einem Sattel hinüberqueren. Links erblickt man schon die Felsburg des Nußbergs, die einen Abstecher (**ohne Mk.**) lohnt: Wir gehen dazu auf schwachen Pfadspuren vor zwei bemoosten Blöcken nach links, dann in Falllinie des Gipfels steil eine Rinne hinauf, queren schließlich nach links zu einer Rinne zwischen zwei begrünten Felsen hinüber und steigen über sie zu einer höheren Hangstufe auf. Von hier bringt uns ein deutlicher Pfad unterhalb markanter Felsen nach links etwas exponiert zu einem felsigen Sattel hinauf: Vor uns fesselt die imposante Nußbergwand die Blicke, rechter Hand ein origineller kleiner Felsbogen. Wieder auf dem mk. Weg führt uns **Nr. 5** mit Blick auf die hohen Nordwände steil bergab, rechts auf eine Wiese hinaus und im Linksbogen auf begrüntem Fahrweg wieder in den Wald. Nach einer Linkskurve erblicken wir rechts eine Schneise, gehen **ohne Mk.** über sie wenige Meter zu einem Fahrweg auf der anderen Talseite hinüber und biegen nach rechts auf ihn ein. Mit sanfter Steigung wandern wir auf die Hochfläche hinaus bis zur Einmündung in einen Schotterweg. Er bringt uns mit schöner Aussicht links zum Wald hinüber, wo unsere neue Mk. **rotes Andreaskreuz** auftaucht.

Unterwaldponor und Bismarckgrotte

Die Mk. leitet uns stets geradeaus durch den Wald zu einem Sattel am Kastenbühl, dann in ein Tal hinab, wo wir eine Forststraße überqueren. Jenseits führt ein Wanderweg weiter, doch zunächst zieht uns der Abgrund direkt neben uns in den Bann: Schon bald führt ein Pfad (**ohne Mk.**) links hinab und nach rechts durch den langen Ponorgraben zum tiefsten Punkt des Unterwaldponors hinunter: Hohe Felswände, wilder Versturz und tiefe Spalten prägen die urweltliche Szenerie. Zurück am Hauptweg wandern wir mit dem **roten Andreaskreuz** auf breitem Weg an kleineren Felsen und Dolinen vorbei stets leicht bergan, gehen geradeaus über eine Forststraße hinweg und erreichen wenig später eine Wegkreuzung: Hier zweigen wir rechts auf einen Fahrweg **ohne Mk.** ab, der an den wilden Ostabstürzen des Steinbergs deutlich bergab führt. Nach einer Linkskurve treffen wir auf die **Mk. des Höhlenwegs (Bär)**: Mit ihr steigen wir nach links steil empor und stehen nach Rechtsknick staunend vor dem Nordeingang der Bismarckgrotte, der als riesige Spalte jäh in die Tiefe führt. Der Höhlenweg führt von hier nach rechts durch die Flanke zur Kammlinie hinauf, wo sich die Wege teilen. Wir biegen links auf einen Pfad **ohne Mk.** ab, der uns nach kurzem Anstieg in ebener Hangquerung zum Südeingang der Bismarckgrotte bringt: Der gewaltige Felskessel mit dem tiefen Einstiegsloch beeindruckt mindestens ebenso

Der Zyprianstein thront im Kreis kleinerer Kallmünzer.

Schroffe Felsen umrahmen das Südportal der Bismarckgrotte.

Kallmünzer

Kallmünzer sind verkieselte Sandsteinblöcke und wirken als Relikte der Kreidezeit in der von Dolomit dominierten Landschaft des Frankenjuras wie exotische Fremdkörper. In der Kreidezeit war das gesamte Karstrelief der Region durch einen Vorstoß des Meeres mit sandigen und tonigen Ablagerungen überdeckt worden. Durch Einfluss von Kieselsäure wurden Teile der Gesteinsschicht verhärtet und blieben, in einzelne Blöcke zersplittert, als Findlinge erhalten, als der umliegende weichere Sandstein durch Erosion abgetragen wurde und die ursprüngliche Karstlandschaft wieder zum Vorschein kam. Der schwerste dieser Blöcke ist unser Zyprianstein, benannt nach dem Geologen Helmut Zyprian.

Der Zagelweiher, idyllischer Rastplatz im Schlussteil der Tour

wie sein Pendant. Von hier sind es nur wenige Meter nach rechts zum mk. Wanderweg (**rotes Andreaskreuz**), auf dem wir nach rechts zügig bergab zu einem Parkplatz beim ehemaligen Forsthaus Rinnenbrunn gelangen.

Zyprianstein und Lichtengrabenhöhle

Hier wechseln wir zur Mk. **Rotkreuz** über. Sie führt uns auf der Forststraße nach links zu einer Kuppe empor, dann bei einer Gabelung links an weiten Wiesen entlang sanft bergab. Nach Eintritt in den Wald heißt es aufgepasst: Am Beginn einer Rechtskurve sieht man links die breite Einmündung eines begrünten Fahrwegs und an ihm in ca. 10 m Entfernung einen Holzpflock. Erst wenn man sich nähert, erkennt man, dass er einen **Ww. zum Zyprianstein** trägt. Mehrere solcher Ww. leiten uns sicher zum Ziel: Es geht auf dem begrünten Fahrweg über eine sumpfige Senke hinweg und am Gegenhang bergan, dann rechts auf abzweigenden Fahrspuren steiler empor und nochmals rechts auf einem Wanderweg durch die Flanke zum Gipfel hinauf: Dann stehen wir vor dem Zyprianstein, dem mit ca. 100 Tonnen größten Kallmünzer Deutschlands, wie ein König von einem Hofstaat aus 80 kleineren Findlingen umgeben – ein wahrhaft magischer Ort. Zurück am Schotterweg erreichen wir mit **Rotkreuz** bald eine Gabelung und zweigen dort links auf den **Radweg Nr. 6** ab. Schon nach 100 m steht der Abstecher zu einem weiteren großen Naturwunder an, das sich am besten in der laublosen Zeit besuchen lässt (während im Sommer die Zeckengefahr zu beachten ist): Wo links des Fahrweges der tiefe Lichtengraben sichtbar wird, biegen wir

Sinter schmückt die enge Spalte der Lichtengrabenhöhle.

Die Kuppe des Ossingers dominiert weite Strecken unserer Tour.

spitzwinklig links ab, gehen auf schwachen Wegspuren ein Stück am oberen Rand des Grabens durch den Wald und steigen dann auf einer deutlichen Rampe hinab. Schon stehen wir vor dem imposanten Portal der Lichtengrabenhöhle: Die Ponorhöhle ist bis zu einer Engstelle ca. 30 m weit begehbar und begeistert mit ansehnlicher Versinterung und schönem Deckenfenster.

Über den Zagelweiher nach Unterachtel

Der Rest ist ein bequemer Bummel: Der geschotterte Radweg Nr. 6 führt uns durch weite Waldtäler, zuletzt mit leichter Steigung zur Einmündung in ein Sträßchen hinauf, wo wir auf unsere neue Mk. **Nr. 4** treffen. Mit ihr wandern wir nach rechts auf dem Sträßchen am idyllischen Zagelweiher vorbei bis zu einer bizarr geformten Kiefer auf der linken Seite. Nach ihr zweigen wir mit der Mk. links auf einen Feldweg, dann gleich wieder rechts auf einen begrünten Fahrweg ab, der uns zur anderen Talseite hinüberführt. Dort biegen wir rechts in einen Fahrweg mit begrüntem Mittelstreifen ein und wandern, stets geradeaus über Querwege hinweg, durch idyllische Täler und an einer bizarren Felsgruppe vorbei (lohnender Abstecher nach links), zuletzt mit Wechsel zu Mk. **Nr. 6** bis zum Ortsrand von Unterachtel. Im Rechtsbogen geht es in den Ort hinein und dann links zur Hst. hinüber, die sich direkt an der Staatsstraße bei der Abzweigung in den Ort befindet.

FELSENWUNDER UND WASSERSPIELE

23
Von Hohenstein über Bolzenstein und Gäherstein zur Pegnitz

Wer von der alten Stauferburg Hohenstein ins Pegnitztal hinabwandert, trifft auf zwei der spektakulärsten Felsmassive der Alb, eine sagenumwobene Höhle, stille Täler und einen schönen Wasserfall.

Nachdem wir die unvergleichliche Fernsicht von der Burg genossen haben, führen uns gute, aber unmarkierte Wege zum einzigartig geformten Turm des Bolzensteins, zum versteckten Bärenloch und zum Gäherstein, dem wohl außergewöhnlichsten Massiv der Alb. Durch den stillen Bimsengraben und das Treufer Tal, dann an den Karstquellen und Wasserfällen des Harnbachs vorbei gelangen wir nach Rupprechtstegen.

Rundweg über die Burg

Der Aufstieg zur Burg ist für Gebietsneulinge ein Muss, für Kenner ein immer neues Erlebnis: Wir gehen von der Hst. noch kurz bergauf, biegen links (**ohne Mk.**) in den Weg zur Burg (Ww.) ein, halten uns an einer Verzweigung nochmals links und steigen über Stufen zum imposanten Langen Haus (1553 von der Reichsstadt Nürnberg als Sitz des Pflegers errichtete Unterburg) auf. Nach Durchqueren des Tordurchgangs wird der Blick zu der auf schroffen Felsen thronenden Hauptburg frei, die ihre Ursprünge wohl im 11. Jh. hat und sich wenig später im Besitz der Herrscherfamilie der Staufer befand. Stufen und Kehren bringen uns zu ihrem Eingang (Besichtigung – von Ostern bis Oktober – lohnend) hinauf und weiter zum höchsten Kamm des Burgbergs. Man geht hier am besten nach links über den felsigen Grat (Vorsicht!) zu einer Säule (für Panoramatafel) hinüber, wo sich ein Prachtblick auf die Burg und weit hinaus über die Kuppen der Alb und bis zum Fichtelgebirge bietet. Auf deutlichem Pfad wandern wir nun, etwas tiefer am Hang, nach rechts zum Fuß des Palas hinüber, dann steil hinab zu einem Metalltor an der Westseite der Burg. Mit Linksschwenk geht es auf einem Schotterweg zu einer Wegteilung (Bank) hinunter, dann nach rechts auf breitem Hangweg mit wundervoller Sicht zur Burg in den Ort hinunter und (kurz auf bekannter Route) wieder zur Hauptstraße hinab.

Zum einzigartigen Bolzenstein

Ihr folgen wir nach links bis zu einer Verzweigung: Hier wandern wir mit **Grünkreuz** u.a. auf geteertem Feldweg geradeaus bergab und auf weite Felder hinaus. Kurz nach dem Schild »Landschaftsschutzgebiet« gabeln sich die

Von Burg Hohenstein schweift der Blick bis zum Fichtelgebirge.

leicht | **11,5 km** | **280/475 Hm** | **3:45 Std.**

Auf einen Blick

Tourencharakter
Vorrangig abwärtsführende Wanderung zu zwei spektakulären Felsgebilden, einer malerischen Höhle und durch ursprüngliche Täler zu Karstquellen und einem schönen Wasserfall, meist auf guten Wegen, nur beim Aufstieg zum Gäherstein auf Pfadspuren

Mögliche Tage
Mo-Sa: ganzjährig, So: nur mit Rufbus

Ausgangspunkt/Anfahrt
Hst. Hohenstein Ort, hierher mit Bus 338, Abfahrt vom Bhf. Hersbruck r. Pegnitz **Mo-Fr** um 10:03 Uhr, **Sa** um 9:02 oder 12:02 Uhr (Fahrzeit 22-23 Min.); **So** nur Rufbus (1 Std. vorher: Tel. 0911/65 00 56 60), Abfahrt um 10:02 Uhr

Endpunkt/Rückfahrt
Bhf. Rupprechtstegen, von hier stdl. um x:07 Uhr mit RB 30 zurück nach Hersbruck (Fahrzeit 13 Min.) oder weiter nach Nürnberg Hbf.

Gehzeiten
Burg Hohenstein 0:15 Std. - Bolzenstein 0:25 Std. - Bärenloch 0:25 Std. - Gäherstein 0:40 Std. - Bimsengraben (Mitte) 0:40 Std. - Harnbachquellen 0:30 Std. - Harnbachwasserfall 0:15 Std. - Rupprechtstegen Bhf. 0:35 Std.

Beste Jahreszeit
besonders schön im Frühjahr (stärkere Quellschüttung) und im Farbenzauber des Herbstes

Einkehr
unterwegs keine

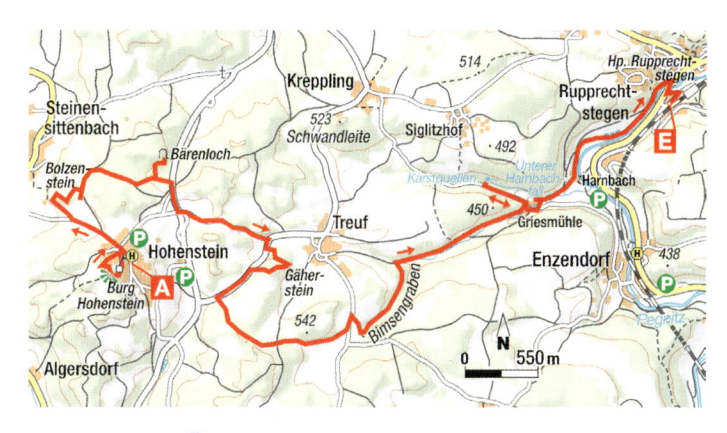

Wege: Die Mk. führt uns nach rechts auf begrüntem Fahrweg zum Wald hinüber, wo nach einem eingezäunten Gelände ein Ww. auf unser Ziel hinweist: Ein Pfad führt rechts steil zum Bolzenstein hinauf, einem der originellsten Felstürme der Alb. Um seinen Formenreichtum zu genießen, sollte man ihn unbedingt auf Pfadspuren im Uhrzeigersinn umrunden: Von W zeigt er die charakteristische Gestalt mit riesigem Rucksack, von der Bergseite oberhalb gleicht er einem Bumerang.

Verwunschene Welt um das Bärenloch

Wir gehen nun zu dem malerisch überhängenden Massiv oberhalb des Turms hinüber und an ihm entlang auf große Holzstapel zu. Vor ihnen steigen wir nach rechts auf, gehen dann ca. 20 m nach links und treffen so auf einen deutlichen Fahrweg. Auf ihm geht es scharf rechts bergan, im Linksbogen an einem Strommast vorbei, dann rechts in den Wald empor, zuletzt mit Linksschwenk unterhalb eines gezackten Felskamms auf eine Wiese hinaus und über sie rechts zu einem breiten Fahrweg hinauf (rechts lockt ein Block mit kleinem Felsentor zu einem Abstecher). Ihm folgen wir mit **Rotring** u.a. nach links, wandern mit schöner Aussicht am Waldrand entlang, dann in den Wald hinein zu einer Wegteilung. Rotring führt uns hier rechts zu einem Sattel hinauf, dann wieder sanft abwärts zur entscheidenden Gabelung: Wo der mk. Weg mit Pfeil rechts abbiegt, wählen wir den linken Fahrweg **ohne Mk.**, der nach einer Rechtskurve in einen querenden Fahrweg mündet. Auf ihm gehen wir nur 20 m nach rechts und zweigen dann links auf einen begrünten Forstweg ab, der über eine Lichtung auf eine imposante Felskette (mit malerischer Halbhöhle links) zu und im Rechtsbogen an ihr entlang abwärtsführt. Am Beginn einer Linkskurve sehen wir links unser Ziel: Pfadspuren führen zum malerischen Gelände des Bärenlochs hinüber. Über bizarren Überhängen und Aushöhlungen öffnet sich hoch oben sein großes Portal (Besuch der Höhle selbst nur für Geübte bei trockener Witterung möglich). In seinem Umfeld wurde der Sage nach mehrfach die schaurige Geistererscheinung eines Mädchens in Begleitung eines riesigen Bären gesehen.

Kalktuffbäche

Die Entstehung dieser faszinierenden Karsterscheinung erfolgt nach ähnlichen Prinzipien wie bei Tropfsteinen: Das kalkgesättigte Wasser vieler Quellbäche verliert durch Verwirbelung Kohlendioxid und scheidet so Kalk aus, der durch Algen und Moose festgehalten wird. Dies verleiht dem Kalktuff (im Unterschied zu Tropfsteinen) eine typische poröse Struktur. So entstehen Kalktufframpen wie hier am Harnbach oder Sinterstufen, die auch einen äußerst wertvollen Lebensraum für bedrohte Tier- (z.B. Feuersalamander und Libellen) und Pflanzenarten bieten, der besonders geschützt werden muss.

Naturwunder Gäherstein

Wir gehen nun auf dem begrünten Forstweg wieder zur Einmündung in den breiteren Fahrweg zurück, auf diesem nach links an einer Scheune vorbei zu einer Straße und an

Wilde Felsarchitektur prägt das Portal des Bärenlochs.

Der Rucksack macht den Bolzenstein unverwechselbar.

Schwalbenschwanz: fliegendes Juwel und Sommergast bei der Burg

Der Gäherstein glänzt mit Riesensporn und wildem Überhang.

Die malerische Tufframpe ist das Schaustück des Harnbachfalls.

Der Weg ins Pegnitztal führt idyllisch am Harnbach entlang.

ihr mit **Gelbstrich** nach rechts zu einer Kuppe empor und jenseits bergab zu einem Parkplatz. Vor ihm biegen wir mit **Rotkreuz** links auf einen begrünten Fahrweg ab, der uns mit Prachtblick zurück zur Burg über die Hochfläche, dann zügig bergab führt. Bei Einmündung in eine Straße folgen wir ihr **ohne Mk.** kurz nach rechts bis zu einem Waldstück auf der linken Seite. Vor ihm zweigt links ein Forstweg ab: Er leitet uns kurz am Waldrand entlang, dann mit Rechtsschwenk in den Wald hinein. Auf schwächer werdenden Spuren steigen wir, rechts an niedrigen Felsen vorbei, in Richtung auf das markante Massiv des Gähersteins auf und queren dann etwa 10 Hm unterhalb der Nordwand über eine Schneise mit leichtem Gefälle nach links. Bald zeigen sich vor uns zwei ca. 4 m hohe Türmchen: Wir steigen zwischen beiden hindurch nach rechts steil bergan, im Rechtsbogen am Fuß der Vorfelsen empor und stehen dann staunend vor einem der spektakulärsten Felsgebilde der Alb: Am einen Ende fesselt ein aberwitzig weit überragender Felssporn, der an ein Krokodil erinnert, am anderen kann man mit Vorsicht um die malerisch überhängende Hauptwand herum zu einer schönen Halbhöhle gelangen.

Durch wildschöne Täler

Von der Hauptwand steigen wir den nur mäßig steilen Hang hinab und treffen bald auf einen unbefestigten Fahrweg, der uns geradeaus über den Bergrücken, dann nach rechts wieder zur Straße hinabführt. Auf ihr geht es links zu einer Kuppe hinauf und jenseits wieder bergab zu einer Bank. Hier zweigen wir links mit **Blaukreuz** auf einen unbefestigten Fahrweg ab: Er führt uns zügig in den Wald empor, bei der Gabelung vor einem Absperrgitter links zum Kamm hinauf und dann leicht fallend unter den Felsen der Steinleite entlang. Ein deutlicher Pfeil leitet uns schließlich links zum Waldrand hinunter. Gegenüber geht es wieder in den Wald hinein, am Waldrand in ein Tälchen hinunter und im Linksbo-

Die alte Griesmühle fügt sich harmonisch ins Treufer Tal ein.

gen zu einer Straße hinüber. Ihr folgen wir nur kurz nach rechts und biegen dann links auf einen unbefestigten Fahrweg **ohne Mk.** ab, der in einen Wiesengrund hinunter und nach einer Linkskehre durch den malerischen, mit einzelnen Felsbastionen geschmückten **Bimsengraben** bergab führt. An seinem Ende geht es mit Linksknick ins **Treufer Tal** hinüber, wo wir mit **Rotkreuz** rechts auf einen Fahrweg einschwenken. Er führt uns, am munteren Bach entlang, durch das idyllische Tal leicht bergab zu einer Gabelung: Hier biegen wir **ohne Mk.** links auf einen unbefestigten Fahrweg ab, wandern unter einem überhängenden Klotz durch die Flanke, dann sanft hinab zur Einmündung in einen Querweg. Hier lohnt ein kurzer Abstecher: Auf dem Fahrweg gelangen wir nach links zu einer malerischen Wiese, überragt von einem markanten Felsturm, dann an einem zweiten formschönen Turm vorbei durch Wald sanft bergauf zu einer Freifläche. An ihrem Beginn führen Fahrspuren rechts hinüber zu den **Karstquellen** des Harnbachs mit erstaunlich starker Schüttung. Von hier kehren wir zur Einmündung des Hangwegs zurück, steigen nun aber geradeaus zur historischen **Griesmühle** ab, wo wir links wieder auf den **Rotkreuz**-Weg einschwenken. Kurz danach zweigen wir links auf einen Wanderweg ab. Lautes Rauschen kündigt bald das letzte Highlight an: Ein Stichpfad bringt uns nach links über eine Brücke und eine Kuppe zum **Unteren Harnbachfall**, der mit munteren Kaskaden und einer malerischen Rampe aus Kalktuff begeistert. Zurück auf dem Hauptweg geht es idyllisch am Bach entlang stets geradeaus weiter und zuletzt im Rechtsbogen zur Harnbachmühle hinunter. Hier biegen wir mit Rotkreuz u.a. links in einen Schotterweg ein und wandern nahe an der Pegnitz mit schönem Blick auf die Felstürme gegenüber in den Ort **Rupprechtstegen** hinein. Auf einem Steig geht es zum linken Ende der Straßenbrücke hinauf, auf ihr über die Pegnitz, dann gleich wieder links in eine Senke (Spielplatz) hinab. Hier halten wir uns zweimal rechts und steigen über eine Rampe zum Bhf. auf.

VERSTECKTE NATURWUNDER UM HARTENSTEIN

24
Kahlenberg, Hirtenberg, Hexenküche und Schrödlberg

Die kurze Tour aus den Hartensteiner Bergen zur Pegnitz präsentiert bizarre Fels- und Höhlenwelten, grandiose Aussichtspunkte und mit der Hexenküche eine der schönsten Durchgangshöhlen der Alb.

Von Großmeinfeld führt unsere Route über die versteckte Felsenwelt des Kalbenbergs in den gewaltigen Felskessel des Kahlenbergs und dann hinauf zum Hirtenberg, einem der schönsten Aussichtspunkte der Region. Nach dem Abstecher zur Hexenküche besuchen wir das beeindruckende Höhlenrevier des Schrödlbergs und genießen die Fernsicht von seinem Gipfel. Über den Aussichtspavillon am Teufelstritt geht es dann hinab nach Velden.

Felswildnis an Kalben- und Kahlenberg

Direkt gegenüber der Hst. wandern wir mit **Rotpunkt** u.a. auf einem Schotterweg sanft bergan: malerisch der Rückblick auf die weite Hochebene um Großmeinfeld und zur hohen Kuppe des Kohlbergs. Bei einer Gabelung schwenken wir nach links und erreichen schließlich nach einem Waldstück eine Kreuzung: Rotpunkt führt uns auf einem Feldweg geradeaus weiter bergan, zuletzt auf einem Wanderweg steil zu einem Sattel empor. Hier lädt die Felsenwelt des Kalbenbergs zur Erkundung ein: Ein links abzweigender Pfad **ohne Mk.** bringt uns zu einer Kuppe hinauf und mit Linksknick zu einer imposanten Felsbastion hinüber. Wir umrunden sie auf der rechten Seite und steigen dann nach links in einen malerischen Felskessel auf. Beim Rückweg gehen wir wieder um die Felsbastion herum, es lohnt aber, weiter am Fuß der Felsen im Rechtsbogen zu ihrer Ostseite anzusteigen, wo eine 10 m tiefe Spalthöhle mit wildem Versturz zu bewundern ist. Von hier steigt man in Falllinie ab und folgt dann der bekannten Route zurück zum Sattel. Für Felsenfreunde lohnt hier ein zweiter Abstecher: Pfadspuren Richtung O führen nach gut 100 m zu einer malerisch zerklüfteten Felsgruppe. Danach geht es mit **Rotpunkt** zügig bergab, aus dem Wald hinaus (schöne Fernsicht) und mit leichtem Rechtsknick am Rand eines Feldes zu einem Teerweg hinüber. Wir folgen ihm nach links abwärts, bis (kurz vor Vereinigung mit einem anderen Fahrweg) rechts ein Wanderweg **ohne Mk.** in den Wald abzweigt. Absperrbänder (die den Wald vor den Füßen der zahlreichen Kletterer schützen sollen) lei-

Das »Augenpaar« bildet das Schaustück des Kahlenbergs.

Ein schöner Gratweg führt zum Gipfel des Hirtenbergs.

mittel | 9 km | 430/490 Hm | 3:15 Std.

Auf einen Blick

Tourencharakter
Kurze Tour mit meist sanften Anstiegen zu drei großartigen Aussichtspunkten, gewaltigen Felswänden, einer tiefen Höhle und einer der schönsten Durchgangshöhlen, überwiegend auf guten Wegen, an Hexenküche und Schrödlberg Pfade mit kurzen Steilstücken

Mögliche Tage
Mo-Sa: ganzjährig, im August nur Rufbus, So: ganzjährig

Ausgangspunkt/Anfahrt
Hst. Abzw. Großmeinfeld, hierher mit Bus 440, Abfahrt vom Bhf. Hersbruck r. Pegnitz **Mo-Fr** um 8:09 (nur an Schultagen) oder 11:23 Uhr (nicht im August), **Sa** Rufbus (s. unten) um 10:12, regulärer Bus erst um 12:02 Uhr (nicht August), **So** ganzjährig um 10:02 Uhr (Fahrzeit 22-30 Min.); an Ferientagen und im August kann Mo-Sa unter Tel. 09665/950 44 für die genannten Zeiten ein Rufbus angefordert werden (Frühfahrt am Vortag, sonst 2 Std. vorher); unter derselben Nummer müssen sich größere Gruppen am Vortag anmelden, die den Bus am So benutzen wollen (sonst nur Midibus).

Endpunkt/Rückfahrt
Bhf. Velden, von hier stdl. um x:04 Uhr mit RB 30 zurück nach Hersbruck (Fahrzeit 17 Min.) oder weiter nach Nürnberg Hbf.

Gehzeiten
Kalbenberg (Felsen am Westgipfel) 0:35 Std. – Kahlenberg 0:20 Std. – Hirtenberg 0:20 Std. – Hartenstein (Ortsrand) 0:25 Std. – Hexenküche 0:30 Std. – Südwestl. Schrödlberghöhle 0:20 Std. – Schrödlberg Gipfel 0:05 Std. – Teufelstritt (Pavillon) 0:20 Std. – Velden Bhf. 0:20 Std.

Beste Jahreszeit
ganzjährig reizvoll, in den Felsgebieten bessere Sicht in Frühjahr und Spätherbst

Einkehr
mehrere Gasthöfe in Hartenstein (von der Jugendherberge links in 5 Min. ins Ortszentrum)

ten uns auf ihm im Rechtsbogen hinauf zur gewaltigen Felskette des Kahlenbergs (auch Hartensteiner Wand genannt), die zu den imposantesten der Alb zählt. An ihrem Fuß gabelt sich der Weg: Rechts bestaunt man eine riesige Wand mit zwei kleinen Höhlen, danach eine malerische Klamm, links beeindruckt eine Folge glatter Wände. Beim Rückweg folgt man anfangs demselben Weg, bis (unterhalb eines kleinen Felsentors) ein (erlaubter) Weg rechts abzweigt und zu einem Teerweg hinausführt.

Panoramaloge Hirtenberg

Mit Prachtblick zur Burg Hartenstein gelangen wir so nach rechts, am Friedhof vorbei, zur Hauptstraße des Ortes und wandern mit **Nr. 4** rechts bergauf. Schon bald leitet uns die Mk. spitzwinklig links über eine Einfahrt zum Wald und durch die Flanke sanft zu einer Kehre am Ostende des Hirtenbergs hinauf (unterhalb eine malerisch zerklüftete Felsgruppe). Hier wendet sich der mk. Weg scharf nach links, führt über Stufen an bizarren Felsen empor und dann über den Rücken vor zum Gipfelkreuz: umwerfend der Blick auf Hartenstein und seine Burg und die Bergkuppen von Burg Hohenstein bis zum Fichtelgebirge. Nach der Rast gehen wir nur bis zur Kehre zurück und biegen dort links auf einen Wanderweg **ohne Mk.** ab, der in leichtem Auf und Ab unter imposanten Felswänden zu einem Schotterweg hinüberführt. Mit **Blaustrich** u.a. wandern wir auf ihm nach links an mehreren Kreuzwegstationen entlang, dann in den Wald hinein. Hier teilen sich die Wege: Wir steigen nach links **ohne erkennbare Mk.** zu einem Einschnitt zwischen der imposanten Rabesberger Wand und einer zerklüfteten Felsgruppe auf und

jenseits an einem eindrucksvollen Felskessel und einem bizarren Zackenkamm vorbei auf begrüntem Fahrweg hinunter zur Einmündung in einen Schotterweg. Er leitet uns mit **Grünring** u.a. nach links am Rand eines von hohen Kämmen umschlossenen Tals entlang, dann im Linksbogen hinauf zur Jugendherberge Hartenstein und mit Prachtblick zur Burg wieder hinab zu einer Wegteilung.

Naturwunder Hexenküche

Hier schwenken wir mit **Grünstrich** nach rechts. Die Mk. führt uns durch eine Wohnstraße, bei einer Gabelung links in den Wald und auf unbefestigtem Fahrweg unter der Felsburg des Schollbergs sanft bergab durch den Hang. Mit Rechtsknick geht es zu einem Einschnitt zwischen Felsen hinauf (rechts ein schöner Felsturm), dann bergab und im Linksbogen an einer Wiese entlang. Wo der Weg wieder durch Wald ansteigt, erkennt man links ein großes Kruzifix, rechts einen viereckigen

Am Hirtenberg: Traumblick über Burg Hartenstein zur Hohen Reute

Die Hexenküche: eine der schönsten Durchgangshöhlen der Alb

Teufelstritt

Seinen Namen hat der Ort von einer Sage: Demnach wollte der Teufel hier das Pegnitztal ohne Umweg über den Talgrund überwinden und katapultierte sich mit solcher Wucht zu den gegenüberliegenden Höhen, dass sein feuriger Pferdefuß sich tief ins Gestein einbrannte. Den Abdruck kann man mit einiger Fantasie noch erahnen, wenn man links unter dem Pavillon vorbei zur vordersten Felskanzel vorgeht (Zugang bei meinem letzten Besuch durch aufgeschichtete Äste erschwert).

Vom Schrödlberg schweift der Blick hinaus bis zum Ossinger.

Grenzstein. Direkt vor ihm biegen wir **ohne Mk.** spitzwinklig rechts auf einen Fahrweg ab und folgen ihm ca. 50 m, bis links ein deutlicher Pfad abzweigt. Er leitet uns steil den Hang empor, dann mit Rechtsknick unterhalb des Kamms durch die Flanke und schließlich über den Kamm zum markanten Felskopf am Gipfel des Gotthardsbergs. Wir umrunden den vordersten Eckpfeiler im Linksbogen, steigen dann (mit etwas Vorsicht) auf Pfadspuren in Kehren eine steile Rampe hinunter und nach rechts in einen markanten Einschnitt hinein. Schon betreten wir die Hexenküche oder Gotthardskirche, eine faszinierende Durchgangshöhle mit malerischem Deckenfenster. An ihr großes unteres Portal schließt sich rechts ein imposanter Felskessel mit bauchigen Überhängen und bizarren Spalten an. Nach dem Schaugenuss kehren wir auf gleicher Route zum mk. Weg zurück.

Vergessenes Wunderland Schrödlberg

Grünstrich leitet uns nun rechts zu einem Sattel empor und jenseits hinab zu einer Wegteilung am Beginn einer Wiese. Wir folgen hier **Grün- und Blaustrich** nur noch kurz nach links und biegen dann (vor einem Baum mit beiden Mkn. und Pfeil) rechts auf einen schmalen Weg **ohne Mk.** ab, der uns durch Wald sanft bergan führt. Nach 90 m erreichen wir einen begrünten Block links des Weges und erblicken rechts oben schon die Felsburg des Schrödlbergs. Wir gehen rechtwinklig rechts zum Fuß des Hangs hinüber, dort kurz nach rechts und stoßen bei einem bemoosten Wurzelstock auf eine deutliche Pfadspur, die uns schräg links durch den Hang zu einer felsigen Rippe und mit Rechtsknick über sie zum Fuß des Massivs hinaufbringt. Wir gehen an einem imposanten Felskessel entlang nach links und

In einem Felsturm öffnet sich die Südwestl. Schrödlberghöhle.

Idyllische Täler säumen den Weg nach Velden.

stehen staunend vor einem hohen Felsturm, unter dem sich die 27 m tiefe **Südwestliche Schrödlberghöhle** mit bizarrer Raumstruktur und ansehnlicher Versinterung öffnet. Der Pfad führt uns an malerischen kleinen Höhlen vorbei weiter aufwärts, dann nach rechts über eine steile Rinne zum Gipfelplateau hinauf. Bald teilen sich die Wege: Wir folgen links einem deutlichen Pfad, der eben durch den Hang auf eine Lücke im Wald zuführt. Am Ziel öffnet sich unmittelbar vor uns die Riesenwunde der Neuensorger Steinbrüche, zugleich fesselt der Panoramablick über die Kuppen der Alb bis zum Fichtelgebirge. Nach der Rast kann man im Linksbogen noch die schroffen Gipfelfelsen des Schrödlbergs erkunden und kehrt dann auf bekannter Route zum mk. Weg zurück.

Über den Teufelstritt ins Tal

Grün- und Blaustrich führen uns nach rechts an malerischen Tälern vorbei sanft bergab zu einer Wegteilung bei einer Bank (die Aufschrift »Siggi's Kamerunschafe« weist auf die tierischen Stars links von uns hin). Hier lohnt ein letzter Abstecher: Wir gehen geradeaus weiter zu einer Wohnstraße im oberen Ortsteil von **Velden**, kurz an ihr entlang und rechts zum Pavillon auf dem **Teufelstritt** hinüber, wo sich ein malerischer Blick auf die alte Stadt bietet. Zurück an der Bank, führen uns die Mkn. nach links steil bergab, mit Linksschwenk zur Pegnitz hinunter, auf einer Brücke hinüber und nach links unter der Bahn hindurch. Jenseits der Straße steigen wir auf einem Pfad steil zur Bahnhofstraße auf und gelangen auf ihr rechts schnell zum Bhf. Velden.

VOM SITTENBACHTAL ZUR PEGNITZ

25
Wachtfels, Schonfels, Kühkopf, Langenstein und Hohlleite

Zwischen den großen Aussichtspunkten über Kirchensittenbach und über Vorra erleben wir grandiose Felsburgen und -zinnen wie den Finger Gottes, Schonfels und Kühkopf und die wild durchlöcherte Hohlleite.

Nach dem steilen Aufstieg zum Wachtfels und zur Schachthöhle Kirchenloch durchwandern wir eine malerische Hochflächenlandschaft, erklimmen die Kuppen von Schonfels, Kühkopf und Langenstein, bewundern die Durchgangshöhlen der Hohlleite und steigen über den alten Pavillon auf der Bürg auf einer Weganlage der Romantik nach Vorra ab.

Hinauf zu Wachtfels und Kirchenloch

Von der Hst. in Kirchensittenbach wandern wir an der malerischen Wehrkirche (spätromanisch, teils spätgotisch) vorbei, an der Hauptstraße noch 160 m weiter und biegen dann mit **Blaupunkt** u.a. rechts in die Rathausgasse ein. Nach sanftem Anstieg leitet uns die Mk. rechts über die Straße Zum Wachtfels steiler bergan, geradeaus aus der Siedlung hinaus und aussichtsreich über Streuobstwiesen auf begrüntem Fahrweg in Kurven zum Wald empor. Mit Linksknick geht es steil aufwärts, dann auf einem Hangweg kurz nach links zur entscheidenden Wegteilung (Ww.): Mit **Rotring** zweigen wir rechts ab und steigen auf schmalem Wanderweg in sehr steil angelegten Kehren (Vorsicht bei Nässe!) zum Rand der Hochfläche auf. Über einen Grat gewinnen wir weiter an Höhe und erreichen einen querenden Forstweg: Ein Abstecher auf ihm nach rechts eröffnet lohnende Einblicke in die imposanten Steilwände des Wachtfels. Wir gehen nun zur Einmündung des Wanderwegs zurück und noch wenige Meter weiter, dann bei einer Wandertafel rechts empor und stehen bald vor dem tiefen Schacht des Kirchenlochs links des Weges. Von hier bringen uns deutliche Pfade schnell zum kreuzgeschmückten Gipfel des Wachtfels mit Prachtblick hinab nach Kirchensittenbach empor. Jedoch warten noch größere Schaufreuden: Deutliche Pfade führen **ohne Mk.** und ohne Ww. (!) vom Gipfel (beim Rückweg) nach rechts über den Bergrücken zu einem zweiten Aussichtspunkt (Bank): Über einen markanten Felsturm hinweg blickt man hinab auf Aspertshofen und sein Schloss und weit hinaus auf Hansgörgel, Pegnitztal und Moritzberg – ein wirklich traumhafter Rastplatz, den die meisten Besucher des Hauptgipfels übersehen.

Wachtfels-Südaussicht: Blick auf Pegnitztal und Hansgörgel

| mittel | 13 km | 450/470 Hm | 4:30 Std. |

Auf einen Blick

Tourencharakter
Nach sehr steil geführtem Aufstieg zu einem schönen Aussichtspunkt (mit Schachthöhle) führt die Tour in leichtem Auf und Ab zu vier Kuppen mit imposanten Türmen und Felsburgen (eine davon mit Durchgangshöhlen) und über alte Wege der Romantik ins Tal; überwiegend gute Wege, die Pfade um Schonfels/Kühkopf erfordern etwas Orientierungssinn.

Mögliche Tage
Mo-Sa: ganzjährig, So: nur mit Rufbus

Ausgangspunkt/Anfahrt
Hst. Kirchensittenbach Mitte, hierher mit Bus 338, Abfahrt vom Bhf. Hersbruck r. Pegnitz **Mo-Fr** um 10:03 Uhr, **Sa** um 9:02 oder 12:02 Uhr (Fahrzeit 17 Min.); **So** nur Rufbus (1 Std. vorher: Tel. 0911/65 00 56 60), Abfahrt um 10:02 Uhr

Endpunkt/Rückfahrt
Bhf. Vorra, von hier stdl. um x:11 oder x:12 Uhr mit RB 30 zurück nach Hersbruck (Fahrzeit 9 Min.) oder weiter nach Nürnberg Hbf.

Gehzeiten
Wachtfels (mit Süd-Aussicht) 0:45 Std. – Stöppach 0:25 Std. – Schonfels Gipfel 0:30 Std. – Kühkopf 0:20 Std. – Siglitzberg 0:35 Std. – Langenstein 0:25 Std. – Hohlleitenfels (mit Umrundung) 0:20 Std. – Bürg (Pavillon) 0:40 Std. – Vorra Bhf. 0:30 Std.

Beste Jahreszeit
ganzjährig reizvoll, außer bei Schneelage

Einkehr
unterwegs keine

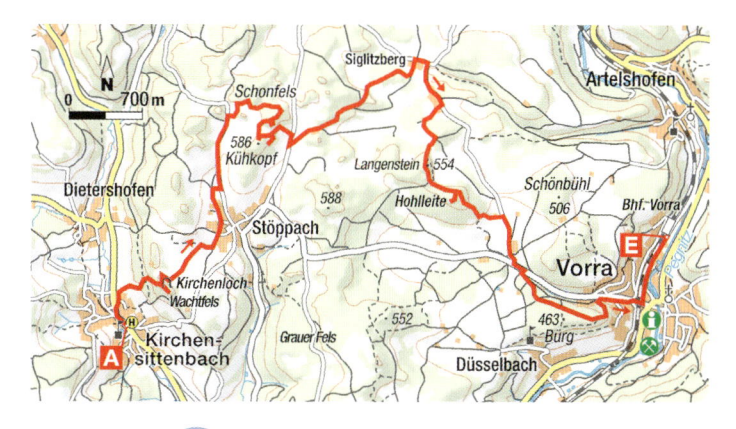

Wilde Türme schmücken den Gipfel des Schonfels.

Die Schmalseite präsentiert den Langenstein als Finger Gottes.

Unser Weg führt am idyllischen Engelsgrund entlang.

Von Süden her sieht man am Langenstein drei formschöne Türme.

Über die Hochfläche bei Stöppach

Über Gipfel und Kirchenloch kehren wir zum breiten Weg zurück und wandern mit **Rotring** rechts abwärts. Die Mk. leitet uns mit Rechtsknick am Waldrand entlang, dann links nach Stöppach hinüber. Wir wandern mit Linksschwenk am Ortsrand entlang und bei einer Kreuzung, nun mit dem **MD-Weg**, geradeaus auf einem anfangs geteerten, später geschotterten Weg weiter. Bald teilen sich die Wege erneut: Wo die MD-Mk. geradeaus auf einen begrünten Fahrweg übergeht, folgen wir **ohne Mk.** weiter dem Schotterweg, der in einer Rechtskurve abwärtsführt. Im Talgrund schwenken wir dann links auf einen geteerten Fahrweg ein und wandern mit schöner Fernsicht sanft bergan. Wo der Wald auf der linken Seite wieder an das Sträßchen heranreicht, ist Aufmerksamkeit geboten: Wir gehen ab Beginn des Waldstücks noch 50 m weiter und zweigen dann rechts auf einen begrünten Feldweg ab. Er führt mit Linksknick an einem Wäldchen bergan, nach Rechtsschwenk am Waldrand entlang, zuletzt mit Rechtsbiegung an einem Jägerstand vorbei sanft abwärts und in den Wald hinein.

Felswildnis Schonfels und Kühkopf

Unterhalb kleiner Felsen gabelt sich der Weg: Wir wählen den Fahrweg rechts, folgen ihm aber nur etwa 45 m und gehen dann nach links über eine Schneise in den Wald hinein und geradeaus weiter. Bald werden rechts oberhalb die schroffen Abstürze des Schonfels mit einer kleinen Halbhöhle sichtbar. Wir queren an ihrem Fuß durch den Hang und steigen direkt nach ihnen mit Rechtsschwenk über eine Rampe zu einem freigestellten Plateau auf. An seiner gegenüberliegenden Seite treffen wir halb rechts auf einen Fahrweg, der uns erst steil bergauf, dann durch die Flanke zu einem Sattel unter der gewaltigen Gipfelburg des Schonfels bringt. Es lohnt, nach links über Felsstufen zu dem imposanten dreigipfligen Turm am höchsten Punkt aufzusteigen. Zurück am Sattel steigen wir auf einer deutlichen Hangstufe durch die (bei Blick zum Gipfel) rechte Flanke ab und wandern auf ausgeprägtem Pfad an den zerklüfteten Westabstürzen des Berges entlang, in denen sich mehrere Kleinhöhlen verstecken. Danach geht es noch einmal sanft bergauf, durch eine malerische Gasse zwischen zwei Felsen hindurch, im Linksbogen unter einem 5 m hohen Türmchen vorbei und zu einer Wiese hinüber. Wir wandern nach rechts auf einem Fahrweg an ihrem Rand entlang (prachtvolle Aussicht) und kurz in den Wald hinein, bis links ein deutlicher Pfad abzweigt und steil zu den Felsen des Kühkopfs hinaufführt. Rechts fesselt ein kleines Felsentor unsere Blicke, weiter links imposante Wände mit scharfen Kanten. Von der Hauptwand steigen wir in Falllinie an den Vorfelsen vorbei zur Wiese ab, gehen nach rechts an ihrem Rand entlang und im Linksbogen weiter (der an der Kurve rechts abzweigende Pfad führt zu den schroffen Ostabstürzen des Kühkopfs – für Felsenfreunde ein lohnender Abstecher). Bald treffen wir auf einen etwas verwachsenen Fahrweg, der uns rechts zu einem Holzhaufen hinab, dann mit Rechtsknick über einen Feldrain zu einer Straße bringt.

Über Siglitzberg zum Langenstein

Ihr folgen wir 60 m nach rechts bergab und biegen dann links in einen wieder ansteigenden Schotterweg ein. Bei der Gabelung nach

Die Hohlleite fesselt mit Durchgangshöhlen und scharfen Kanten.

Eine glatte Kante bildet das Schaustück des Kühkopfs.

mehreren Scheunen halten wir uns links, wandern mit prachtvoller Aussicht an der Flanke über dem Engelsgrund entlang, dann in den Wald hinein und vorerst immer auf dem Hauptweg weiter. Wo er eine markante Linkskurve macht, heißt es aufgepasst: Am Beginn der Kurve zweigen wir rechts auf einen unbefestigten Fahrweg ab. Bei einer Gabelung halten wir uns rechts, erreichen mit steilerem Abstieg einen Wiesensattel und wandern halb rechts wieder in den Wald hinein. Zuletzt führt der Weg mit markantem Linksknick zum Weiler Siglitzberg hinab. An der Hauptstraße schwenken wir mit **Blaukreuz** nach rechts und biegen nach dem Ort nochmals rechts auf einen anfangs geteerten, später geschotterten Weg ab. Nach sanftem Anstieg folgt eine Gabelung: Wir gehen geradeaus auf eine Gruppe von Scheunen zu, zweigen aber gleich nach der zweiten rechts auf einen begrünten Fahrweg ab. Nach Durchquerung eines Waldstücks führt er nach Linksknick im Bogen um eine Wiese herum. Bei Wiedereintritt in den Wald zweigt links ein Wanderweg ab, der uns steil zum gewaltigen Langenstein hinaufbringt. Vom Fuß des Massivs sollte man nach rechts auf deutlichem Pfad zu seiner Südseite aufsteigen: Nur hier zeigen sich drei durch enge Spalten getrennte Türme. Beim Aufstieg zur Bergseite decken sie sich wieder und bilden den berühmten Finger Gottes.

Naturjuwel Hohlleite

Blaukreuz führt uns nun deutlich bergab, dann über den Kamm zu einer Kuppe hinauf und steil zu einer Wegteilung hinunter. Hier schwenken wir mit der Mk. nach links und gewinnen auf breitem Wanderweg nochmals merklich an Höhe. Am höchsten Punkt zweigt rechts ein Pfad **ohne Mk.** ab, der uns durch die Flanke, dann mit Rechtsknick über Wurzelstufen zur gewaltigen Felsburg der Hohlleite

Auf der Bürg hoch über dem Pegnitztal steht dieser Pavillon.

(in der ATK25 Höhlleite) hinaufbringt. Eine Umrundung im Uhrzeigersinn schenkt begeisternde Eindrücke: Am Beginn fesselt eine flache Durchgangshöhle, es folgen malerische Überhänge, zerklüftete Spalten und ein imposanter Eckpfeiler. Zurück auf dem **Blaukreuz**-Weg geht es zügig bergab, mit Linksknick auf weite Wiesen hinaus und an einer Scheune vorbei zu einem Schotterweg hinüber, der uns nach rechts mit weiter Aussicht über die Hochfläche führt.

Auf alten Wegen über Bürg nach Vorra

Bei Einmündung in ein Teersträßchen folgen wir diesem kurz nach links bis zum Waldrand. Hier biegen wir mit Blaukreuz rechts ab und schwenken gleich wieder links in einen Forstweg ein. Nun heißt es aufgepasst: Schon nach 50 m zweigen wir **ohne Mk.** rechts auf einen begrünten Forstweg ab, der durch den Hang empor, dann mit Rechtsknick über den Bergrücken führt und schließlich in einen breiteren Fahrweg mündet. Auf ihm wandern wir mit **Mk. Nr. 3** nach links, halten uns bei einer Gabelung rechts und erreichen nach längerer Wanderung über den Kamm der **Bürg** einen Rundpavillon (erbaut 1854), von dem sich (noch) ein wundervoller Blick über schroffe Felsklippen ins Pegnitztal bietet. Links von ihm führt Nr. 3 als schmaler Wanderweg zügig bergab und auf einer alten Weganlage der Romantik (kunstvoll gebaute Treppe zu einem eingewachsenen ehemaligen Aussichtsfels) durch eine begeisternde Felsenlandschaft in Kehren tiefer, dann mit Linksschwenk an einem Hochbehälter vorbei zur Einmündung in den **Blaukreuz**-Weg hinab. Ein schöner Hangweg bringt uns nach rechts oberhalb eines Baches mit kleinen Sinterstufen zum Rand von **Vorra**. Mit stetem Gefälle geht es in den Ort hinein und unter der Bahnlinie hindurch. Gleich nach dem Tunnel schwenken wir mit **Gelbpunkt** nach links, gehen an einer Kreuzung geradeaus weiter und erreichen auf einem Fußweg bald den Bhf.

HÖHLENZAUBER UND AUSSICHTSLOGEN

26
Cäciliengrotte, Am Himmel, Abgebrannter Berg und Herrenberg

Südlich der begeisternden Karstlandschaft des Schwarzen Brands mit der einzigartigen Höhlenruine der Cäciliengrotte verstecken sich viele weitere große Naturwunder wie Durchgangshöhlen und Felsentore.

Unsere Route führt über drei kleinere Höhlen hinauf zur gewaltigen Cäciliengrotte und weiter empor zu den großen Aussichtspunkten des Schwarzen Brands. Danach besuchen wir die wilde Bettelküche am Neutrasfelsen, das Felsentor am Hohen Berg und die (Durchgangs-)Höhle im Abgebrannten Berg und wandern mit prachtvoller Fernsicht über die Hochfläche zum Herrenberg mit seinem malerischen Durchgang und zuletzt hinab ins Högenbachtal.

Höhlenweg zur Cäciliengrotte

Von der Hst. Hirschbach Dorfplatz gehen wir kurz Richtung Hersbruck zurück, steigen dann mit dem **Höhlenweg (Mk. Nr. 3)** links auf der Straße Am Schmiedberg zum Waldrand auf und schwenken dort nach links. Nach einer Doppelgarage zweigen wir mit Nr. 3 rechts auf einen Wanderweg ab, der uns durch Wald zügig berganführt. Nach einer Steilstufe leitet uns die Mk. mit einem Pfeil auf schmalem Pfad rechts steil empor und über eine Kehre zur flachen Halle der Schmiedberghöhle hinauf. Ein zweiter Kehrenweg bringt uns dann nach Rechtsknick wieder zum Hauptweg hinab. Auf ihm steigen wir zu einem Sattel mit prachtvoller Aussicht auf. An seinem Beginn zweigt links ein Pfad ab, der uns zügig durch Wald zu einem wild zerrissenen Massiv hinaufbringt. Es geht über Stufen bergan, unter einer Felsbrücke hindurch, dann betreten wir die Meeresstrudelhöhle (auch Bettelküche genannt), die mit malerischen Strudellöchern begeistert. Von ihrem Vorplatz führt Nr. 3 nach rechts über Stufen empor, zu einem Sattel hinauf, dann durch ein Tälchen abwärts. Nach Rechtsschwenk geht es an einer flachen Höhle und einer langen Felsfront entlang zum imposanten Portal der Cäciliengrotte hinauf. Vom Vorraum gelangt man über einen Felsriegel in die Haupthalle: Stets begeistert die Höhlenruine mit malerischen Bögen, Deckendurchbrüchen und Lichtstimmungen.

»Himmlische« Aussichtspunkte

Vor dem Portal führt der Höhlenweg nach rechts weiter, im Bogen sanft fallend durch die Flanke und nach Vereinigung mit anderen Wegen steil zu einem Sattel am Fuß des Prell-

Das Portal der Cäciliengrotte begeistert mit bizarren Formen.

mittel | 11 km | 540/560 Hm | 4:00 Std.

Auf einen Blick

Tourencharakter
Wanderung mit mehreren größeren Anstiegen durch ein großartiges Karstgebiet mit sechs begeisternden Höhlen (darunter eine der schönsten Höhlenruinen), Felstürmen, drei Aussichtskanzeln und zwei Felsentoren, sowie über malerische Hochflächen auf guten, teils sehr steilen Wegen, im Bereich Neutrasfelsen, Hoher Berg und Herrenberg Pfadspuren ohne Mk.

Mögliche Tage
Mo-Sa: ganzjährig, So: 1.5.-1.11.

Ausgangspunkt/Anfahrt
Hst. Hirschbach, Dorfplatz, hierher Mo-Sa mit Bus 446/498, Abfahrt vom Bhf. Hersbruck r. Pegnitz **Mo-Fr** um 8:10 oder 10:10 Uhr, **Sa** 9:10 oder 11:10 Uhr (Fahrzeit 24-35 Min.); an **So vom 1.5.-1.11.** mit Bus 499, Abfahrt von der Hst. Etzelwang, Abzw. Bahnhof (an der Einmündung der Bahnhofstr. in die Hauptstr., 5 Min. vom Bhf., dorthin von Nürnberg/Hersbruck oder Amberg/Weiden mit RE 40/41) um 10:25 oder 11:25 Uhr.

Endpunkt/Rückfahrt
Bhf. Pommelsbrunn, von hier mit S 2 stdl. um x:36 Uhr nach Nürnberg Hbf.; oder Rückkehr nach Hersbruck r. Pegnitz: mit S 2 stdl. um x:21 nach Hartmannshof, von dort um x:52 Uhr mit RE 41 nach Hersbruck

Gehzeiten
Schmiedberghöhle 0:20 Std. – Cäciliengrotte 0:15 Std. – Prellstein 0:10 Std. – »Am Himmel« 0:20 Std. – Neutras (Parkplatz) 0:40 Std. – Bettelküche/Neutrasfelsen 0:15 Std. – Hoher Berg (Felsentor) 0:15 Std. – Höhle im Abgebrannten Berg 0:10 Std. – Heuchling 0:35 Std. – Herrenberg-Durchgang 0:20 Std. – Appelsberg 0:15 Std. – Pommelsbrunn S-Bahn 0:25 Std.

Beste Jahreszeit
zauberhaft im Herbst, auch sonst stets reizvoll

Einkehr
Res'nhof in Neutras, Tel. 09154/91 97 10

187

steins hinauf. Es lohnt, nach links zu ihm aufzusteigen und den imposanten Felsturm auf guten Pfaden zu umrunden. Vom Sattel leitet uns unsere neue Mk. **Nr. 2** kurz nach rechts, dann links abzweigend auf den gewaltigen Himmelsfels zu und nochmals mit Linksknick an der wild zerklüfteten Frankenkammer vorbei steil bergauf. Bei der ersten Gabelung gehen wir geradeaus weiter, bei der zweiten biegen wir mit Nr. 2 links ab und gelangen über einen felsigen Grat zum Aussichtspunkt am Ende des Höhenglücksteigs mit Fernsicht bis zu Ossinger und Fichtelgebirge. Nr. 2 führt uns zur Abzweigung zurück, dort kurz nach links, dann mit Rechtsschwenk steiler bergan, an einem bizarr überhängenden Felsturm vorbei. Bald folgt die nächste Wegteilung: Wir zweigen mit Nr. 2 rechts ab, halten uns nochmals rechts, wandern im Bogen an den Westabstürzen des Schwarzen Brands entlang, zuletzt zur Aussichtskanzel Am Himmel hinab: umwerfend der Blick hinaus bis zu Moritzberg und Burg Hohenstein und hinab in die Steilabstürze, durch die der Höhenglücksteig verläuft. Vom linken Ende des Geländers bringt uns ein Pfad zu einem weiteren großen Aussichtsbalkon mit Rastbank hinauf. Bei der folgenden Gabelung führt uns die (hier etwas spärliche) Mk. nach rechts auf Wurzelstufen durch die Flanke, dann über einen Felskamm und durch eine Senke hinab zur Vereinigung mit einem breiteren Wanderweg.

Über den Mittagsfels nach Neutras

Auf ihm geht es rechts steil bergab, dann wieder aufwärts zu einer Wegteilung: Hier halten wir uns mit **Grünstrich** rechts, steigen zu einem Sattel auf und mit Linksschwenk in alpiner Wegführung steil über Stufen eine felsige Rinne hinauf. Der Steig überquert nun mit Linksknick den beidseits schroff abfallenden Grat des Mittagsfels und führt dann durch die rechte Flanke in Kehren steil bergab. Nach kleinem Gegenanstieg geht es zügig zu einer malerischen Wiese hinab, an ihr entlang zunächst geradeaus, dann auf einem Fahrweg kurz nach rechts und wieder scharf links in den Wald hinein. Der bald schmaler werdende Weg bringt uns zwischen imposanten Felsmassiven zu einem Sattel hinauf. Jenseits wandern wir steil bergab, dann mit Linksknick durch die Flanke hinunter nach Neutras.

Bettelküche und Neutrasfelsen

Wir gehen nach rechts über den Parkplatz hinüber und dann geradeaus **ohne Mk.** bis zum Ende der begrünten Parkbucht rechts an der Straße nach Bürtel. Wenige Meter nach ihr biegen wir links in einen Forstweg ein, folgen ihm aber nur 20 m und steigen dann auf Pfadspuren nach rechts in Kehren steil empor. Auf einem querenden Hangweg geht es nach rechts weiter bergauf, bis 10 m nach einem begrünten Felsklotz ein deutlicher Pfad links abzweigt. Er bringt uns in Kehren zu einem imposanten Felsturm hinauf, neben dem sich die gewaltige Spalte der Bettelküche mit wildem Versturz öffnet. Vor dem Turm steigen wir nach rechts über Wurzel- und Felsstufen steil und exponiert zu einer Hangstufe unterhalb der bizarren Gipfelfelsen auf. Links eines liegenden Felsblocks erlaubt eine steile Rinne Trittsicheren den Aufstieg in die Gipfelregion des Neutrasfelsens mit schöner Fernsicht. Zurück auf der Hangstufe führt uns ein ausgeprägter Weg an einem Vorturm vorbei im Linksbogen unterhalb der schroffen Felsburg durch den Hang, dann rechts an einem be-

In der Cäciliengrotte: Wunderwerk aus Bögen und Fenstern

Heuchlinger Anger

Mit einem Mehraufwand von gut 0:20 Std. (für Hin- und Rückweg) können Naturfreunde das Naturdenkmal Heuchlinger Anger in die Tour einbeziehen: Für diesen Abstecher geht man an der Wegteilung in Heuchling mit Blaustrich nach links, biegt gegen Ortsende rechts in einen Schotterweg ein und erreicht bald dieses blütenreiche Magerrasengebiet mit einzelnen Felsen und verstreuten Bäumen.

Am Himmel: weite Fernsicht Richtung Pegnitztal

Am Hang des Neutrasfelsens liegt die bizarre Bettelküche.

Die Tunnelhöhle im Abgebrannten Berg ist etwa 15 m tief.

grünten Vorfelsen vorbei zügig bergab und nach links über einen Querweg hinweg zu einem Spielplatz am Rande von Neutras hinunter.

Hoher Berg und Abgebrannter Berg
Unterhalb treffen wir (vor dem Res'nhof) auf einen Schotterweg, auf den wir mit **Grünstrich** nach rechts einbiegen. Am Ortsende zweigen wir mit der Mk. rechts auf einen Wanderweg ab, der uns zunächst steil durch Wald empor, dann mit Linksschwenk durch die Flanke führt. Oberhalb zeigt sich bald die schroffe Felsburg des Hohen Berges. Schwache Pfadspuren bringen uns nach rechts steil zu dem malerischen Felsentor zwischen Vorturm und Hauptmassiv hinauf. Zurück auf dem mk. Weg steht bald der nächste Abstecher an: Am Ende einer scharfen Rechtskurve zweigt links ein deutlicher Weg **ohne Mk.** ab und führt uns durch Wald in das Felsgebiet des Abgebrannten Berges. In dem flachen Felsen rechts öffnet sich der nur gebückt begehbare Eingang zur Höhle im Abgebrannten Berg, einem imposanten ca. 15 m langen Felstunnel. Für Felsenfreunde lohnt es, noch ein Stück weiterzugehen: Wenn man leicht bergab die linke Flanke des Kammes quert, erreicht man bald eine beeindruckende Felswand. Nach dem Abstecher führt uns **Grünstrich** am Südhang des Hohen Berges entlang und mit leichtem Anstieg nach Bürtel hinein, wo sich ein Prachtblick nach O auftut. Gegenüber einem Fachwerkhaus biegen wir rechts, am Ortsrand dann links ab und wandern auf begrüntem Fahrweg mit weiter Aussicht über die Hochfläche stets geradeaus bis zu einem Sträßchen, das uns im Linksbogen nach Heuchling hinaufbringt. Im Ort schwenken wir mit **Gelbkreuz** nach rechts, folgen der Fahrstraße bis

Der Hohe Berg begeistert mit einem schmalen Felsentor.

Neben dem Herrenberg-Durchgang öffnet sich eine Spalthöhle.

zum Ortsende und biegen dann links in einen (anfangs) gepflasterten Fahrweg ein. Schon bald führt uns die Mk. auf begrüntem Fahrweg nach rechts in eine Senke hinab und wieder ansteigend in den Wald hinein.

Über den Herrenberg-Durchgang nach Pommelsbrunn

Auf bald schmalerem Weg gelangen wir in ebener Querung zu einer Wegteilung. Hier steht ein begeisternder Abstecher an: Wir wandern mit der Mk. **H2** links bergauf, bis der mk. Weg eine auffällige Rechtskurve macht. Vor ihr biegen wir **ohne Mk.** links ab, steigen auf schwachen Pfadspuren zu einer markanten Hangstufe auf und folgen ihr nach links, bis oberhalb ein wilder Felskessel sichtbar wird. Linker Hand öffnet sich der bizarr geformte **Herrenberg-Durchgang**. Noch mehr beeindruckt seine andere Seite mit kleiner Spalthöhle. Nach Rückkehr zu **Gelbkreuz** geht es zunächst sanft bergab, dann auf breiterem Weg nach links stetig bergan zum Waldrand, zuletzt mit Prachtblick zu Zankelstein und Leitenberg über Wiesen hinunter nach **Appelsberg**. Am Dorfeingang halten wir uns kurz links und biegen dann rechts in einen Schotterweg ein, der uns als malerischer Hohlweg an markanten Felsen vorbei steil bergab und rechts durch die Flanke zum Ortsrand von **Pommelsbrunn** hinabführt. Nach links gelangen wir auf einem Fußweg, dann auf dem Gehweg an der Gehrestalstraße entlang ins Zentrum. Nach Überquerung der Hauptstraße (B 14) erreichen wir über die Arzloher Straße bald die S-Bahn-Station.

ZWILLINGSTÜRME, HÖHLEN UND PANORAMEN
27
Von den Zwei Schwestern zum Zankelstein

Zwillingstürme sind ein seltenes Naturwunder. Der Bergrücken zwischen Hartmannshof und Pommelsbrunn wartet mit gleich zwei Pärchen auf, flankiert von versteckten Höhlen und grandiosen Panoramaplätzen.

Neben dem Doppelturm der Zwei Schwestern und den einzigartigen Zwillingen am Zankelstein begeistern die formenreichen Vogelherd-Steinbruchhöhlen und die atemberaubenden Blicke ins Högenbachtal und in die Ferne.

Verborgene Höhlenwelten

Vom Bhf. Hartmannshof gehen wir zum Vorplatz, an der Bus-Hst. vorbei und parallel zu den Gleisen weiter zu einem Bahnübergang im O, wo wir auf unsere **Mk. Goldene Straße** (Löwensymbol) treffen. Sie leitet uns über die Gleise hinüber, neben der Hunaser Straße am Steinbruchgelände vorbei zügig bergan und dann nach links in das Dörfchen **Hunas** hinein. Am Ortseingang steht eine Infotafel über die nahe, aber nicht zugängliche Steinberg-Höhlenruine, in der bedeutende Funde zu Eiszeitfauna und Vorgeschichte gemacht wurden. Nach Durchquerung des Ortes steigen wir auf begrüntem Fahrweg mit schöner Fernsicht zum Wald auf. Nach einer Gabelung (hier links) treffen wir auf einen Schotterweg, der uns nach rechts zu einem Sattel hinaufbringt.

Gleich am Beginn der großen Wiese biegen wir **ohne Mk.** links ab, wandern auf Fahrspuren an ihrem Rand (bitte wegen geschützter Pflanzen nicht über die Wiese gehen!) entlang und dann auf dem Fahrweg mit leichtem Linksschwenk in den Wald hinein. Nach ebener Hangquerung erreichen wir eine Wegteilung vor einer markanten Felswand: Wir biegen spitzwinklig rechts auf einen begrünten Forstweg ab. Wo er mit Linksbiegung zur Kammhöhe ansteigt, heißt es aufgepasst: Wir gehen geradeaus auf Pfadspuren in einen Graben hinein und stehen bald vor einem Naturjuwel. Vor uns öffnen sich die **Nördliche** und die **Südliche Vogelherd-Steinbruchhöhle**: Erstere beeindruckt durch ihr großes Portal, Letztere durch eine Halle mit auffallend bunter (leider auch an diesem entlegenen Ort schon beschädigter) Versinterung.

Zu den Zwei Schwestern

Zurück am begrünten Forstweg, wandern wir rechts zur Kammhöhe hinauf und jenseits wenige Meter abwärts, bis wir auf einen queren den Fahrweg treffen: Er führt nach links in

Vielfarbiger Sinter prägt die Südl. Vogelherd-Steinbruchhöhle.

| leicht | 7,5 km | 310/325 Hm | 2:30 Std. |

Auf einen Blick

Tourencharakter
Kurze Wanderung mit steilen Passagen zu einzigartigen Felstürmen, begeisternden Aussichtspunkten und versteckten Höhlen, durchgehend gute Wege, kurz ohne Mk.

Mögliche Tage
Mo-So: ganzjährig

Ausgangspunkt/Anfahrt
Bhf. Hartmannshof, hierher mit RE 40/41 stdl. von Nürnberg Hbf., Regensburg/Amberg oder Weiden (z.B. Abfahrt in Nürnberg Hbf. um x:43 Uhr, Fahrzeit 22 Min.), aus dem Raum Nürnberg auch mit S 2

Endpunkt/Rückfahrt
Bhf. Pommelsbrunn, von hier mit S 2 stdl. um x:21 Uhr zurück nach Hartmannshof oder um x:36 Uhr nach Nürnberg Hbf.

Gehzeiten
Hunas 0:20 Std. – Vogelherd-Steinbruchhöhlen 0:20 Std. – Zwei Schwestern 0:15 Std. – Zankelstein 1:00 Std. – Pommelsbrunn S-Bahn 0:35 Std.

Beste Jahreszeit
ganzjährig reizvoll, besonders schön im Herbst (tiefere Höhlenteile nur 1.4.-30.9.)

Einkehr
unterwegs keine

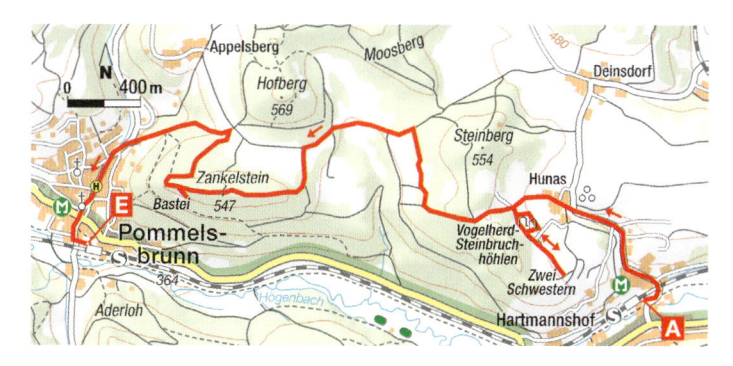

Eng verbunden: die Türme der Zwei Schwestern

Die Zwillingstürme am Zankelstein: ein einmaliges Naturjuwel

Schwindelfreie können die Pommelsbrunner Bastei erklimmen.

Bei den Zwei Schwestern: Schaukanzel hoch über Hartmannshof

leichtem Auf und Ab an der Flanke entlang, dann nur noch als deutlicher Pfad über den Kamm und wieder in eine Senke (Blick zur Houbirg) hinab. Von hier geht es durch die rechte Flanke zwischen großen Blöcken sanft zum imposanten doppelten Felsturm der Zwei Schwestern hinauf. Felsenfreunde werden nach dem Massiv nach links in die Flanke hineinqueren, um den Blick auf die wilden Ostabstürze zu genießen. Für alle empfiehlt es sich, über den Grat noch ein Stück weiterzugehen. An kleinen Felstürmen vorbei erreicht man nach leichtem Abstieg einen traumhaften Aussichtspunkt oberhalb der Steinbrüche: Weit schweift der Blick über Hartmannshof und das Högenbachtal bis zur Ruine Lichtenegg.

Bequeme Höhenwanderung

Wir gehen nun auf gleicher Route bis zu dem Punkt zurück, wo der Weg von den Höhlen eingemündet war, nun aber geradeaus weiter, dann auf einem breiteren Fahrweg nach rechts. Bald zweigt rechts ein kleinerer Forstweg ab, der uns wieder zu der großen Wiese hinauf und an ihrem Rand (!) zum mk. Weg zurückbringt. Die **Mk. Goldene Straße** leitet uns nach links an der Wiese entlang, dann mit Linksschwenk deutlich bergab auf Wiesen mit schönem Blick zum Zankelstein hinaus. Vor einem Jägerstand geht es nach rechts in ebener Hangquerung weiter, dann auf einem Schotterweg links zu einer Hochfläche hinunter, über der die Kuppen von Zankelstein und Hofberg aufragen.

Naturwunder Zankelstein

Nach leichtem Anstieg erreichen wir die entscheidende Abzweigung: Ein begrünter Fahrweg führt uns mit der Mk. nach links über eine Wiese in den Wald. Hier zweigen wir rechts auf einen breiten Wanderweg ab, der uns steil zur Kammhöhe des Zankelsteins hinauf und dann eben über den Bergrücken nach W führt. Bald öffnet sich vor uns eine der großartigsten Felsszenerien der Alb: Links ragt der Doppelturm des Zankelsteins empor, rechts die schroffe Pommelsbrunner Bastei, jenseits des Högenbachtals das massige Massiv der Houbirg. Man sollte unbedingt von der Rastbank nach links auf einem Pfad zur Bergseite des oberen Turms hinüberqueren und durch eine Rinne rechts steil zum Fuß des Zwillingsturms absteigen: Nur von hier bietet sich der einzigartige Anblick der zwei schlanken Türme mit dem eingeklemmten Riesenblock in der Mitte. Danach steigen wir zum Sattel an der Bergseite der Bastei auf. Wer absolut trittsicher und schwindelfrei ist, kann von hier den Gipfel in leichter Kletterei erklimmen, für alle anderen schließen sich nach W mehrere gut zugängliche Felskanzeln an, die (fast) denselben atemberaubenden Blick ins Tal und zur Houbirg bieten.

Abstieg ins Tal

Tiefer am Hang erreicht man eine weitere Felskanzel mit schönem Blick hinaus ins Pegnitztal. Hier teilen sich die Wege: Es empfiehlt sich, weiter der Mk. Goldene Straße zu folgen: Sie leitet uns nach rechts durch die Flanke, dann links zügig bergab, auf Wiesen hinaus, links abwärts und auf einem Fahrweg links mäßig steil nach Pommelsbrunn hinab. Nach links gelangen wir durch den Ort zur Hauptstraße, überqueren sie und erreichen über die Arzloher Straße bald die S-Bahn-Station Pommelsbrunn.

SCHAUKANZELN ÜBER DEM FÖRRENBACHTAL

28
Teufelskanzel, Wachfelsen und Hohler Fels

Hoch über dem Förrenbachtal verläuft eine der schönsten Panoramatouren über drei atemberaubende Aussichtskanzeln. Der Hohle Fels begeistert zudem mit doppeltem Felsentor und Steinzeithöhle.

Im ersten Teil nutzt die Route von den aussichtsreichen Hängen bei Aicha nach Happurg meist unmarkierte Wege. Dafür kann man die umwerfende Sicht von Teufelskanzel und Wachfelsen und die Rast unter dem Kohlschlag-Abri meist in völliger Stille genießen, erst später wird man mehr Naturfreunden begegnen.

Über das Hochholz zur Teufelskanzel

Von der Hst. Abzw. Aicha gehen wir **ohne Mk.** die Straße Am Brunnen hinauf. An einem Bach mit kleinen Sinterstufen entlang gewinnen wir schnell an Höhe und wandern bei Vereinigung mit einer anderen Straße halb links weiter bergauf. Wo sie eine scharfe Rechtskurve macht, biegen wir spitzwinklig links auf einen Schotterweg ab, der uns mit prachtvoller Aussicht über eine weite Hochfläche sanft bergauf führt. Wir folgen ihm zunächst stets geradeaus, gehen an der Gabelung bei einem Jägerstand halb links auf gleicher Höhe weiter und betreten dann das Waldgebiet Hochholz. Stets auf dem Hauptweg geht es unter bemoosten Felsklötzen bergauf, durch einen malerischen Engpass hindurch und wieder steiler abwärts auf die Wiesen bei Mittelburg hinaus. Schon 60 m nach Austritt aus dem Wald zweigen wir links auf einen begrünten Fahrweg ab. An seinem tiefsten Punkt (kurz nach einem kleinen Felsklotz am Wegrand) leiten uns Fußspuren links zum nahen Waldrand hinüber und ein Stück an ihm abwärts. Dann treffen wir auf einen deutlichen Pfad, der uns links in eine Senke hinab und über Felsstufen zum Gipfel der Teufelskanzel hinaufbringt: prachtvoll der Blick ins Tal und zu den Bergkuppen gegenüber.

Am Kapuzinersessel vorbei

Nach dem Schaugenuss kehren wir zum Waldrand zurück, gehen nach links an ihm entlang, auf dem begrünten Fahrweg geradeaus weiter und zuletzt nach rechts auf die Hochfläche hinaus. Hier treffen wir auf einen Schotterweg und wandern mit **Grünpunkt** nach links über die aussichtsreiche Hochfläche und dann geradeaus in den schönen Hangwald des Wasserbergs hinein. Bald beginnt der Weg stärker

Von der Teufelskanzel bietet sich ein Prachtblick ins Tal.

| mittel | 10 km | 420/465 Hm | 3:30 Std. |

Auf einen Blick

Tourencharakter
Hang- und Höhenwanderung mit drei größeren Anstiegen zu drei begeisternden Aussichtskanzeln, einem interessanten Abri und einem einmaligen Fels- und Höhlenrevier mit doppeltem Felsentor; gute, teils steile Wege, um den Wachfelsen längere Zeit unmarkiert

Mögliche Tage
Mo-So: ganzjährig

Ausgangspunkt/Anfahrt
Hst. Abzw. Aicha (b. Happurg), hierher mit Bus 334 (Achtung: Ringlinie mit wechselnder Fahrtrichtung; Hst. wird aus unterschiedlichen Richtungen angefahren, teils von Förrenbach=F, teils von Thalheim=T her), Abfahrt vom Bhf. Hersbruck r. Pegnitz **Mo-Fr** um 7:35, 11:10 (nur Schultage!) oder 12:10 Uhr (F: Fahrzeit je 25 Min.), **Sa** um 9:10 Uhr (T: Fahrzeit 42 Min.) **So** um 9:00 oder 11:00 Uhr (T: Fahrzeit 42 Min.). So Midibus mit begrenzter Kapazität, daher müssen Gruppen am Vortag unter Tel. 09665/950 44 angemeldet werden.

Endpunkt/Rückfahrt
Bhf. Happurg, von hier mit S 2 stdl. (um x:39 Uhr) Richtung Nürnberg; alternativ: Hst. Happurg, Rathaus, von hier mit Bus 334 zurück nach Hersbruck r. Pegnitz, **Mo-Fr** 15:33, 16:53 oder 18:09 Uhr, **Sa** 15:50 Uhr, **So** 15:50 oder 18:50 Uhr

Gehzeiten
Hochholz (Engpass) 0:40 Std. – Teufelskanzel 0:10 Std. – Kapuzinersessel 0:25 Std. – Kohlschlag-Abri 0:20 Std. – Wachfelsen 0:25 Std. – Hohler Fels (mit Besichtigung) 0:45 Std. – Brünnle 0:25 Std. – Happurg Bhf. 0:20 Std.

Beste Jahreszeit
besonders schön im Herbst

Einkehr
unterwegs keine

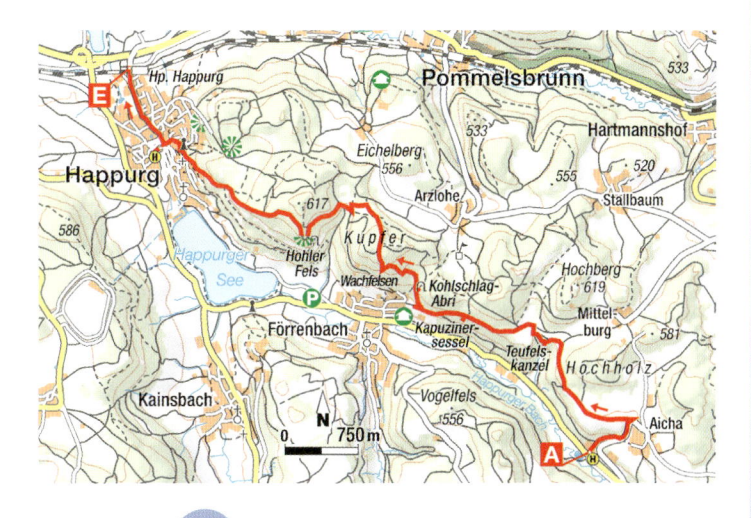

zu fallen: 15 m nach einer Bank zweigt links ein Pfad ab und führt steil zur doppelgipfligen Felsburg des Kapuzinersessels hinab – ein lohnender Abstecher für Felsenfreude.

Kohlschlag-Abri und Wachfelsen

Zurück auf dem mk. Weg, wandern wir zügig weiter bergab, bis vor uns die ersten Häuser von Förrenbach auftauchen. Genau hier (kurz vor einer Regenrinne) biegen wir spitzwinklig rechts auf einen begrünten Fahrweg **ohne Mk.** ab, der auf eine halbverfallene Hütte zuführt. 20 m vor ihr halten wir uns links und steigen durch einen Hohlweg steil bergan. Bei Einmündung in einen Schotterweg sehen wir rechts das bizarre Massiv des Kohlschlag-Abris: Wir gehen zu ihm hinüber und bewundern das 5 m waagrecht überstehende Felsdach, das den Menschen seit der Mittelsteinzeit Schutz bot. Zurück an der Kurve mit der Einmündung des Hohlwegs steigen wir genau gegenüber auf seiner Fortsetzung auf. Gleich nach Vereinigung mit dem mk. Weg (**Gelbkreuz** u.a.) erreichen wir einen Baum mit fünf Wegzeichen: Während sie rechts aufwärtsführen, halten wir uns **ohne Mk.** links und wandern auf unbefestigtem Fahrweg im Linksbogen (nicht rechts abzweigen!) unterhalb von Holzstößen und kleinen Felsen entlang. Danach geht es auf einen Bergrücken hinauf, mit Rechtsknick steil bergan, dann links durch die Flanke zum zerstörten Förrenbachhaus (privat) hinüber. Vor dem Eingangstor bringt uns ein deutlicher Pfad rechts auf den Kamm oberhalb des Wachfelsens hinauf, dann links zu einem Felsplateau hinab. Kurz vor der Abbruchkante führt ein Pfad rechts über Stufen abwärts und mit Linksknick um den Felsabsatz herum zur Schaukanzel des Wachfelsens

hinab: Rechts an der Felskante genießt man einen Prachtblick zum Happurger See, links von den Felsen nahe der Hütte einen atemberaubenden Tiefblick ins Förrenbachtal.

Höhenwanderung zum Hohlen Fels

Nach der Rast kehren wir zum oberen Felsplateau zurück und wandern auf deutlichem Pfad über den Kamm bergauf. Nach dem Steilanstieg führt der Weg nach links durch die Flanke und über eine Kuppe in eine bewaldete Senke hinein. Hier folgen wir einem unbefestigten Fahrweg nach rechts sanft aufwärts bis zu einer riesigen Buche mit zwei Stämmen. Kurz nach ihr steigen wir halb links über eine Schneise zum Kamm auf und wandern mit Rechtsknick zur Gipfelkuppe des Kratzers hinüber. Von hier geht es mit **Grünstrich** u.a. links zügig bergab, an pittoresken Felsgruppen vorbei. Ein breiter Weg führt uns links zu einer Wiese hinunter, an ihr entlang, mit Links-

Der Kohlschlag-Abri: seit grauer Vorzeit als Rastplatz geschätzt

Am Wachfelsen: Links begeistert der Blick ins Förrenbachtal, …

… weiter rechts jener zum Happurger See.

Traumblick vom Hohlen Fels auf Höhle, Gmabrocken und See

schwenk durch den Wald, im Bogen um eine Wiese herum und wieder geradeaus sanft durch Wald bergan. Im Schlussanstieg biegen wir links auf einen Hangweg **ohne Mk.** ab und stehen dann staunend vor dem doppelten Felsentor des Hohlen Fels. Durch dieses erreichen wir eine geräumige Höhle, in der immer wieder Jäger der Steinzeit rasteten. Danach gehen wir durch das Tor zurück und steigen mit **Rotpunkt** an den Felsen entlang nach links steil bergan. Auf halber Höhe sollte man auf deutlichem Pfad nach links auf einen schmalen Felsrücken hinausqueren (nur für Schwindelfreie!), der einen traumhaften Blick auf See, Hauptfelsen, Höhle und den vorgelagerten Gmabrocken bietet. Auf dem Hauptweg steigt man über Treppen weiter bergauf, kann links über Felsstufen den Hauptgipfel erklimmen (phänomenale Tiefblicke) und erreicht über weitere Treppen das wild zerklüftete Gipfelplateau, von dessen Nordende man einen Prachtblick auf den Happurger See genießt.

Abstieg nach Happurg

Etwas oberhalb stoßen wir wieder auf den mk. Weg: Mit **Grünstrich** u.a. wandern wir fast eben nach links, halten uns bei einer Wegteilung links und biegen dann nochmals links auf einen schmaleren Weg ab, der zügig bergab führt. Nach einer flacheren Strecke geht es erneut links steiler bergab, dann wieder links über Stufen zur gefassten Quelle des Brünnle hinunter und über eine steile Kehre und an malerischen Sandsteinklippen vorbei

Auf dem Hauptfelsen schwebt man geradezu über der Landschaft.

Die malerische Kiefer ist der Blickfang am höchsten Punkt.

hinab zu einem Fahrweg, der uns nach rechts zum oberen Rand von Happurg (Höhenweg) bringt. Nach dem Kriegerdenkmal wandern wir im Linksbogen steil in den Ort hinunter. Vor einem Haus mit rot-gelben Fensterläden biegen wir rechts in eine Gasse ein und gelangen immer geradeaus auf der Hohenstädter Straße zur S-Bahn-Station (wer zur Bus-Hst. Happurg Rathaus möchte, geht von dem Haus kurz nach links, dann rechts die Schöffenstraße hinunter und mit Linksschwenk zur Hst.).

18 HÖHLEN UND NOCH VIEL MEHR
29
Felsen- und Höhlensteig, Lupberg- und Sternsteinhöhlen

Unsere Tour von Neukirchen nach Sulzbach-Rosenberg beginnt mit dem großartigen Höhlensteig und führt dann auf vergessenen Pfaden zu den Lupberghöhlen und zur grandiosen Höhlenlandschaft des Sternsteins.

Wenn man den alten Weg über die malerische Frauenfelshöhle wählt, erschließt der bekannte Höhlensteig neun begeisternde Höhlen, teils große Hallen wie Franzosenloch und Gaiskirche, teils tiefe Gänge wie das faszinierende Bärenloch. Dank ÖPNV können wir auch die großartigen Lupberghöhlen einbeziehen und von der Osterhöhle in abwechslungsreicher Kamm- und Talwanderung zum Sternstein gelangen, durch dessen fantastische Höhlenwelt zwar gute Wege führen, um den aber alle Mkn. einen Bogen machen.

Frauenfelshöhle und Franzosenloch

Vom Neukirchner Bahnhofsvorplatz gehen wir halb rechts zu einer Kreuzung hinüber und biegen rechts gegenüber in den Bahnweg ein. Schon nach 80 m zweigt rechts ein Schotterweg mit der **Mk. Nr. 6** (hier verblasst) ab. Sie leitet uns, stets parallel zur Bahn, zu einer Kuppe mit Prachtblick auf den Ort und den hohen Hartenfels hinauf, dann zur Schönlinder Straße hinunter. Auf ihr gelangen wir mit **Nr. 3** nach links zur Peilsteiner Straße und wandern nach rechts an dieser entlang aus dem Ort hinaus. Kurz vor dem Ortsschild schwenken wir links auf einen Feldweg ein, der zügig bergan führt. Bei Eintritt in den Wald teilen sich die Wege. Mit Nr. 3 steigen wir rechts steil empor, folgen der Mk. aber nur noch ein kurzes Stück: Bei einem Baum mit zwei schlangenartig gekrümmten Stämmen zweigen wir rechts auf einen deutlichen Pfad (heute **ohne Mk.**, alte Mk. Rotpunkt) ab, der uns mit mäßiger Steigung auf den imposanten Frauenfels zuführt. Kurz vor ihm gabelt sich der Weg: Wir gehen zunächst links zum oberen Portal der Frauenfelshöhle hinauf, an das sich ein ca. 15 m tiefer formschöner Tunnel anschließt. Zurück an der Gabelung wählen wir den links abwärtsführenden Weg und sehen bald links den unteren Eingang dieser malerischen Etagenhöhle. Kurz danach folgt die nächste Verzweigung: Wir biegen links auf einen schmaleren Weg ab, der unter steilen Wänden eben am Hang entlangführt. Bald öffnet sich über uns ein weiter Kessel, in dem oben das Franzosenloch zu erkennen ist. Über eine deutliche Schneise steigen wir nach links zu ihm auf und queren

Magische Lichtstimmungen verzaubern das Franzosenloch.

mittel — **14,5 km** — **435/480 Hm** — **4:45 Std.**

Auf einen Blick

Tourencharakter
Einzigartige Felsen- und Höhlentour zu 18 großartigen, ganz unterschiedlichen Höhlen auf guten, oft schmalen Wegen; im Bereich des Sternsteins keine Mk., daher genaues Studium der Beschreibung für die Orientierung wichtig!

Mögliche Tage
Mo-So: ganzjährig

Ausgangspunkt/Anfahrt
Bhf. Neukirchen (b. Sulzbach-Rosenberg), hierher mit RE 40/41 stündlich von Nürnberg Hbf., Regensburg/Amberg oder Weiden (z.B. Abfahrt in Nürnberg Hbf. um x:43 Uhr, Fahrzeit 30 Min.)

Endpunkt/Rückfahrt
Bhf. Sulzbach-Rosenberg, von hier mit RE 40 stündlich (um x:30 Uhr) zurück nach Neukirchen und weiter nach Nürnberg, bzw. in Gegenrichtung (um x:25 Uhr) nach Amberg bzw. Regensburg

Gehzeiten
Frauenfelshöhle 0:30 Std. – Franzosenloch 0:10 Std. – Geiskirche 0:25 Std. – Bärenloch 0:15 Std. – Buchberghöhle 0:15 Std. – Östl. Lupberghöhle (über Scheckenfels) 0:25 Std. – Osterhöhle 0:10 Std. – Langer Berg (Felsgruppe) 0:35 Std. – Kauerhof 0:45 Std. – Schreiermaigloch 0:20 Std. – Obere Sternsteinhöhle 0:10 Min. – Sulzbach-Rosenberg Bhf. 0:45 Std.

Beste Jahreszeit
grundsätzlich ganzjährig reizvoll, auch im Winter (fantastische Eisbildungen bei längerem Frost), aber Besuch der tieferen Höhlenteile (s. Einleitung) nur vom 1.4.-30.9.

Einkehr
Waldschänke bei der Osterhöhle (nur Sa/So/Feiertag von Karfreitag bis Ende Oktober), Gh. zum Wulfen in Kauerhof, Tel. 09661/871 50

dann wieder mit **Nr. 3** rechts zu seinem einzigartig geformten Portal hinüber: Von der imposanten Haupthalle führen wild zerklüftete Gänge noch tiefer in den Berg.

Über die Geiskirche zum Bärenloch

Von hier an leitet uns längere Zeit die Mk. Nr. 3 des **Felsen- und Höhlensteigs**. Daher kann sich die Beschreibung auf die wichtigsten Elemente beschränken: 10 m vor der Höhle geht es steil den Hang hinunter, am oberen Rand einer Wiese nach links, im Rechtsbogen durch den Wald und links abwärts durch die Flanke. Ein steiler Stichpfad bringt uns links zum formschönen Portal des Schnackenlochs hinauf, dessen enge Spalte nur Höhlenerfahrene erkunden sollten. Wieder auf dem mk. Weg wandern wir mit Rechtsknick nach Peilstein hinunter, nach links durch das Dorf, kurz vor Ortsende nach rechts über eine Bahnbrücke auf Wiesen hinaus. Ein Feldweg führt uns mit Linksschwenk bergan, dann biegen wir links auf einen begrünten Fahrweg ab und gelangen bei Eintritt in den Wald zu einer Wegteilung: Hier schwenken wir rechts auf den spektakulärsten Teil des Felsen- und Höhlensteigs ein. Nach kurzem Anstieg ist die gewaltige offene Halle der Geiskirche erreicht, scheinbar nur von einem schlanken Pfeiler gestützt. Von ihr geht es wieder etwas bergab, dann rechts steil empor und in begeisternder Promenade direkt am Fuß der bizarren Felsen entlang. Doch Achtung: Hinter einem Baum mit den Initialen HO öffnet sich bald der niedrige Eingang zur kleinen, aber ansehnlich versinterten Geisbrunnenhöhle. Der Steig führt uns dann an malerischen Halbhöhlen vorbei, über Felsstufen bergan und durch einen malerischen Felsdurchgang hindurch, wo rechts die geräumige Bettelmannsküche zu bewundern ist. Dahinter öffnet sich ein fantastischer Felskessel mit tiefen Kerben und riesigen Überhängen. Die Mk. leitet uns durch den Hang, in Kehren tiefer und auf einem Felsabsatz zu einem großen Naturwunder: In der gewaltigen Felsfront öffnet sich das niedrige Portal des Bärenlochs, das mit einer geräumigen Halle und vielfarbigen Sinterbildungen begeistert.

Osterhöhle

Die knapp 200 m lange Tropfsteinhöhle begeistert mit fantastischen Formen, Sinterbecken und einem Höhlensee. Beim Besuch (nur mit Führung) genießt man das authentische Erlebnis einer Befahrung mit Lampen (keine elektrische Beleuchtung). Führungen finden regulär Sa/So/Feiertag von Karfreitag bis Ende Oktober zu jeder Stunde ab 12 Uhr statt, Sonderführungen an anderen Tagen (innerhalb dieser Periode) können online unter osterhoehle.net/schauhoehle.html vereinbart werden.

Buchberghöhle und Scheckenfels

Von hier geht es zunächst eben weiter, dann eine steile Rinne hinab (Vorsicht!), zuletzt mit Linksknick durch eine pittoreske Felsgasse hindurch und hinab zu einem begrünten Fahrweg, dem wir nach rechts ein Stück am Waldrand entlang folgen. Auf schmalem Pfad wandern wir dann nach rechts in den Wald hinein, kurz auf einem Fahrweg nach rechts, dann links auf einem Wanderweg zu einem Sattel empor und wieder bergab. Hier erblicken wir rechts das originell geformte Portal der Buch-

Der schmale Stützpfeiler ist das Schaustück der Geiskirche.

In einer hohen Felsfront öffnet sich die Östl. Lupberghöhle.

Das formschöne untere Portal der Frauenfelshöhle

Die Buchberghöhle führt als wilder Canyon tief in den Berg.

Gewaltige Überhänge faszinieren am Weg zum Bärenloch.

Die Westliche Sternsteingrotte: Highlight beim Gipfelaufstieg

berghöhle: Nach steilem Aufstieg betreten wir eine hohe und ca. 20 m tiefe canyonartige Spalte von umwerfendem Formenreichtum. Auf dem mk. Weg ist kurz danach eine Wegteilung erreicht: Die äußerst lohnende Variante von Nr. 3 leitet uns links zur kleinen Scheckenfelshöhle hinüber, unterhalb des gewaltigen Scheckenfelsabri entlang, dann in Kehren sehr steil eine Rinne hinauf und nach rechts zu den klotzigen Gipfelfelsen. Sanft bergab erreicht man eine Bank am Waldrand, folgt einem Fahrweg nach rechts und biegt nach links wieder in die Hauptroute ein.

Verborgene Höhlenwelten am Lupberg

Mit Nr. 3 überqueren wir Felder und wandern wieder in den Wald hinein; rechts am Hang zeigt sich eine bizarre Halbhöhle. Bei einer Wegteilung halten wir uns kurz links, schwenken dann nach rechts und erreichen ein Teersträßchen. Auf ihm geht es rechts zu einem Sattel empor, dann zügig bergab zur entscheidenden Abzweigung: Etwa 10 m vor Austritt aus dem Wald biegen wir rechts auf einen Fahrweg **ohne Mk.** ab, der kurz aufwärts, dann eben unter dem Kamm des Lupbergs durch die Flanke führt. Bald erblicken wir rechts oben eine imposante Felsfront und steigen auf Pfadspuren zu ihrem linken Ende auf, wo sich der enge Eingang zur Westlichen Lupberghöhle (nur für Höhlenexperten) öffnet. Wir gehen nun nach rechts an der Wand entlang, passieren die verschlossene Mittlere Lupberghöhle und stehen dann staunend vor dem gewaltigen Portal der Östlichen Lupberghöhle: Durch eine zerklüftete Vorhalle erreicht man eine schön versinterte Kammer mit temporärer Quelle. Vom Portal gehen wir auf gutem Pfad an den Felsen weiter, nach rechts zu einem Forstweg hinunter und kehren so zum be-

Auf der Aussichtskanzel des Sternsteins: Prachtblick ins Tal

kannten Fahrweg und auf ihm zur Abzweigung zurück.

Über die Osterhöhle nach Kauerhof

Von hier an folgen wir der Mk. **Rotstrich**: Sie leitet uns zum Waldrand hinunter und nach links auf einem Schotterweg zur **Osterhöhle** (s. Tipp). Auf einem Wanderweg geht es nun geradeaus steil bergan, mit Linksknick auf den Osterberg hinauf und auf einem Fahrweg nach rechts zügig zu einer Gabelung hinunter: Wir wandern links in den Wald hinein, biegen bei einer Wegtafel nach rechts und durchqueren ein großes Waldgebiet. Die Mk. leitet uns dann kurz am Waldrand entlang, nach Rechtsschwenk wieder in den Wald und im Linksbogen in die Gipfelregion des Streitbergs hinauf. Hier halten wir uns rechts, wandern sanft bergab und zuletzt rechts abzweigend auf eine Freifläche und zu einem Teersträßchen hinaus. Ihm folgen wir 120 m nach rechts und schwenken vor einem Waldstück links auf einen unbefestigten Fahrweg ein (rechts im Wald zeigt sich bald eine kleine Felsgruppe am **Langen Berg** – für Felsenfreunde ein lohnender Abstecher). Nach längerem Anstieg biegt der mk. Weg links ab, quert nach Rechtsknick die Flanke und führt uns im Linksbogen zu einer Waldwiese hinab und mit schöner Aussicht an ihr entlang. Bei Einmündung in einen breiteren Fahrweg geht es scharf rechts bergauf, auf dem linken der zwei Wege durch Wald, im Rechtsbogen über eine Wiese hinüber, zuletzt durch Wald merklich bergab. Auf einer Forststraße wandern wir nach rechts abwärts und unter der Bahn hindurch. Wenige Meter nach der Unterführung leitet uns Rotstrich auf einem Wanderweg links bergan, zu einer felsigen Kuppe hinauf, nahe der Bahn weiter, dann sanft zu einer Forststraße hinunter. Sie bringt uns, nun mit **Grünring**, nach rechts in den **Haselgraben** hinunter. Im Tal gehen wir mit **Nr. 4** nach links, biegen aber schon nach 120 m mit **Grünring** (anderer Ast) rechts auf einen unbefestigten Fahrweg ab, der uns über den Graben und dann durch Wald und über eine Wiese nach Kauerhof hinaufbringt. Vom höchsten Punkt (Auf der Höhe) leitet uns die Mk. geradeaus die Straße Zum Haselgraben hinunter, auf einer Querstraße nach links, dann kurz vor Ortsende rechts auf geteertem Fußweg durch einen Durchgang beim Gh. Zum Wulfen und zur B 14 hinüber.

Höhlenwunderwelt Sternstein

Nach ihrer Überquerung wandern wir halb rechts in die Kauerhofer Straße hinein, biegen aber gleich am Beginn des Gewerbegebiets links in einen begrünten Fahrweg ein, der uns, bald nur noch als Wegspur, am Waldrand entlang in den malerischen Grund unter den imposanten Westabstürzen des Sternsteins hinabbringt. Dort gehen wir auf einem Schotterweg nur ganz kurz nach rechts und queren dann **ohne Mk.** links zu zwei flachen Blöcken am Fuß des Hangs hinüber. Rechts von ihnen führt ein deutlicher Pfad steil zum Massiv empor. An seinem Fuß steht ein erster Abstecher an: Pfadspuren führen nach rechts zu gewaltigen Abstürzen, unter denen sich der enge Zugang zur Unteren Sternsteinhöhle öffnet: Nach kurzer Kriechstelle betritt man eine formenreiche Halle. Zurück am Hauptpfad stehen wir nach kurzem Anstieg staunend vor dem riesigen Portal des Schreiermaigllochs (Hurenlochs): Sein langer Gang ist bis zu einer leicht versinterten Kluftkreuzung gut zu begehen. Rechts des Portals steigen wir über eine steile Rinne zu einem Sattel auf, queren nach rechts am Fuß der Felsen auf der rechten Seite entlang und finden linker Hand eine Rinne, über die wir sehr steil zur bizarren kleinen Durchgangshöhle der Westlichen Sternsteingrotte gelangen. Rechts vor ihr eröffnen

Steinstufen den Aufstieg zu einer Aussichtskanzel mit Prachtblick ins Tal. Danach steigen wir (mit Vorsicht!) wieder zum Sattel ab und folgen rechts einem aufwärtsführenden Pfad, der sich bald gabelt. Wir queren links zum deutlich sichtbaren Portal der Oberen Sternsteinhöhle hinüber: Die größte Höhle begeistert mit langem Gang und schön versinterter Halle. Nach der Besichtigung steigen wir in Falllinie der Höhle ein Stück ab, queren auf Pfadspuren nach rechts zwischen begrünten Blöcken hindurch und treffen auf einen deutlichen Pfad, der uns zu einer imposanten Felswand bringt: In ihr öffnet sich der formschöne Eingang der niedrigen Nordwestlichen Sternsteingrotte. Ein deutlicher Pfad führt an den Felsen weiter und zu einem Fahrweg hinunter, dem wir nach rechts bis zu einer Wegteilung folgen: Hier biegen wir rechts auf einen weiteren Fahrweg ab und steigen an malerischen Blöcken vorbei zügig zur Kammhöhe auf. Auf einem Forstweg wandern wir nach links über den Kamm und nach Vereinigung mit dem mk. Weg **Nr. 4** geradeaus weiter.

Nach Sulzbach-Rosenberg

Nr. 4 führt uns bald auf Freiflächen mit schönem Blick auf Sulzbach-Rosenberg hinaus, bei einer Gabelung nach rechts und an einem Waldstück entlang, zuletzt auf einem Hohlweg durch Wald abwärts. Ein begrünter Fahrweg, der parallel zur Umgehungsstraße verläuft, bringt uns nach rechts zu einer Unterführung. Wir gehen links durch sie hindurch, auf der Wilhelm-Sträubig-Straße abwärts, bei einem Kreisverkehr links über die Bahnbrücke hinüber und biegen dann rechts in die Bahnhofstraße ein, die uns mit Linksknick zum Bhf. bringt.

Am Schreiermaiglloch fesselt das Portal ebenso wie das Innere.

Die Obere Sternsteinhöhle begeistert mit malerischen Formen.

Unter hohen Felsen öffnet sich die Nordwestl. Sternsteingrotte.

MAGERRASEN, WASSERSPIELE UND HÖHLEN

30
Rinntal, Riedfelsen, Roßstall, Sieben Quellen und Vogelfels

Das wilde Bergland zwischen Alfeld und dem Happurger See begeistert mit artenreichen Magerrasen, schroffen Felsriffen, magischen Höhlen, einer einmaligen Reihung von Karstquellen und einsamen Schaukanzeln.

Von den Wacholderheiden um das Rinntal führt uns die Tour über die Hochfläche, vorbei an den Felsbastionen von Hallohe und Riedfelsen, zum Mühlberg mit dem tiefen Windloch und der imposanten Durchgangshöhle des Roßstalls. Danach geht es hinab in das einzigartige Siebenquellental, über die kleine Höhle im Schwarzen Holz hinauf zu den Schaukanzeln um den Vogelfels und auf schönen Hangwegen wieder hinunter nach Förrenbach.

Ins Naturschutzgebiet Rinntal

Direkt bei der Hst. Ortsmitte (schöner Blick zur Kirche und zu den Felsen im Ortsbereich) gehen wir mit der Mk. **Alfelder Grenzgang** nach rechts in die Bachstraße, kommen am Albach entlang wieder zur Hauptstraße, folgen ihr kurz nach rechts und biegen dann links mit **Grünring** (Ww. Naturerlebnispfad Rinntal) in die Straße An der Bauernwiese ein. Bei einem Spielplatz überqueren wir einen Seitenarm des Baches, schwenken scharf nach links und erreichen nach der Brücke über den Hauptarm eine Gabelung unterhalb schroffer Felsen: Grünring führt uns nach rechts auf schmalem Weg an der felsigen Flanke empor und in Kehren über blütenreiche Magerrasen zu einer Kuppe (Bank) mit schönem Talblick hinauf. Bei der Wegteilung kurz danach halten wir uns rechts, wandern an der Flanke wieder sanft abwärts, dann über einen felsigen Rücken zwischen Rinntal und Hauptal; vom Felskopf rechts bietet sich nochmals ein Prachtblick ins Tal. Zuletzt geht es in Kehren zu einer Wasserfassung hinunter und mit Linksschwenk in das malerische Rinntal hinein. Wir folgen dem Fahrweg aber nur kurz und zweigen dann rechts auf einen Wanderweg ab. Er leitet uns mit sanfter Steigung an der Flanke durch eine Szenerie, welche die ursprüngliche Kulturlandschaft der Frankenalb widerspiegelt: An den mit einzelnen Kiefern und Wacholdern bestandenen Magerrasenhängen kommen die schroffen Felsbastionen frei zur Geltung. Nach traumhafter Talwanderung teilen sich die Wege: Wir schwenken mit **Grünstrich** u.a. nach rechts, steigen auf begrüntem Fahrweg zur Hochfläche auf und gelangen mit schöner Fernsicht nach Pollanden.

Das Urbild der Frankenalb: Wacholder und Felsen im Rinntal

| mittel | 15 km | 470/580 Hm | 5:00 Std. |

Auf einen Blick

Tourencharakter
Relativ lange (aber teilbare: s. Tipp) Tour zu großen Naturschönheiten von enormer Vielfalt (Tal mit Magerrasen, Felsreviere mit kl. Felsentoren, vier Höhlen ganz unterschiedlichen Charakters, einmaliges Quellrevier mit Sinterstufen, Aussichtskanzeln); fast durchgehend gute Wege, trotz größerer unmarkierter Strecken kaum Orientierungsprobleme

Mögliche Tage
Mo-So: ganzjährig

Ausgangspunkt/Anfahrt
Hst. Alfeld, Ortsmitte, hierher mit Bus 334, Abfahrt vom Bhf. Hersbruck r. Pegnitz **Mo-Fr** um 7:35, 11:10 (nur Schultage!) oder 12:10 Uhr, **Sa** um 9:10 Uhr, **So** um 9:00 oder 11:00 Uhr (Fahrzeit 33/34 Min.); an So Midibus (vgl. Tour 28)

Endpunkt/Rückfahrt
Hst. Förrenbach, von hier mit Bus 334 zurück nach Hersbruck r. Pegnitz (Achtung: Ringlinie [vgl. Tour 28]: Busse, die direkt über Happurg=H fahren, fahren von der Hst. rechts ab, jene über Alfeld=A von der Hst. links ab), **Mo-Fr** um 15:28 (H), 16:48 (H), 17:39 (A) oder 18:39 Uhr (A), **Sa** 15:45 Uhr (H), **So** 15:45 (H) oder 18:45 Uhr (H) (Fahrzeit: H 17 Min., A 42 Min.)

Gehzeiten
Rinntal (Zentrum) 0:30 Std. – Pollanden 0:20 Std. – Hallohe (Höhle) 0:15 Std. – Riedfelsen 0:30 Std. – Thalheimer Windloch 0:40 Std. – Roßstall 0:20 Std. – Sieben Quellen 0:15 Std. – See 0:30 Std. – Höhle im Schwarzen Holz 0:20 Std. – Vogelfels Gipfel 0:15 Std. – Kanzel (über Vogelfels-Nordwand) 0:25 Std. – Förrenbach Hst. 0:40 Std.

Beste Jahreszeit
ganzjährig reizvoll, außer bei Schneelage (tiefere Höhlen nur 1.4.-30.9.)

Einkehr
Seewirt in See, Tel. 09157/245

211

Felswildnis Hallohe und Riedfelsen

Die Mk. leitet uns nach rechts durch den Ort abwärts bis zum Bushäuschen, dann nach links wieder bergauf (Ww. Gotzenberg). Wo Grünstrich rechts abzweigt, gehen wir **ohne Mk.** geradeaus weiter bis zum Ortsende und biegen dort gegenüber einer Doppelgarage links auf einen begrünten Fahrweg ab, der am Haus Nr. 18 vorbei und dann am Waldrand aufwärtsführt. Bald steht (zumindest für Felsenfreunde) ein Abstecher in das malerische Felsenreich von Hallohe auf dem Programm: Auf dem links abzweigenden Forstweg wandern wir ein Stück in den Wald hinein und steigen links abbiegend über eine markante Schneise steil zur wild zerrissenen Gipfelburg auf. Von ihrem Fuß queren wir durch den flachen Hang nach rechts zu einer imposanten Felswand hinüber, in deren Mitte sich eine ca. 8 m tiefe Höhle öffnet. Wir steigen etwas ab und gelangen dann in ebener Hangquerung an begrünten Felsen vorbei zu einem beeindruckenden Gratmassiv mit vorgelagertem Turm. Nach kurzem Abstieg treffen wir unterhalb wieder auf den genannten Forstweg und kehren nach rechts zum begrünten Fahrweg am Waldrand zurück. Auf ihm geht es nach links mit schöner Fernsicht am Waldrand weiter, dann deutlich durch Wald bergan, zuletzt mit Linksknick an einer zerklüfteten Felsburg vorbei zur entscheidenden Wegteilung hinauf: Kurz vor einem Sattel zweigt spitzwinklig rechts ein unbefestigter Fahrweg ab, der uns zügig bergab und dann mit Linksschwenk eben durch die Flanke führt. Mit prachtvoller Fernsicht bis zum Poppberg wandern wir am Waldrand weiter, dann wieder in den Wald hinein und erblicken bald das nächste Highlight: Auf einer Hangstufe gelangen wir nach links zum Fuß der imposanten Riedfelsen. Es lohnt, in Kehren zum Sattel zwischen den zwei Massiven aufzusteigen: Links begeistert eine wild zerrissene Felsburg mit einem flachen doppelten Felsentor, rechts eine große bauchig überhängende Wand mit tiefer Spalte und Klemmblöcken. Am Fuß der Wand kehren wir nach links zum Fahrweg zurück und wandern mit schönen Fernblicken weiter, bis er in einen Teerweg (**Radweg 9**) mündet. Auf ihm geht es nach links deutlich bergab und über Wiesen und Felder zum Rand von Gotzenberg hinüber.

Höhlenzauber am Mühlberg

Wir gehen rechts zum Ortseingang hinüber, aber nicht in den Ort hinein, sondern biegen vor dem Ortsschild rechts in die talwärts führende Straße ein. Schon nach 50 m zweigen

Die scharfe Kante bildet das Schaustück der Hallohe.

Bauchige Überhänge prägen das Hauptmassiv der Riedfelsen.

Zwei-Tages-Variante

Wer es lieber gemütlich angehen lässt, kann die Tour auf zwei Touren von 3:00 Std. und 2:20 Std. aufteilen, indem er vom Siebenquellental nach Thalheim absteigt und von dort an einem anderen Tag wieder in die Tour einsteigt. Man geht dazu von den Quellen entlang der Gotzenberger Straße in den Ort hinein und erreicht an der Alfelder Straße (= Hauptstraße) nach links absteigend schnell die Bus-Hst. Dies erfordert nur einen Umweg von jeweils knapp 600 m. Die Abfahrtszeiten der Linie 334 in Thalheim liegen 4 Minuten vor (bei Fahrten über Happurg) oder 5 Min. nach (bei Fahrten über Alfeld) den für Förrenbach genannten (bitte Angaben im Infokasten zur Fahrtrichtung beachten!).

Ein enges Loch führt in die Wunderwelt des Windlochs.

Die Durchgangshöhle Roßstall: ein verborgenes Juwel

Felsentor links des Roßstalls

Malerische Sinterstufen schmücken das Siebenquellental.

wir erneut rechts auf einen Feldweg **ohne Mk.** ab, der sich bald gabelt: Wir schwenken nach links, wandern oberhalb des Tals sanft bergauf und erreichen dort, wo die Teerdecke endet, eine Verzweigung. Wir biegen rechtwinklig links in einen Fahrweg mit begrüntem Mittelstreifen ein und kommen bald zu einer dreifachen Wegteilung: Hier wählen wir den linken, leicht abwärts führenden Weg. Bei einer Gabelung kurz danach halten wir uns rechts und wandern eben auf idyllische Wiesen vor der Kuppe des Mühlbergs hinaus. Der Fahrweg steigt bald stärker an und bringt uns über eine Linkskurve in den Wald hinauf. Bei einer mehrfachen Wegteilung wählen wir links den breiten Weg, der auf gleicher Höhe weiterführt. Kurz danach ist besondere Aufmerksamkeit gefragt: Wir studieren den Hang rechts oberhalb des Weges und erblicken in gut 10 m Entfernung eine kleine trichterförmige Öffnung. Sie entpuppt sich als der Einstieg in das Thalheimer Windloch. Über Stufen gelangt man problemlos hinab in eine imposante Halle mit freistehendem Pfeiler, wildem Versturz und ansehnlicher Versinterung. Zurück am Fahrweg kommen wir in ebener Hangwanderung oberhalb schroffer Felsen bald zur privaten Thalheimer Hütte, von deren Vorplatz sich ein Prachtblick ins Förrenbachtal bietet. Von der Hütte gehen wir etwa 30 m zurück und biegen dann rechts auf einen Wanderweg ab, der uns unterhalb imposanter Abstürze zügig zu einem unbefestigten Fahrweg hinabbringt. Auf ihm erreicht man links nach wenigen Metern eine Wegteilung, wo zunächst ein großartiger Abstecher ansteht: Wir gehen auf dem Fahrweg geradeaus weiter, passieren zerklüftete Felsen und erblicken dann links oben das imposante Portal des Roßstalls: Gleich am Beginn des Felsenrunds steigen wir steil empor und queren dann rechts zur formschönen, 16 m tiefen Durchgangshöhle hinauf. Auch das Gelände links von ihr (bei Blick zur Höhle) lohnt die Erkundung: Wir queren auf Pfadspuren eben durch den Hang und steigen in einen Kessel mit bizarr geformtem Felsentor und malerischem Pilzfelsen auf. Danach kehren wir auf bekannter Route zur genannten Wegteilung zurück: Spitzwinklig links steigen wir auf einem Wanderweg mäßig steil zu einem unbefestigten Fahrweg ab und gelangen auf ihm nach links erst eben, dann mit deutlichem Gefälle zu einer Fahrstraße.

Sieben Quellen und Schwarzes Holz

Die Straße führt uns rechts ins Siebenquellental hinab, einer einzigartigen Ansammlung starker Karstquellen: Wir gehen rechts zur obersten hinüber (Bank), dann auf idyllischem Pfad am Bach mit seinen malerischen Sinterstufen abwärts und sehen am Hang oberhalb noch vier weitere Quellen (die übrigen liegen jenseits der Straße). Danach kehrt man zur Straße zurück und folgt ihr noch ein kurzes Stück, bis links ein geteerter Fahrweg abzweigt. Auf ihm wandern wir durch das mit kleinen Felsen geschmückte Entental zur Hochfläche empor und steigen dann nach rechts am Rand der Fahrstraße mit schöner Fernsicht zum Dorf See auf. Wir gehen geradeaus in den Ort hinein, am Dorfweiher entlang und mit Rechtsknick weiter zur entscheidenden Abzweigung: Nach einem Holzverschlag biegen wir rechts in einen anfangs geteerten Weg ein, der geradeaus zum Wald empor und dann als begrünter Fahrweg mit prachtvoller Aussicht eben am Waldrand ent-

Auf dem Vogelfels: Prachtblick auf Happurger See und Wachfelsen

langführt. Kurz nach Eintritt in den Wald wählt man den rechten (oberen) Weg, bei der Gabelung etwas später den linken und sieht bei einer Senke rechts oberhalb eine imposante Felsflucht, in der sich die **Höhle im Schwarzen Holz**, eine sehr niedrige Ganghöhle, öffnet.

Schaukanzel Vogelfels

Bei der Verzweigung kurz danach gehen wir geradeaus auf eine Waldwiese hinaus, auf Fahrspuren über sie hinüber, im Wald dann auf schmalem Weg mit Linksknick weiter. Nach kleineren Lichtungen wandern wir auf wieder breitem Weg an der Südseite des **Vogelfels** entlang. Bald zweigt rechts ein Fußweg ab und bringt uns über Stufen zur privaten Hütte hinauf. Nach der Lektüre der angeschriebenen Besucherregeln (deren Beachtung selbstverständlich sein sollte) gehen wir vor der Hütte nach rechts und steigen im Linksbogen über alte Steinstufen zum Grat und weiter zum felsigen Gipfel auf, der mit einem wundervollen Blick auf Hansgörgel, Happurger See und Wachfelsen aufwartet. Nach dem Abstieg folgen wir dem genannten breiten Weg kurz nach rechts, zweigen aber am Beginn einer Linkskurve (bei einer mit Wellblech verkleideten Holzlege) scharf rechts auf einen unbefestigten Fahrweg ab, der uns über eine Kuppe zu einer Wegteilung bringt: Hier halten wir uns zunächst rechts und stehen bald nach Rechtsschwenk unter den imposanten drei Pfeilern der **Vogelfels-Nordwand**. Wir machen hier kehrt, wandern aber nun bei der Wegteilung auf einem Fahrweg rechts abwärts, dann auf einem Querweg nach links wieder bergauf und geradeaus weiter. Im Rechtsbogen, zuletzt mit Prachtblick zum Hohlen Fels, gelangen wir schließlich zu einer Straße.

An der Höhle im Schwarzen Holz beeindruckt v.a. das Portal.

Formschöne Pfeiler schmücken die Vogelfels-Nordwand.

Über die Kanzel nach Förrenbach

Ihr folgen wir 50 m nach rechts und biegen nach einem Weidegelände links auf einen unbefestigten Fahrweg ab, der durch Wald, dann am Weidezaun entlangführt. Bei Einmündung eines Wanderwegs halten wir uns links. An der Ecke des Weidezauns zweigt dann rechts ein Pfad ab und bringt uns zu einer Felsklippe mit Prachtblick zur anderen Seite des **Molsberger Tals** und zum Hohlen Fels. Zurück beim Weidegelände, geht es auf dem Wanderweg wieder rechts in den Wald hinein, wo der nächste Abstecher ansteht: Auf einem Stichpfad erreichen wir die **Kanzel**, die mit einer wilden Felsenschlucht links begeistert, aber nur noch eingeschränkte Aussicht bietet. Wieder auf dem Hauptweg geht es nach rechts in längerer Hangquerung weiter, bei einer Wiese scharf rechts steil bergab, zuletzt nochmals mit Rechtsknick neben der wilden Braunjura-Schlucht der **Gaiskammer** abwärts. Wo jenseits eine schroffe Felsbastion sichtbar wird, heißt es aufgepasst: Beim Schild »Waldlehrpfad« zweigen wir mit **Nr. 9** rechts ab, steigen deutlich bergan und wandern dann in leichtem Auf und Ab durch die Flanke. Zuletzt bringt uns ein malerischer Hohlweg zu einer Straße (Am Fronberg) hinunter. Mit **Grünpunkt** wandern wir auf ihr nach links in den Ort **Förrenbach** hinein, gehen bei einer Kreuzung geradeaus zur Kirche hinüber, rechts an ihr vorbei und gelangen auf dem Sandweg im Rechtsbogen zur Thalheimer Straße. An ihr liegen etwas weiter links die Haltestellen (links nach Alfeld, rechts nach Hersbruck).

ZUM ABSCHLUSS

Nach-Denkliches

Mit diesem Buch möchte ich Ihnen, liebe Leserinnen und Leser, nicht nur besondere Naturerlebnisse ermöglichen, sondern zugleich auch ein Bewusstsein für die unzähligen meist abseits der Wege verborgenen Naturschätze schaffen, Ihre Begeisterung für diese Wunder wecken und so zu Engagement für ihren Erhalt und ihre Pflege anregen. Wie nötig Letzteres ist, soll ein Beispiel verdeutlichen.

Im Kleinhüler Buch liegt, nicht weit entfernt von dem bei Tour 3 beschriebenen Höhlenensemble, die Durchgangshöhle C 59. Wie ein Schneckenhaus im Dreiviertelkreis gebogen, dazu mit schönen Seitengrotten ausgestattet, bildet der geräumige Tunnel ein in seiner Art wohl einzigartiges Naturjuwel und wäre, läge er nur 800 m weiter nördlich, heute als eine der Hauptattraktionen des Sanspareiler Felsengartens berühmt und bestens gepflegt. Doch die Realität sieht ganz anders aus: Überall liegt Gerümpel herum, an der Decke ist eine Lampe angebracht, dazu kommen weitere Einbauten. Da ein solcher Anblick einem Naturfreund den ganzen Tag verderben kann, habe ich die Höhle schweren Herzens aus dem Programm herausgenommen. Doch sie ist beileibe kein Einzelfall: Bei Wüstenstein stand einst ein in der Romantik berühmtes und auf Kupferstichen abgebildetes Felsentor, das dem Vernehmen nach »um 1980« beim Bau eines Forstwegs beseitigt wurde, und im Nürnberger Land wurde erst 2008 und 2014 der Naturdenkmal-Status für zwei einzigartige Höhlenruinen durch die Naturschutzbehörde aufgehoben – und prompt wurde eine davon vom Besitzer in einen rußgeschwärzten »Grillplatz« (so das Schild vor Ort) verwandelt. All dies geschah, ohne

Besonders schützenswert: die einzigartige Gaiskirche (Tour 8)

Auch die Blechsteine bilden ein einmaliges Geotop (Tour 15).

Geotopschutz ist Artenschutz

Es geht nicht nur darum, einmalige Natur-Kunstwerke unversehrt zu bewahren. Ihr Schutz sichert auch das Überleben vieler bedrohter Arten: In einer von beißendem Rauch erfüllten Höhle werden keine Fledermäuse überwintern, eine rußgeschwärzte Felswand ist als Nistplatz für Wanderfalke und Uhu verloren.

dass die Öffentlichkeit überhaupt Notiz davon nahm.

Die Beispiele zeigen, dass der im Frankenjura propagierte Sonderweg »Naturschutz durch Geheimhaltung« in den allermeisten Fällen nicht funktioniert. Denn bei allen nicht extrem schwer zu entdeckenden Gebilden wird es immer einzelne geben, die sie kennen, und bei diesen fördert dieses Konzept die Einstellung: »Dafür interessiert sich ohnehin niemand, damit kann ich machen, was ich will«. Die Folgen sind evident. Viel erfolgversprechender ist – außer bei äußerst empfindlichen Objekten (daher fehlen unbekannte Tropfsteinhöhlen und Standorte seltener Pflanzen in meinen Büchern) –

die Schaffung eines öffentlichen Bewusstseins für den Wert dieser Naturwunder. Dies ist das Ziel meiner Bücher. Wenn ich Sie als Fürsprecher dieser Natur gewonnen habe, hat dieses Buch sein Ziel erreicht.

Sicher weltweit »ohnegleichen«: der Sporn am Gäherstein (Tour 23)

Register

Abgebrannter Berg mit Höhle A 156 190
Aicha (b. Happurg) 196
Ailsbachtal 74-78
Alfeld 210
Allersdorf 93
Allmannsberghöhle (A 229) 144
Altenberghöhle (D 508) 122
Altengrund 98
Alter Freund 78 f.
Alter Fritz (Krögelstein) 30
Altes Schloss 112
Am Himmel 188
Amphitheater 100
Andreaskirche (D 13) 154
Ankatal 152-155
Appenloch (D 150) 152
Aufseßtal 40-42, 60-63

Badersbachtal 26
Bärenloch (b. Hohenstein, D 384) 170, (b. Lockenricht, A 63) 204
Bärlauch 24
Behringersmühle 73
Bergla Stub'n 60
Bernheck 134
Bettelküche (b. Kuchenmühle, C 43) 63, (b. Neutras, A 89) 188
Bettelmannsküche (A 145) 204
Betterlingshöhle (A 218) 142
Bimsengraben 173
Bismarckgrotte (A 25) 164
Blechsteine 116
Bleisteine 116
Bolzenstein 170
Breitenberghöhle, Obere (D 205a) u. Westliche (D 205c) 88, Südliche (D 433) 90
Brentenfelshöhle, Westliche (A 189) 159
Brille (C 282) 69
Bronn 128
Brunhildenstein 65
Brunngraben 80-82
Brunnsteinhöhle (C 10) 64
Buch (Leidingshof) 57, s. auch Kleinhüler Buch
Buchberghöhle (A 64) 204-206
Buchgraben 136
Büffelkopfabri 160

Bühl 125
Bürg (b. Vorra) 185
Burgstall (b. Körbeldorf) 105

Cäciliengrotte (A 9) 186

Diebskeller (D 214) 130
Diebsloch (D 19) 125
Distlergrotte (A 26) 148, 161
Dohlenstein (Wolfsberger Gotte, Hohlenstein D 50) 114-116, (b. Krögelstein) 30
Dolinen 57, 90, 139, 161, 164
Döttenberg 156
Drachenstein 38
Droschental-Felsenlabyrinth (C 270) 42-45
Drosendorf 42
Druidenhain 86

Egloffstein, -er Burg, -er Felsentor 113
Ehrenbürg 108
Eichelgarten-Durchgangshöhle (A 605) 148
Eichenstruth 153
Eislöcher (D 71) 139
Eislöcher-Felsendurchgang (D 509) 139
Elbersberg, -er Kapelle 102
Emmertshöhle (D 107) 86
Engelhardsberg 69
Engenthaler Schlag mit Durchgangshöhle (A 539) 146
Erbesbühl 110
Esbachgrund-Nischen (D 848) 92
Esperhöhle (D 105) 82

Fahnenstein 77, 79
Fellner-Doline (D 99) 90
Felsentor (b. Streitberg) 59, F. im Stangen (C 133) 28
Felsentore 17, 28, 30, 40, 45, 51, 59, 64, 69 f., 73 f., 79, 85, 90, 92, 94, 96, 106, 113, 118, 130, 139, 147, 159-161, 164, 170, 176, 183, 190 f., 200, 212, 215
Femehöhle (Schlossparkhöhle, C 63a) 46 f.
Fichtelberg u. -grotte, Untere (A 207a) 159

Finger Gottes s. Langenstein
Föhrenstein, -Durchgangshöhle (D 139a) 93
Förrenbach 198, 217, -tal 196-201, 215
Fränkische-Schweiz-Museum 97
Franzosenloch (b. Peilstein, A 43) 202-204
Frauenfelshöhle (A 106) 202
Frauenhöhle (D 44) 112
Frauenstein mit -höhle (D 318) 87

Gäherstein 172
Gaiskammer 217
Gaiskirche (b. Oberfellendorf; C 320) 58, (b. Rupprechtstegen, X 395) 154, (b. Schottersmühle, B 140) 71
Gänsanger-Felsentor (C 179) 28
Gansgraben mit -Felsengrotte (D 138) 152
Geheimbund 146 f.
Geierstein m. Höhle und Felsentor (C 111a/b) 30
Geisbrunnenhöhle (A 61) 204
Geiskirche (b. Peilstein, A 96) 204
Giech(burg) 25
Gollerfelsenhöhle (C 233) 35
Gollersteinkeller (D 270)
Gößweinstein 71-73, 88, -er Felsentor (D 322) 90
Gothenstein 105
Gotische Kapelle 46
Grabesleithen-Felsengrotte (C 205) 28
Gräfenberg-Durchgangshöhle (B 322) und -Felsgrotte (B 323) 79
Greifenstein, Schloss 43, 47
Griesmühle 173
Großengsee 122
Großer Berg mit -Höhle (X 308) 150-152
Großmeinfeld 174
Grüner Felsen 130
Gügel 24

Hahlleite (Felsengarten), -nhöhle, Östliche (D 382a) 85
Hallohe m. Höhle 212
Hamperleite 120-122
Happurg 201, -er See 198, 200, 216
Harnbachfall, Unterer 173

Hartenstein, Burg und Ort 176
Hartmannshof 192, 195
Hasellohe 148, 161
Heide-Felsengrotte (D 532) 90
Heidenstein 24
Heidentempel (B 10) 73
Heiligenstadt 47
Heldenhain 23
Heroldsreuther Tal 130
Herrenberg-Durchgang (A 354) 191
Heuchling, -er Anger 189 f.
Hexenküche (Gotthardkirche, A 20) 178
Hindenburgfelshöhle (B 38) 73
Hinkelsteine 80
Hirschbach 186
Hirtenberg (b. Hartenstein) 176, (b. Hollfeld) 38
Hochholz 196
Högenbachtal 186, 192-195
Hohe Tanne 142
Hohenstein, Burg und Ort 168
Hoher Berg m. Felsentor 190
Hoher-Ast-Höhle, Kl. (A 184) 144
Höhle im Schwarzen Holz (E 76) 216
Hohler Fels (Ankatal, D 15) 152, (b. Happurg, E 2) 200
Hohlleite (Höhlleite) mit Durchgangshöhle X 12 184 f.
Hohlstein (b. Kainach, C 159) 38
Hollederberg 160 f., -Felsentor (V 1733) 160
Hollenberg, -er Wand m. Durchgangshöhle (V 1731) 104
Höllenstein mit D 60 119
Hollfeld 31, 38
Holzmühle mit Grotte C 223 40
Horlach 130, 137
Hummerstein 58 f.
Hunas 192
Hundshaupten m. Schloss 110
Hungenberg 79, -er Wand 78 f.
Hutzelturm 110

Ittling 120

Jägerloch (D 757) 85
Jubiläumshöhle (D 432) 102
Judenfriedhof 150
Judenhof (b. Simmelsdorf) 125, (Tüchersfeld) 77, 79, 97, 99

Kahlenberg 176
Kainach 31, 38, -tal 31

Kaiserbachtal 30 f., -er Pfeiler 31, -er Riesenüberhang 30
Kalbenberg 174
Kallmünzer 165 f.
Kammer u. -grotten mit Felsentor (C 29a-o) 69
Kanonierfelsen 141
Kanzel 217
Kappenholz 124
Kapuzinersessel 198
Käthelesteinhöhle (C 160) 31
Kauerhof 208
Kirchengrotte (C 29g) 69
Kirchenloch (D 3) 180
Kirchensittenbach 180
Kleingesee 93
Kleinhüler Buch mit Spalthöhle, Höhle (C 60), Halbhöhle (C 485), Montmilchgang (C 486) u. Höhlenraum (C 487) 36 f., Durchgangshöhle (C 59) 218
Kohlschlag-Abri 198
Königsfeld 40
Königskopf 128
Königstein 156, 162
Konstantinengrotte (B 37) 73
Körbeldorf 105
Kremersberg 86
Kreuzfelsen mit Abri 122
Krögelstein 30
Krottensee 161
Kuchenmühle 63
Kuckucksloch (D 163) 134
Kühkopf 183
Kühloch (D 184) 96

Langenstein 184
Langer Berg (b. Kauerhof) 207, (b. Pegnitz) 106
Langer Johann 80
Leidingshof, -er Durchgangshöhle (C 360) 57, -er Tal 54-56
Leinleitertal 40, 54, 58 f.
Leutenbach 108
Lichtengrabenhöhle (A 24) 167
Loch, -er Höhlen (C 100a/b) 26
Lochau, -tal 48, 51
Lochfelsen (b. Pegnitz) mit Höhlen D 151-156 132 f.
Lochstein, Großer (D 73), Kleiner (D 72) 139
Lorenzenbühl 57 f.
Lupberghöhle, Westl. (A 170), Mittl. (A 169) u. Östl. (A 168) 206

Mannsberg m. Spalthöhle (V 1732) 159
Maulkapelle 161
Maximiliansgrotte (A 27) 145, 161
Meeresstrudelhöhle (Bettelküche, A 437) 186
Mengersdorf 52
Mittagsfels 188
Molsberger Tal 217
Muggendorf 65 f., 87
Mühlberg 215
Mysteriengrotte (A 31) 148

Nadelöhr (D 335a) 94
Naturfreundehaus Großengsee 122, N. Veilbronn mit Höhle C 294 54
Neideck, Ruine 58, 65
Neubürg 51
Neudorf 63
Neuhaus a. d. Pegnitz 148, 161
Neukirchen (b. Sulzbach-Rosenberg) 202
Neumühle 74
Neutras 188-190, -felsen 188
Nürnberger Turm 20-23
Nußberg, -wand 164

Oberailsfeld 77
Oberfellendorf 58
Obernsees 53
Obertrubach 119
Ochsenstein 154
Ortsfelsen mit -Höhlenruine (D 31a) 140
Oskar-Bühler-Turm 150
Ossinger 156, 162, 164, -hütte 162
Osterhöhle (A 94) 204, 207

Pegnitz (Stadt) 106, 132 f.
Pegnitztal 132 f., 141, 148, 155, 173, 177, 179, 185, 195
Peilstein 204
Plankenfels 48
Plankenstein 48
Plech, -er Wand 150
Pollanden 210
Polsterloch (C 187) 56
Pölze 147
Pommelsbrunn 191, 195, -er Bastei 195
Ponore/Ponorhöhlen 8, 164, 167
Pottenstein 94
Prellstein 186-188
Preßknock 93
Purzelstein 42
Püttlachtal 94-99, 102-104

Quellgrotte (b. Loch, C 101) 26
Quellkammer (D 292) 96

Rabenstein, Burg 74-77, -er Klufthöhle (B 122) 74 f.
Rackenberg 87
Radfahrer/Radlerfelsen 77
Rennerfelsen mit B 22a 77
Reutersteighöhle (D 162) 136
Richard-Wagner-Fels 71
Riedfelsen 212
Riesenburg (C 38) 70
Riesenspalte (A 514) 146
Rinntal 210
Ritzental m. Durchgangshöhle (C 283) 69
Römerbrücke 116
Rosenmüllerhöhle (C 5) 63, 65
Roßsprung 108
Roßstall (E 12) 215
Rote Kante 144
Rupprechtstegen 155, 173

Sachsenmühle 80
Sackdillinger Forst 142-148
Sanspareil, Felsengarten mit Höhlen u. Grotten (C 35a-r) 32-35
Schafloch (D 53) 116-118
Scheckenfelsabri (A 146b) und -höhle (A 146a) 206
Scheßlitz 25
Schichtfugenhöhle (beim Grottenhof, A 623) 148
Schlieraukapelle 148
Schlossberg (b. Burggaillenreuth) mit -Höhlenruine (D 188a) 82, -wände, Obere 84, (b. Hollenberg) 104, (b. Pegnitz) 106
Schlossberg-Aussicht 96
Schlupflochfels (B 64) 77
Schmiedberghöhle (A 123) 186
Schmiedsbogen (C 109) 30
Schmiedsholzhöhle (C 203) 42
Schnackenloch (A 121) 204
Schneiderkammer (B 41) 74
Schneiderloch (B 25) 74
Schoberstein mit -Höhle (C 190) 45
Schönblick 59
Schonfels 183
Schönsteinhöhle (C 9) 64
Schossaritz 116
Schottersmühhöhle (Geiskirche, B 66) 70
Schottersmühle, -er Wand 70
Schreiermaiglloch (Hurenloch, A 173) 208

Schrödlberg, -höhle, Südwestl. (A 152b) 178 f.
Schüttersmühle mit -Klufthöhle (D 723) 100
Schwalbachtal 37 f.
Schwarze Grotte (A 570) 147
Schwarzer Brand 186-188
Schwarzes Riff 96
Schweigelberg mit -Klufthöhle (B 234) 73
Schweigelhöhle (D 108) 85 f.
Schwingbogen (C 52) 64
See 215
Seebachschlucht, -tal 108-110
Siebenquellental 213, 215
Simmelsdorf 125
Sinterstufen 23, 108, 170, 185, 196, 215
Sittenbachtal 180
Spitzenberg 122
St. Helena 124
Steinberg 164
Sternstein mit -grotte, Westl. (A 258) u. Nordwestl. (A 257), -höhle, Obere (A 81) u. Untere (A 251) 208
Streitberg 59
Streitholz-Schlucht 79
Strittberg 164
Sulzbach-Rosenberg 208
Sulzenstein 40

Tabakspfeife 106
Teufelskanzel 196
Teufelsloch, Gr. u. Kl. (C 139a/b) 28
Teufelstritt 177, 179
Thalheim 213, -er Hütte 215
Treufer Tal 173
Trockauer Wand 96
Trubachtal 110-119
Truppach (Ort) 51 f., -tal 48-53
Tüchersfeld 79, 97, 99

Unterachtel 167
Unterailsfeld, -er Wand 78
Unterwaldponor 164

Veilbronn, -er Wand 54
Velden 179
Veldensteiner Forst 134-141
Vogelberg-Abri (b. Horlach, D 748) 130
Vogelberghöhle (A 214a) und -abri (A 214 b) 147
Vogelfels 216
Vogelherd (b. Burggaillenreuth) 84 f., (b. Winterstein) 124
Vogelherdgrotte (A 86) 148

Vogelherd-Steinbruchhöhlen (A 274a/b) 192
Voithshöhle (D 83) 106
Voitmannsdorf 42
Vorra 185

Wachfelsen (Förrenbach) 198
Wacholdertal 37
Wachstein 51-53
Wachtfels (Kirchensittenbach) 180
Wackelstein 45
Wasserstein m. Höhlen und Felsentor (D 487a-d) 92
Weidlwang 141
Weihanger 106
Weiherstaler Männchen 100
Weinberghöhle (D 137) 152
Weißingkuppe m. Felsentor 161
Welle (b. Pegnitz) 133
Wiesentblick 69, -felsen 71
Wiesenttal 48, 59, 65-71, 80-87
Wildpark Hundshaupten 111-113
Wilhelmsfelsen 113
Windloch (b. Elbersberg, D 88a) 102, (b. Krottensee) s. Maximiliansgrotte, (b. Thalheim, E 10) 215
Winterstein 124
Wirrenloch (D 147) 134
Wohnsgehaig 52
Wolfsberg mit Burgruine 114, -er Grotte s. Dohlenstein
Wolfsloch (b. Ittling, D 23) 120, 123
Wolfslöcher mit D 209a-d 136
Wonsees 37
Würgau, -er Felsen, -er Wand, -er Nadel 20-23
Wüstenburg 46
Wüstenstein 60

Zagelweiher 167
Zankelstein 195
Zaubererwände 90
Zigeunerloch (b. Gößweinstein, D 97) 90
Zschokkefelsen 35
Zuckerhut 139
Zwecklersgraben 66
Zwei Schwestern 195
Zwergenhöhle (D 87) 102, 104
Zwernitz, Burg 32, 35
Zyprianstein 166

Ebenfalls erhältlich ...

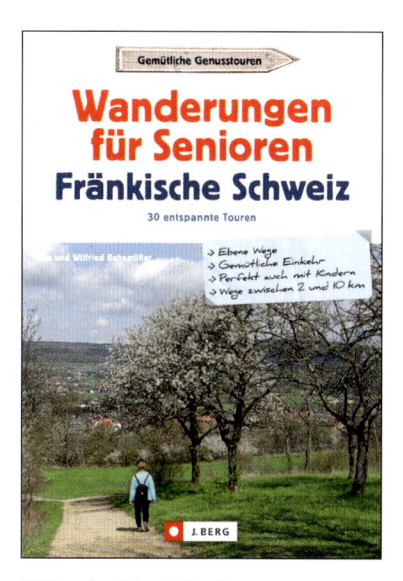

ISBN 978-3-86246-685-6

ISBN 978-3-86246-531-6

ISBN 978-3-86246-539-2

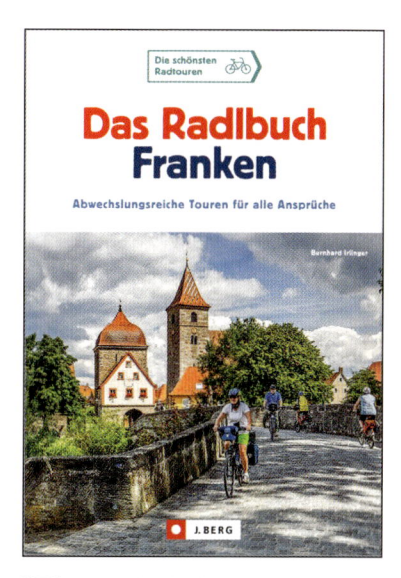

ISBN 978-3-86246-716-7

J. BERG

www.j-berg-verlag.de

Impressum

Verantwortlich: Sabine Klingan, Katja Treu
Redaktion: Christian Schneider
Umschlaggestaltung: Ina Zimmermann, Mathias Frisch
Layoutgestaltung: Anna Lena Ibis
Layout: Eva-Maria Klaffenboeck
Repro: LUDWIG:media
Herstellung: Bettina Schippel

Printed in Poland by CGS Printing

⭐⭐⭐⭐⭐
Sind Sie mit diesem Titel zufrieden? Dann würden wir uns über Ihre Weiterempfehlung freuen. Erzählen Sie es im Freundeskreis, berichten Sie Ihrem Buchhändler oder bewerten Sie bei Onlinekauf. Und wenn Sie Kritik, Korrekturen, Aktualisierungen haben, freuen wir uns über Ihre Nachricht an den J. Berg Verlag, Postfach 40 02 09, D-80702 München oder per E-Mail an lektorat@verlagshaus.de.

Unser komplettes Programm finden Sie unter: www.j-berg-verlag.de

Alle Angaben dieses Werkes wurden vom Autor sorgfältig recherchiert und auf den neuesten Stand gebracht sowie vom Verlag geprüft. Für die Richtigkeit der Angaben kann jedoch keine Haftung übernommen werden, weshalb die Nutzung auf eigene Gefahr erfolgt. Insbesondere bei GPS-Daten können Abweichungen nicht ausgeschlossen werden. Sollte dieses Werk Links auf Webseiten Dritter enthalten, so machen wir uns die Inhalte nicht zu eigen und übernehmen für die Inhalte keine Haftung. In diesem Buch wird aus Gründen der besseren Lesbarkeit das generische Maskulinum verwendet. Weibliche und anderweitige Geschlechteridentitäten sind dabei ausdrücklich mitgemeint, soweit es für die Aussage erforderlich ist.

Bildnachweis
Alle Bilder stammen vom Autor mit folgenden Ausnahmen:
Illustrationen: Blume: shutterstock/Chipmunk131; Landschaft: shutterstock/valentina-sergiy; Gehstöcke: shutterstock/Lilkin; Schmetterling: shuttertsock/barberry; Waldtiere: shutterstock/Bodor Tivadar;
Alle anderen (Fußspuren, Piktogramme): www.freepik.com
Hintere Umschlagseite innen: Linienplan mit freundlicher Genehmigung des VGN

Umschlagvorderseite: Magerrasen bei Oberailsfeld (Tour 9)
Umschlagrückseite: Magische Lichtstimmungen im Franzosenloch (Tour 29).

Die Deutsche Nationalbibliothek verzeichnet diese Publikation in der Deutschen Nationalbibliografie; detaillierte bibliografische Daten sind im Internet über http://dnb.d-nb.de abrufbar.

© 2024 J. Berg Verlag in der
Bruckmann Verlag GmbH
Infanteriestraße 11a
80797 München

ISBN 978-3-86246-921-5